잠든 사이 월급 버는

# 미국 주식 투자

불황을 이기는 가장 확실한 비법

# 잠든 사이 월급 버는
# 미국 주식 투자

## 불황을 이기는 가장 확실한 비법

인베스테인먼트 지음

베가북스
VegaBooks

## Chapter 01
# 역사 되짚어 보기

## Chapter 02
# 2019 미국 시황 및 2020 전망 정리

운전할 때 90%의 시간은 직진에 할애한다. 속도를 늦추기도 하고, 때론 멈추기도 하지만 이 또한 직진을 위한 기초일 뿐이다. 그러나 직진 능력만으로 운전을 잘한다고 말하지 않는다. 후진도, 주차도 그리고 코너링도 할 줄 알아야 하고 긴급하게 멈추고, 적당한 휴식도 있어야 한다. 주식투자도 이와 비슷하다. 모든 투자는 경제성장을 가정한다. 자본주의가 본격적으로 시작된 중세 이후부터 현재까지 경제는 성장을 계속해왔다. 중간중간 멈추기도, 후진하기도 했지만 결국 경제는 성장을 해왔다. 그러나 경제가 성장했다고 투자가 항상 승리한 것은 아니다. 정체하거나 잠시 후퇴할 때 제대로 대응하지 못했기 때문이다. 이 책은 직진(성장)하는 경제에서 적당히 멈추기도, 후진하기도, 때론 속도를 늦추기도 하는 다양한 투자기법을 소개하고 있다. 물론 성장은 계속된다는 전제를 기반으로 하는 것이다. 모처럼 만나는 좋은 책이다.

**– 상승미소 이명로** 《돈의 감각》 저자

　뉴노멀이라는 말이 이제는 당연한 시대가 되었다. 한두 달 안에 끝나길 바랐던 코로나19는 우리의 모든 삶을 통째로 바꾸어놓았다. 생활의 변화는 자연스레 경제와 성치영역까지 이어시고 있으며 장기화되는 사태 속에서도 우리는 살아가기 위해 각자의 방식으로 생존의 모습을 진화시키고 있다.

충격에 가까운 주가 폭락 이후 새로운 기회와 위기를 동시에 느끼는 우리들은 과연 이 시대를 어떻게 살아야 하며 나의 자산을 어떻게 투자해야 할지에 대한 길잡이를 원하는 상황이다.

이런 상황에서 온고지신의 자세로 과거의 불황을 분석하여 안개 속 현실의 등대가 되어줄 수 있는 이 책의 발간은 반가울 수밖에 없다.

이 책은 이미 미국 주식전문가로서 많은 사람에게 인지도를 가지고 있는 베가스풍류객과 블로거들이 모여 불황 속에서도 생존하고 이기는 방법들을 제시한다.

또한 이 책은 위기를 극복하는 방법뿐 아니라 미국 주식에 대해 잘 모르거나 다양한 금융 상품에 대한 기본 지식이 없는 사람들에게 기본기를 키울 수 있는 좋은 교재가 될 수 있다. 나 역시 이 책에서 소개되는 다양한 금융 상품을 보며 왜 미국을 금융 선진국이라고 부르는지 그 이유를 다시한번 느낄 수 있었다. 방대한 자료들이 집대성되어 있는 이 책을 통해 우리가 지금까지 몰랐던 새로운 세상에 눈을 뜰 기회가 될 수 있을 것이다.

위기는 항상 양면성을 가진다. 누구에게는 어려움일 수 있지만 누구에게는 다시는 잡을 수 없는 기회로서 다가올 수 있다는 말이다. 거센 파도가 몰려올 때 과거의 파도를 분석하고 이를 기반으로 만들어진 방파제가 우리를 지켜주듯이 이 책이 변동성의 거센 파도 속에서도 우리를 든든히 지지해줄 수 있는 지식의 방파제가 되길 바라본다.

— **김덕진** 한국인사이트 연구소 부소장

"괜찮은 종목 하나 추천해봐."

필자가 20여 년간 경제부 기자를 한 업보 때문인지 주변으로부터 자주 받는 청탁(?)이다. 종목에 세력이 들어왔냐, 바닥이 어디냐, 언제 파는 게 좋으냐, 언제 사야 하는가… 이런 질문들 속에는 짧은 시일 내에 한번 '대박'을 내고 싶다는 욕망이 깔려있다.

주위에 주식을 어느 정도 한다는 사람들을 기자 생활을 통해 수없이 봐왔지만, 기업의 실적과 성장성을 토대로 투자에 나선 이들은 좀처럼 보기 힘들었다.

이런 점에서 이 책은 미국 주식 투자의 관념을 바꿔줄 계기가 될 것이다. 증시가 작전, 단타, 세력, 비공개정보, 차트에 의해 움직이는 게 아닌 살아있는 '생명체'임을 책은 말하고 있다.

저자들의 투자 경험에서 비롯된 생생한 미국 주식 시장의 스토리와 이론을 통해 불황에도 강한 배당과 성장을 통한 투자라는 것이 무엇인지를 정확히 깨닫게 될 것이다.

— **도기천** CNB 뉴스 편집국장

저자는 벌써 두 권의 책을 쓴 사람이고 두 번이나 추천사를 써준 적이 있다. 저자로부터 추천사를 부탁받아 《잠든 사이 월급 버는 미국 주식 투자》라는 제목을 보고 단숨에 읽어보았다. 이번에도 방대한 자료를 잘 정리한 저자들의 역량에 놀랐다. 미국 자본시장을 잘 알지 못하고는 알 수 없는 자료들이었다. 이 책은 미국 주식에 투자하는 분에게 필요한 길잡이 같은 책이라고 생각한다. 특히 현재 코로나바이러스로 미국경제가 불황을 겪고 있는 이 시점에 자산을 어디에 투자해야 하는지를 잘 지침 해주는 책이라고 생각한다. 미국에 투자하고자 하는 분들은 꼭 읽어보기를 권고하고 싶다.

— **김형진** (전)미국 노동부 이코노미스트

나무를 살펴보는 책은 많지만, 숲을 이해할 수 있는 진정한 책이 출판되어 개인적으로 무척 흥분되고 설레었다. 대나무가 더 높이 자라기 위해서 '마디'가 필요하듯이 자본주의는 태생적으로 반복되는 '불황'을 통해서 꾸준히 성장한다.

미국 주식 투자자라면 알아야 할 불황에 대한 개념, 발생과 해결 과정에 대한 역사와 교훈을 관련 경제지표 자료를 통해 생생하고 쉽게 알려준다. 자본주의 사회에서 불황을 이해하게 되면, 주식, 부동산을 포함한 모든 자산 투자의 대부분을 이해하게 되는 것이다.

《잠든 사이 월급 버는 미국 주식 투자》는 경기순환 국면을, 즉 불황의 시작과 끝을 이해하도록 하고, 불황의 양면성인 호황기를 충분히 잘 준비할 수 있게 도와주는 것이다. 불황이라는 위기를 기회로 전환할 수 있는 타이밍을 확보해서 시간상으로 훨씬 장기간 지속될 호황기에서 성공확률을 높여주고자 하는 열정과 노력이 가득하다.

인생의 머나먼 여정에서 '불황'을 마주할 횟수가 많은 '젊은 투자자'에게는 필독서다.

**— 송효영(필명:사페Re)** KB국민카드 재무기획부 부장

2009년부터 시작된 강세장이 10년을 넘어가던 차에 코로나19까지 창궐하면서 경기침체에 대비하지 않을 수 없게 되었다. 이때 달러 자산 투자가 강력한 대안이 될 수 있는데 이 책은 특히 경기침체에 대비하여 달러 자산에 투자하기 위한 보석 같은 정보들로 가득하다. 고난의 시대를 헤쳐갈 등대가 될 수 있으리라 확신한다.

**— 김규식** KSA법률사무소 변호사

우선 지난해 《잠든 사이 월급 버는 미국 배당주 투자》에 이어 다시 한 번 추천사를 쓸 기회를 얻어 기쁘게 생각한다. 《잠든 사이 월급 버는 미국 배당주 투자》는 국내 투자자들에게 미국 주식 배당 투자라는 새로운 투자 대안을 제시하면서 미국 주식 투자에 대한 관심을 불러일으킨 주역 중 하나다.

《잠든 사이 월급 버는 미국 배당주 투자》가 미국 주식 입문자를 위한 구성이었다면 본 도서는 주식 투자에 대해 어느 정도 학습과 경험이 체화된 분들에게 적합하다(그렇다고 입문자분들이 봐서는 안 된다는 뜻은 아니다.). 특히 불황에 대비한 자산 배분 투자를 고민하는 분들에게 최선의 선택이 될 것이다.

**– 안석훈** 이베스트투자증권 팀장


한국에서 넷플릭스, 아마존의 소식을 전하던 나에게 그런 좋은 회사라면 주식에 투자하면 어떻겠냐라고 이야기해준 사람이 베가스풍류객이다. 벌써 알고 지낸 지 4년이 넘어간다. 그 기간 배당이라는 것도 알게 되고, 나도 미국 주식에 대해서 점점 알게 되었다.

특히 이 책은 미국 주식을 장기적인 관점으로 어떻게 투자해야 하는지에 대해서 정확하게 설명한 책이 아닌가 싶다. 나만 알고 있는 정보를 다른 사람들이 알게 되게 하는 것은 요즘 시대에 어려운 일일 수도 있다. 하지만 이 책의 저자들은 그렇지 않은 분들이다. 여러분들도 좋은 포트폴리오를 만들고, 제2의 월급 배당주를 얻길 바란다.

**– 김조한** 뉴 아이디 공동 창업자/이사

1. 이 책은 기업 IR(Investor Relations) 자료를 중심으로 팩트셋(Factset), 로이터(Reuters), 디비던드 닷컴(Dividend.com), ETFDB(Etfdb. com) 및 한국은행, OECD 등의 자료를 기반으로 하고 있다.

2. 이 책에 실린 자료들은 신뢰할 수 있을 만한 공신력 있는 출처를 바탕으로 작성되었으나 독자들이 책을 접하는 시점과의 차이로 인해 세부 데이터, 제도 변화 등으로 차이가 생길 수 있으므로 투자 시점에서 주요 내용에 대한 점검이 필요하다.

3. 이 책에 실린 주가/배당률 데이터들은 자료가 작성된 시점을 기준으로 작성되었으며, 기준일자를 표기하였다. 특별한 이유가 없는 한 가장 최근의 데이터를 활용하였다.

4. 기업명의 한글 표기는 2018년 4월 출간된 인베스테인먼트의 《미국주식 S&P500 가이드북》을 기준으로 하였으며, 한글명(티커) 순으로 표기하였다.

5. 이 책에서 사용된 숫자 단위는 되도록 10억 달러(10억$), 100만 달러(100만$), 10만 달러(10만$)를 기준으로 작성하였다. 원화 기준으로 10억 달러는 1조 2천억 원가량, 100만 달러는 12억 원가량, 10만 달러는 1억 2천만 원가량으로 생각하면 편할 것이다.

이 책에 실린 투자의견은 필자들의 의견이며, 투자에 의한 최종 수익/손실은 투자자에게 귀속됨을 유의해주기 바란다.

## 2019년 숨 가쁘게 달려온 미국 증시

2019년 한 해 미국 증시는 뜨거웠다. 대표 지수인 다우, S&P500, 나스닥의 2019년 한 해 상승률은 각각 22.3%, 28.9%, 35.2%에 달했다. 물론 미국만이 상승한 것은 아니었다. 그럼에도 전 세계 시가총액의 절반가량을 차지하는 미국 증시가 20% 넘게 상승한 것은 괄목할만한 점이었다. 또한 시가총액 상위 기업들의 주가도 빠르게 올라 지난 12월 초에는 애플(AAPL) 한 종목의 시가총액이 한국 코스피 전체 시가총액을 넘어서기도 했다.

섹터별로는 에너지를 제외한 주요 섹터 모두 고른 성장을 보였다. ETF 기준 기술주 섹터를 추종하는 Technology Select Sector SPDR Fund(XLK)가 49.9% 상승하며 압도적인 상승률을 보였으며 커뮤니케이션 섹터 ETF(Communication Services Select Sector SPDR Fund, XLC)가 31.0%, 산업재 섹터 ETF(Industrial Select Sector SPDR Fund, XLI)가 29.1%, 금융 섹터 ETF(Financial Select Sector SPDR Fund, XLF)가 31.9%, 리츠 섹터 ETF(Real Estate, XLRE)가 28.7% 상승하는 등의 호조를 보였다.

주요 기업들도 높은 주가 상승률을 보였다. 마켓워치(Market Watch)

에 따르면 2019년 한 해 애플(AAPL) 86%, 마이크로소프트(MSFT) 59%, JP 모건체이스(JPM)는 47%, 비자(V) 44%, 디즈니(DIS) 35%의 상승률을 보였다. 미국 상장 초대형 기업 500여 개가 편입된 S&P500 내에서는 AMD(AMD) 150%, 램리서치(LRCX) 120%, KLA(KLAC) 104%, 타깃(TGT) 102% 등이 100% 넘게 상승하는 모습을 보였다.

미국 증시는 주가 상승으로만 주주들에게 보답한 것이 아니었다. 파이낸셜 타임즈에 따르면 S&P500 내 기업들이 2019년 한 해 배당금으로 지급한 금액은 4,854.8억 달러에 달한다. 2019년 평균환율 1,165.5원을 적용하면 565.8조 원에 달하는 어마어마한 돈으로 2018년 대비 6.4% 증가한 금액이다. 지난 12월 확정된 2020년 대한민국 1년 예산이 512.3조 원임을 고려하면 어느 정도인지 조금은 더 실감 날 것이다. 이처럼 미국 기업들은 전 세계에서 부를 빨아들이고 주가 상승과 배당 모두에서 주주들에게 돌려주는 모습을 보였다.

한국 증시와 대비되는 미국 증시의 성과는 투자자들의 관심으로도 이어졌다. 예탁결제원 외화증권예탁결제 자료에 따르면 2019년 말 기준 해외주식 전체 잔고는 144.5억 달러로 2018년 말 98.3억 달러 대비 46.2억 달러, 47.0%나 증가했다. 그중 미국 주식 잔고는 2018년 46.6억 달러에서 84.2억 달러로 37.5억 달러(80.5%) 증가하면서 전체 상승을 이끌었으며, 전체 해외주식 잔고 중 비중 역시 2018년 47.4%에서 58.2%로 10.8%p 증가했다. 결제처리 금액 중 매수금액에서 매도금액을 제외한 순매수 금액은 24.1억 달러에 달하며 미국 증시에 대한 한국 투자자들의 뜨거운 관심을 반영했다.

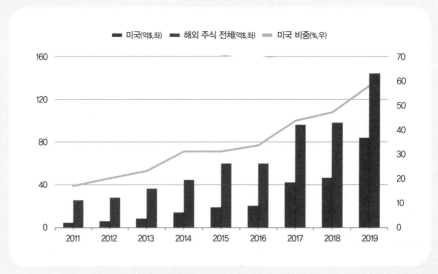

■ 미국(억$,좌)  ■ 해외 주식 전체(억$,좌)  ― 미국 비중(%,우)

자료 : 예탁결제원
주 : 각 연말 기준

## 뜨거운 시장 한쪽에서 커지는 R(Recession)의 공포

127개월째. 미국 경제는 2019년 7월 121개월 연속 확장세로 165년 만에 최장기록을 세운 이래 127개월째 확장을 거듭해왔었다. 현재까지 끊임없이 확장을 거듭하고 있는 미국 장기 호황에 대해 투자자들은 열광하는 한편, 이 확장이 언제까지 이어질지에 대한 우려감도 높은 것이 사실이다.

2019년 한 해를 돌이켜보면 끊임없이 비관론과 함께한 한 해였다. 미-중 무역분쟁 이슈는 1년 내내 시장을 위아래로 흔들었다. 미-중 무역분쟁 및 이에 따른 경기 침체 비관론이 극에 달했던 작년 말 S&P500 지수는 2019년 12월 26일 2,346.58pt로 저점을 기록하고 반등했다. 그러나 그 이후에도 미국과 중국이 각각 2,000억 달러, 600억 달러 규모 제품에 대해 관세율 인상을 주고받았던 5월, 미국이 추가 관세 인상 계획을 발표한 8월, 중국이 원유, 대두 등 일부 제품에 대한 관세 부과를 시행한 10월 등 주요 이슈 발생 시마다 3~6% 내외의 조정을 보였다.

무역분쟁 외에도 영국의 노딜 브렉시트(No-deal Brexit), 미국 장단기 국채금리 역전 현상 등 주요 부정적 이슈로 시장이 요동칠 때마다 비관론이 이어졌다. 주요국 국채금리가 곤두박질치고, 미국 장단기 금리차가 역전될 때마다 어김없이 증시 고점에 대한 우려와 함께 10년 상승 장세가 끝날 것이라는 주장이 쏟아졌다. 그러나 미-중 무역분쟁 이슈 완화와 함께 시장은 연말까지 뜨겁게 달아올랐고 공포에 주식을 던졌던 투자자들은 아쉬움을 삼켜야 했다.

월가의 전설로 남아있는 존 템플턴은 "강세장은 비관론 속에서 싹트고, 회의론 속에서 자라나 낙관론과 함께 성장하여 행복감이 최고조에 이를 때 사라진다"라는 말을 남겼다. 1907년 미국발 은행 패닉, 1929년 월스트리트 대폭락으로 시작된 대공황, 1973년 오일쇼크(Oil-Shock), 닷컴버블에 이어 새로운 2000년과 함께 시작된 증시 폭락 및 2008년 미국발 금융위기까지 최악의 불황은 주기적으로 나타났다. 이때마다 수많은 투자자가 돈을 잃고 시장에서 퇴출당했지만 다시 비관론 속에서 싹튼 강세장은 두려움을 이겨낸 투자자들에게 수익을 안겨줬다.

결과론만으로 미국 시장에 대한 당위성을 주장하고 싶지는 않다. 그러나 왜 폭락이 발생했는지, 어떤 과정으로 진행됐는지, 어떻게 회복되었는지를 살펴보는 것은 언제인가 다시 올 수 있는 불황에 대응할 수 있는 소중한 무기가 분명히 될 수 있다. 또한 불황기에 어떤 종목들이 강했는지 살펴보는 과정을 통해 어떻게 내 자산을 지키는 투자를 할 수 있을지 미리 준비할 수 있을 것이다. 그뿐만 아니라 ETF 시장의 확대로 롱숏(Long/Short) 등 다양한 투자 전략을 취할 수 있게 되면서 투자자들이 불황을 대비할 방법도 늘어나게 되었다.

## 코로나19, 위기와 함께 다가온 기회

한편, 코로나19로 시작된 글로벌 위기는 여전히 현재 진행형이다. 여러 국가가 국가 봉쇄 조치를 시행했으며, 미국 역시도 일부 지역에 대해 강제 격리를 하는 것이 언급되고 있다. 지난 3월 26일 신규 실업수당 청구 건수는 328만 3천 건으로 사상 최대치를 기록하기도 했다. GDP의 70%를 차지하는 소비는 완전히 위축된 상태이다.

미국 GDP가 반 토막이 날 것이라는 우울한 전망에도 많은 투자자는 이미 코로나19 이후를 찾고 있다. 9.11 테러 이후 항공 수요가 회복되는 데까지 2년이 넘게 걸렸던 것처럼, 코로나19 이후 세상은 분명히 변화할 것이다. 사람들이 커뮤니케이션 하는 방법, 돈을 쓰는 방법도 분명 변화할 것이다. 소비에 대한 욕구는 인간의 본성이며, 과거 극한 상황에서도 살아남은 기업들은 항상 존재했다. 그리고 역사 속에서 확인되는 것은 그렇게 살아남은 기업들은 더욱 강해진 경쟁력을 바탕으로 더 크게 성장해왔다는 사실이다. 투자자로서 우리가 해야 할 것은 절망이 아니라, 역사를 바탕으로 이번 위기에서 살아남고 앞으로 더욱 강해진 기업을 찾아내는 것이다.

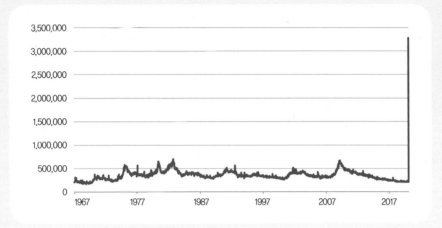

자료 : 세인트 루이스 연준(Federal Reserve Bank of St. Louis, https://fred.stlouisfed.org/) 재가공
항목 : Initial Claims (ICSA)
주 : 건, 계절조정

## 기회의 땅, 미국 시장에서 경제적 자유 이루기

첫 책《당신이 잠든 사이 돈 벌어 주는 미국 주식 S&P500 가이드북 (2018)》은 미국 주식투자 입문 단계로 미국 주식 투자 기초, 유용한 사이트들, 2018 미국 주식 투자 가이드와 함께 S&P500에 속한 500개 기업의 개요 및 주요 재무 데이터에 대해 다뤘다. 두 번째 책《잠든 사이 월급 버는 미국 배당주 투자(2019)》에서는 보다 구체적인 투자전략으로서 오랜 기간 동안 실적과 함께 배당을 늘려나가는 미국 배당성장(Dividend Growth) 투자 전략과 함께 미국 인컴(Income) 투자로 월 단위 현금흐름, 즉 월세 만들기로 자산을 축적하는 방법을 다뤘다.

두 책 외에도 미국 주식 투자를 다룬 책들이 여럿 발간되고 유튜브 (YouTube)나 블로그에도 많은 콘텐츠들이 만들어지고 있다. 그럼에도 미국 내에서 쏟아지는 콘텐트에 비하면 턱없이 모자란 수준이며, 그로 인해 국내 투자자들이 취할 수 있는 전략도 제한적인 것이 여전히 우리가 처한 현실이라고 할 수 있다. 그러다 보니 지금까지 대부분의 투자자가 롱 온리(Long Only), 즉 주식이 올라갈 때만 수익이 나는 형태의 투자를 할 수밖에 없다.

앞서 밝힌 것처럼 이번 책 《잠든 사이 월급 버는 미국 주식 투자》에서는 불황에도 우리의 자산을 지켜줄 다양한 투자 전략을 다룬다. 첫 번째 장 '역사 되짚어 보기' 및 두 번째 장 '2019 미국 시황 및 2020 전망 정리'에서는 2008년 미국발 금융위기 등 주요 불황 시기의 시장 흐름 및 업종별 동향, 그리고 현재 미국 시황에 대해 살펴본다. 역사는 반복된다는 관점에서, 큼직한 불황이 닥쳤을 때의 시장 흐름을 통해 어떤 업종과 전략이 상대적으로 강한 방어력을 보였는지 점검한다.

세 번째 장 '불황을 이기는 투자 전략들'에서는 1) 인컴(Income), 2) 불황에 강한 섹터/종목 투자, 헷지(hedge)를 위한 3) 채권, 4) ETF 등 크게 4가지 방향으로 접근한다. 보다 구체적으로 1) 인컴에서는 실적과 함께 배당을 늘려나가는 배당성장 종목, 유틸리티/헬스케어 섹터 배당주와 저변동성을 갖춘 우선주를 다룬다. 2) 불황에 강한 섹터/종목 투자에서는 과거 불황에서도 강한 모습을 보였던 주식들, 내수에 특화된 유통주식 및 양극화 시대 경기와 무관한 메가 트렌드를 가지는 종목 등을 살펴볼 것이다. 마지막 3) 채권, 4) ETF에서는 시장 하락 시기에도 내 포트폴리오를 방어하고, 더 나아가 가격(주가) 상승을 노리는 다양한 전략들을 살펴본다.

[부록] '미국 주식 기초'에서는 투자 수익률에 큰 영향을 미치는 세금

및 각종 제도 및 미국 주식 투자에서 알아두면 좋을 사항, 특징 등을 알아본다. 기본적인 정보들과 함께 독자는 미국 주식에 더욱 친숙해질 수 있으리라 생각한다.

분명하게 언급해두고 싶은 것은 이 책은 '반드시 불황, 경기침체가 발생한다' 따위의 예언서가 아니라는 사실이다. 자본주의는 여러 차례 위기를 겪으면서도 그 위기를 극복하는 과정에서 끊임없이 성장해왔으며, 우리가 할 수 있는 일은 과거에 어떤 위기가 어떻게 진행되었는지, 그 극복은 어떠했는지를 살펴보면서 향후 위기를 불러올 수 있는 요인들을 점검하고, 대응을 어떻게 할지 준비하는 것이다. 이 책의 취지 역시 그러하며 현재 자본주의 시장을 이끌어가고 있는 미국 시장을 중심으로 구체적으로 어떻게 위기를 준비하고 나의 부를 지켜나갈 것인지에 대해 고민한다.

시장은 생명체처럼 끊임없이 변화하며 진화한다. 그리고 이 진화는 누구에게는 수익의 기쁨으로, 누구에게는 손실의 슬픔으로 이어진다. 변화하는 시장 속에서 살아남고, 더욱 빠르게 경제적 자유를 얻기 위해서는 미국 시장이 주는 다양한 기회를 포착하고 실행하는 것이 필요하다. 이 책의 저자들은 수년간 미국 주식시장에 직간접적으로 몸담고 있으며, 수많은 시행착오를 겪으며 살아남아 왔다. 저자들이 몸으로 겪으며 쌓아온 경험으로 쓴 이 책을 통해 독자들이 기회의 땅 미국에서 더 큰 수익을 올리고, 더 빠르게 경제적 자유를 얻는 디딤돌이 되기를 기원한다.

2020.3.

저자 일동

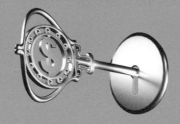

# 역사
# 되짚어 보기

2019년 8월은 경기 침체, 불황에 대한 우려가 극대화하고 있던 시기였다. 미-중 무역분쟁 격화, 파월 연준의장의 금리 인하 기대감 차단, 홍콩 송환법 이슈까지 악재란 악재는 다 터져 나오면서 글로벌 경기 둔화에 대한 우려감을 키웠다. 당시 언론에서도 글로벌 경기 둔화 우려를 집중적으로 언급하며 2008년 미국발 금융위기 이후 10년 넘게 이어진 경기 확장의 종식을 우려했다. 경기 둔화에 대한 우려는 지표로도 나타났다. 2019년 3월 2007년 이후 처음으로 미국 국채 3개월물과 10년물의 금리가 역전된 이후 2019년 내내 장단기 금리 차이는 정상화와 역전을 거듭했다.

**구글 트렌드 불황 'Recession' 검색 추이**

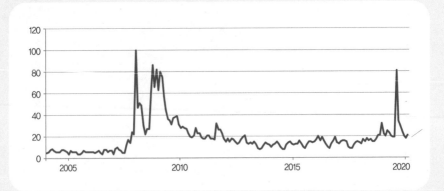

자료 : Trends.google.com (2005.1~2020.2 기준)
주 : 최고 검색량을 100으로 하여 추이를 나타냄

불황(Depression)이나 경기침체(Recession)는 언론을 포함해 우리가 일상적으로 접하는 단어들이다. '불황에…카드론 3조 늘고 중소기업 대출 연체 증가', '한국은 이미 일본식 장기불황.. 민생 박근혜 때보다 더 나빠', '부산 실업률 1년 새 절반으로 '뚝'…알고 보니 불황의 역설', '사상 첫 마이너스 물가, 일본형 장기불황 예고일 수도' 등 사실 체감으로는 불황이나 경기침체가 아닌 날이 없었다.

그럼에도 우리가 불황, 경기침체에 대해 알아야 하는 이유는 간단하다. 그 정도와 흐름은 차이가 있었지만, 역사 속에서 불황과 경기침체는 항상 있었던 현상이었다. 그리고 2008년 이후 10년 넘게 지속적으로 경기 확장을 이어 오고 있는 상황에서 뜨거웠던 '파티'가 곧 끝나는 것은 아닌지에 대한 우려를 아예 외면할 수 없는 부분도 있다. 특히나 영국 브렉시트(Brexit) 이후 본격화되는 글로벌 공조 체제의 약화 및 자국 중심주의의 심화, 장기간 이어지고 있는 미-중 무역분쟁 이슈 등은 기존 경제 질서를 취약하게 만드는 요인으로 작용할 수 있다.

머리말에서 언급한 것처럼 이 책은 '불황이나 경기침체는 반드시 발생한다'라는 예언서는 아니다. 다만 과거 자본주의를 위기로 몰고 갔던 불황 속에서 무엇이 위기를 만들었고, 어떻게 진행되었고 해결되었는지를 살펴보는 과정에서 향후 발생할 수 있는 위기를 준비하려는 책이다.

그 첫 순서로 과거 불황 사례를 간략하게 살펴본다. 불황이란 무엇인지와 함께 1929년 월스트리트 대폭락으로 시작된 대공황 및 2008년 미국발 금융위기까지 자본주의를 흔들었던 주요 위기 상황을 짚어보며 원인과 경과, 해결을 살펴보자. 다만 이 책은 '어떻게 대응할 것인가'에 주안점을 두고 있는 만큼 위기별로 무엇이 원인이 됐는지, 경과는 어땠는지는 간략하게만 정리하고 우리가 구체적으로 관심을 가져볼 테마와 전략은 뒤에서 집중적으로 살펴본다.

📊 1900년 이후 다우 차트

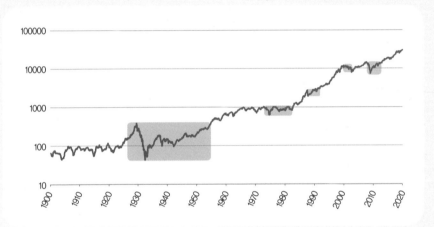

자료 : 미국 전미경제연구소(National Bureau of Economic Research), Macrotrends 재구성
주 : 로그차트 적용

# 불황이란 무엇인가

누군가가 지출을 줄이면 다음 날 다른 누군가는 자신의 소득이 줄어있다는
것을 발견하게 될 것이다. 그 사람은 자신의 의지와 상관없이 지출을 줄여야
하는 상황에 놓인다. 이런 상황이 한 번 일어나기 시작하면 멈추는 것은 정
말 어렵다.

존 메이너드 케인즈(John Maynard Keynes)

## 불황이란 무엇인가

불황(Depression, 不況). 마치 우리의 바로 옆에 있는 것처럼 늘 언급되
는 단어이다. 경기 침체(Recession)는 'GDP(국내총생산)가 2분기 연속으
로 전 분기보다 감소하는 현상(전미경제연구소(NBER))', 혹은 '적어도 2분
기 연속으로 성장률이 3% 아래로 떨어진 경우(국제통화기금(IMF))'라고
명확하게 정의할 수 있지만, 불황의 경우는 그렇지 않다. 불황이라는 현
상은 단순히 지표의 부진만이 아닌 각종 심리와 현상들이 복합적으로 나
타난 현상이기 때문이다.

일반적으로 받아들여지는 불황의 정의는 '경제 활동이 일반적으로 침체되는 상태. 물가와 임금이 내리고 생산이 위축되며 실업이 증가하는 현상'으로, 일부에서는 '3년 이상의 경기침체(Recession)로 인해 실질 GDP가 10% 이상 감소하는 상태'로 정의하기도 한다. 그 외에 일반적으로 나타나는 현상으로 1) 지속적인 실업률의 증가, 2) 신용의 감소, 3) 생산량의 감소, 4) 파산, 5) 정부 파산, 6) 무역의 감소 등도 함께 언급되고 있다.

불명확한 정의에도 불구하고 우리가 불황을 정의하려고 하는 이유는 무엇일까? GDP가 꼭 전년동기 대비 2분기 연속으로 감소해야 경기침체일까? 왜 하필 3분기가 아닌 2분기인가? 혹은 실질 GDP가 15% 줄어들 때가 아니라, 왜 꼭 10% 감소할 때를 불황이라고 할까? 혹은 9%까지는 불황이 아니다가 10%가 넘으면 갑자기 불황이 된다는 말인가?

다양한 논쟁과 관점에도 불구하고 우리가 불황을 정의하려고 하는 이유는 정의가 하나의 '신호(Alarm)'가 되기 때문이다. 우리가 신경 쓰지 못하고 있는 사이에도 경제 지표들은 시장 참여자들의 심리를 반영하여 시시각각 변화하고 있다. 그렇기 때문에 실질 GDP의 10% 이상 감소나 GDP 2분기 연속 감소를 불황과 경기침체로 정의할 경우 시장 참여자들에게 불황이 오고 있다는, 혹은 불황으로 접어들었다는 신호로 작용할 수 있게 된다. 이 책에서도 불황 혹은 경기침체에 대한 정의는 기존의 정의를 그대로 따를 것이다.

그렇다면 불황이나 경기침체는 왜 발생하고, 왜 다시 사라질까? 불황을 가장 쉽게 이해하는 방법은 바로 '돈의 흐름'이다. 자본주의 사회에서 가장 중요한 것은 '돈이 원활하게 돌아다니는 것'이다. 개인의 금고에 쌓여만 있는 돈은 아무런 가치를 창출하지 못한다. 열심히 돈을 벌어 식당에서 쓴 돈은 식당 주인의 소득과 직원의 급여, 식당에 원재료를 공급한 납품업자의 수입이 되고, 이들이 지출한 돈은 또다시 누군가의 수입이 되어 사회 속에서 순환한다. 쌓이는 돈이 많아지고 흐르는 돈이 줄어든 상태가 불황이라고 해도 과언이 아니다. 소비되지 못한 돈은 누군가의 소득이 되어야 했을 돈이기 때문이다.

예를 들어보자. 취업에 성공한 A는 B가 운영하는 빵집에서 빵을 사 먹기 시작하고, B는 빵을 만들기 위해 C가 운영하는 밀가루 공장에서 밀가루를 주문한다. C는 밀가루를 만들기 위해 농사를 짓는 D에게 밀을 주문하고, 늘어난 주문을 감당하기 위해 D에게 새롭게 고용된 E도 A처럼 빵을 사먹기 시작한다. 돈이 돌고 돌면서 모두의 소득을 늘리는 상태, 바로 호황이다. 이 같은 호황을 누리던 중 일자리를 잃은 A는 빵을 사 먹지 못하게 되고 B는 밀가루 주문을 줄인다. 밀가루 주문이 줄어든 C는 다시 D에게서 밀 주문을 줄이게 되고 D에게서 해고된 E는 다시 빵을 사먹지 못하게 된다. 이렇게 모두의 소득은 줄어든다. 불황이 다가온 것이다.

## 불황은 어떻게 다가오는가

《돈의 감각(이명로, 상승미소)》에서는 '돈이란 무엇인가?'라는 질문에 대해서, 돈은 '권력'을 가진 국가가 '세금'을 걷어 갚겠다고 미래의 소득을 담보로 당겨쓰는 '빚'으로 파악하면서 '신용창조 시스템이란 신용만으로 통화량이 증가해 돈이 창출되는 구조'로 정의한다. 자본주의를 유지하려면 누군가는 끊임없이 빚을 내서 이를 투자하고, 지출하고, 정부는 이를 뒷받침하기 위해 통화량을 늘려야 한다. 끊임없이 팽창를 거듭하지 않으면 자본주의 사회는 유지될 수 없다. 그러한 팽창을 지속하려면, 인구, 소득, 생산이 끊임없이 늘어나야 한다. 반대로 누군가 지출을 줄이고 빚을 줄이기 시작하면, 이는 연쇄 효과를 일으키며 수축으로 접어들게 된다.

세계적인 헷지 펀드인 Bridgewater Associates의 창립자인 레이 달리오(Raymond Dalio)의 《금융 위기 템플릿(Big Debt Crises)》은 '신용(Credit)'과 '부채(Debt)'를 정의하는 것에서부터 시작한다. 레이 달리오에 따르면 신용은 '구매력을 제공하는 것'이고, 이 '신용을 상환하겠다는 약속'이 부채이다. 신용과 부채는 경제를 보다 성장시키는 데 있어서 필수적이다. 우리가 대출을 받아 사업을 확장하고, 신용카드로 소비를 하는 행위는 '누군가의 소득'을 더 크게 키우고 경제를 확장시킨다. 그리고 이 과정에서 상승한 자산 가격은 더 큰 대출과 확장으로 반복하며 상승한다.

이 과정에서 부채는 '자기강화적'(Self-Reinforcing)이다. 확장 사이클에서 부채는 상품 생산성보다 더 높은 소득/지출을 가능하게 하면서 자산 가격을 올리고, 이는 더 많은 소득/지출로 연결된다. 그러나 신용과 부채가 지나치게 늘어난 순간, 즉 모든 사람이 경제의 상태를 긍정적으로 보기 시작하는 순간 문제는 잉태되기 시작한다. 더는 시장에 참여할 사람이 남아있지 않기 때문이다.

부채로 자산을 늘리는 행위는 부채로 버는 소득이 이자보다 많을 때

유지된다. 그러나 부채가 일정 수준을 넘어서고 부채를 막기 위해 부채가 동원되는 순간, 확장은 끝이 난다. 수축 사이클에서는 부채 축소 압박으로 인해 자산 가격 하락이 가속화되고, 이는 또 연쇄적으로 다른 이들의 자산을 축소시키며 경제 전반을 급속하게 위축시킨다. 많은 사람이 일자리를 잃고, 부실한 채권들이 정리되는 오랜 과정을 거치면, 시장은 신용과 부채를 통해 다시 확장하기 시작한다. 이를 나타낸 것이 아래 〈레이 달리오의 경기 사이클〉이다.

📊 레이 달리오의 경기 사이클

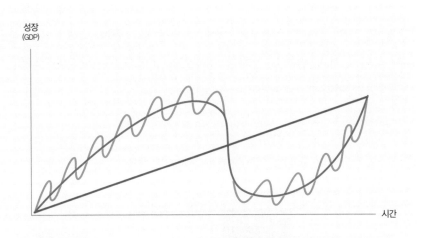

자료 : 레이 달리오 '어떻게 경제가 작동하는가(How The Economic Machine Works)'

경기 사이클에 대한 레이 달리오의 생각을 좀 더 알아보려면 옆에 있는 QR코드를 통해 〈레이 달리오 '어떻게 경제가 작동하는가(How The Economic Machine Works)'〉를 참고해보도록 하자.

아래 〈부채의 자산 확대(레버리지) 효과 및 축소(디레버리징) 효과〉에서는 부채가 자산 및 자본에 주는 효과를 좀 더 실감 나게 살펴볼 수 있다. 레버리지 효과에서 부채(0→40억)는 전체 자산을 늘려(20억→60억, +200%) 소득을 극대화한다.

정상적인 부의 축소 과정은 부채가 감소(40억→20억, -50%)하면서 자산도 감소(60억→40억, -33.3%)하는 과정이다. 그러나 자산 가격이 하락(60억→50억, -16.7%)하기 시작하면 부채는 자본을 축소시키며(20억→10억, -50%), 레버리지가 크면 클수록 같은 규모의 자산 감소가 자본을 축소시키는 효과는 더욱더 크게 나타난다. 혹은 내가 만약 대출 상환을 거부한다면(채무 불이행, 디폴트)? 나에게 돈을 빌려줬던 상대방의 자산은 문자 그대로 사라져버린다. 레이 달리오의 표현처럼 공황은 곧 '나의 자산이라고 믿었던 것'이 사라지는 것이다.

**Ⅲ** 부채의 자산 확대(레버리지) 효과 및 축소(디레버리징) 효과

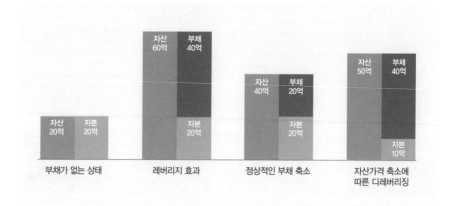

자료 : 필자

잠든 사이 월급 버는 미국 주식 투자

경기침체, 불황을 초래하고, 심화, 해결되는 모든 과정을 좌우하는 것은 결국 돈이다. 정확하게 말하면 돈의 양과 흐름이다. 다음에 나오는 1929년, 2008년의 주요 불황 사례에서 돈이 어떻게 움직이며 시장을 뒤흔들었는지를 살펴보자.

# 주요 위기 사례

## 1929년 월스트리트 대폭락으로 시작된 대공황

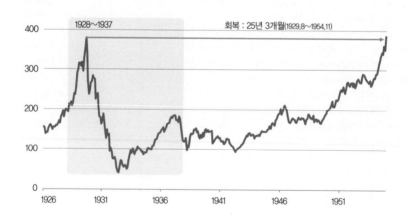

대공황 시기 다우지수 흐름

자료 : Macrotrends
주 : pt

| 기간 | 1928년~1937년 |
|---|---|
| 지수 동향 (종가 기준) | 직전 고점 : 381.17pt(1929.9.3) 저점 : 41.22pt(1932.7.8), 고점 대비 −89.19% |
| 원인 | 버블 : 할인율 인하 정책으로 인한 유동성 공급 콜론(Call Loan)/투자신탁 등 그림자 금융을 통한 과도한 레버리지 |
| 해소 | 금본위제 폐지, 뉴딜 정책 등 |

## • 개요

1929년에 시작, 1933년까지 이어졌으며, 공식적으로는 유일하게 '대공황'이라는 명칭이 붙은 경제 위기이다. 불황 기간에만 9,755개의 은행이 도산했으며, 실물 경제에까지 영향을 미쳐 명목 GNP는 45.6% 하락했고 실업률은 24.9%까지 급등했다. 버블 붕괴와 함께 시작된 대공황은 버블의 붕괴 및 대응 실패로 1929년 9월 고점 이후 32년 7월까지 3년간 지루한 하락을 이어 갔고, 수많은 사람은 고통을 받아야 했다. 다우지수는 1929년 고점 381.17pt에서 1932년 저점 41.22pt까지 89% 하락했고, 고점을 회복하는데 25년 넘게 소요되었다.

## • 경과

### 버블의 시작

제1차 세계대전 이후 미국은 자동차와 라디오로 대표되는 기술 위주의 성장 시대를 맞이했다. 기술이 주도하는 경제 발전은 생산성의 향상과 맞물려 빠른 주가 상승으로 이어졌고, 1927년 연방준비제도의 할인율 인하(4%→3.5%, −0.5%p)와 함께 본격적으로 주가 상승에 불이 붙기 시작했다. 이러한 열기에 기름을 부은 것이 콜론(Call Loan)과 투자신탁으로 투자자들은 자기 돈보다 훨씬 많은 돈을 주식 자금으로 활용할 수 있었고 주가는 상승을 지속했다.

## 버블의 붕괴와 시장 급락

버블 붕괴의 시작은 과열을 우려한 연방준비제도의 긴축 정책이었다. 연방준비제도는 1928년 금리를 3.5%에서 5%로 1.5%p를 단계적으로 인상한 데 이어 1929년에는 6%까지 인상했다. 본격적인 긴축 정책에 대한 우려로 증시가 급락하기 시작하자 레버리지를 통해 투자한 투기꾼들은 마진콜에 주식을 매도할 수밖에 없었고, 매도 물량에 증시는 다시 하락하는 악순환을 보였다. 이후 잠시 안정을 찾은 증시는 뉴욕 연준의 재할인율 인상, 증거금 요건 인상 등과 함께 다시 급락, 1929년 10월에는 검은 목요일(1929.10.24) 이후 급락세를 보였으며, 11월 한 달 동안 12.61% 하락했다.

대형 은행들의 대량 주식 매입, 금리 하락, 정부의 공공지출 확대 계획 발표 등으로 잠시 반등을 보이던 증시는 부진한 기업 실적 및 실물 경기 침체가 이어지며 주가는 다시 한번 하락세를 보이기 시작했다. 특히 스무트 홀리 관세법(Smoot-Hawley Tariff Act, 2만 개 이상의 수입품에 대해 최고 400%의 관세 부과)으로 대표되는 보호무역주의의 대두는 보복 관세로 이어지며 본격적인 공황 및 주가 하락의 시작을 열었다.

이와 함께 금본위제로 인한 제한적인 정책 수단, 후버 정부의 긴축 정책, 독일을 비롯한 유럽 국가들의 불안 등으로 인해 주가는 하락을 이어갔고, 1931년 9월에는 한 달 동안 30%가 넘게 다우 지수가 하락했다. 극도의 불안 심리는 소비 축소 및 예금 대량인출(Bank run)로 이어져 급격한 경기 위축이라는 결과를 가져왔다. 후버 대통령은 소득세 인하, 공공근로 사업 발주 등의 정책을 시행하기도 했지만 1932년 세금 인상, 연방지출 삭감 등으로 경기 위축은 더욱 심화, 1932년 7월 다우지수는 최고점 대비 89% 넘게 하락한 41.22pt까지 하락하고 말았다.

## 해소 : 금본위제 폐지 및 뉴딜(New Deal) 정책

공황의 해소는 루스벨트(Franklin Delano Roosevelt) 대통령에서부터 본격적으로 시작됐다. 1933년 3월 취임한 루스벨트 대통령은 긴급 은행법(Emergency Banking Act), 금본위제 폐지 및 통화 발행 등을 통해 시중에 자금을 공급하고, 금융 기관의 신뢰성을 제고했다. 이와 함께 뉴딜(New Deal) 정책으로 대표되는 대규모 경기 부양 정책을 실시해 경기 회복에 필수적인 구매력을 제공했다.

경제는 다시 활기를 찾기 시작했고, 각종 지표도 반등을 시작했다. 중간중간 단기 버블과 긴축 정책에 따른 증시 하락이 나타나기도 했지만 적극적인 정책과 함께 증시는 상승, 루스벨트 대통령이 1945년 퇴임한 지 9년이 지난 1954년, 드디어 1929년의 고점을 회복하게 된다.

### • 주요 지표 동향
### 산업생산(Industrial Production Index)

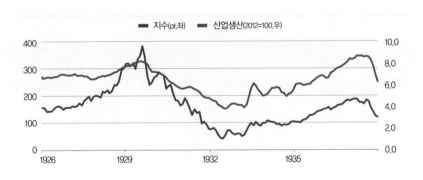

자료 : 세인트 루이스 연준(Federal Reserve Bank of St. Louis, https://fred.stlouisfed.org/) 재가공
항목 : Industrial Production Index (INDPRO)
주 : 2012=100, 월간, 계절조정

## 기업이익(Corporate profits : Profits after tax)

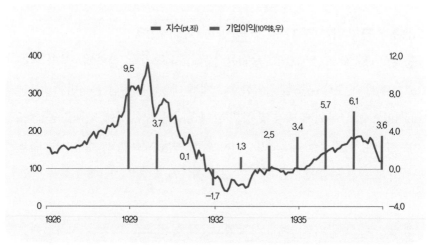

자료 : 세인트 루이스 연준(Federal Reserve Bank of St. Louis, https://fred.stlouisted.org/) 재가공
항목 : Corporate profits: Profits after tax, NIPAs (A055RC1A027NBEA)
주 : 10억$, 연간, 1929년~, 비계절조정

## 실업률(Unemployment Rate)

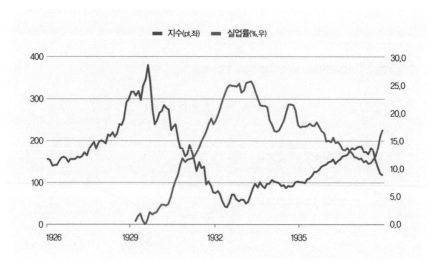

자료 : 세인트 루이스 연준(Federal Reserve Bank of St. Louis, https://fred.stlouisted.org/) 재가공
항목 : Unemployment Rate for United States (M0892AUSM156SNBR)
주 : %, 월간, 1929년~, 계절조정

잠든 사이 월급 버는 미국 주식 투자

# 2008년 미국발 금융위기

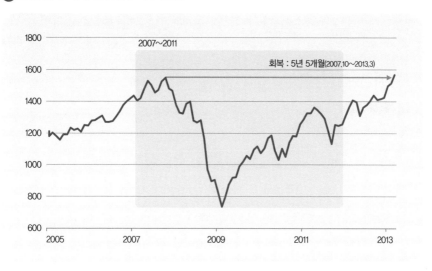

**📊 금융위기 시기 S&P500 지수 흐름**

자료 : Macrotrends
주 : pt

| 기간 | 2007년~2011년 |
|---|---|
| 지수 동향 (종가 기준) | 직전 고점 : 1,565.15pt(2007.10.9)<br>저점 : 676.53pt(2009.3.9), 고점 대비 −56.78% |
| 원인 | 부동산 시장을 중심으로 한 과다한 신용의 발생 및 자산 버블 발생 |
| 해소 | 과감한 금리 인하 및 양적 완화, 신용 보증 정책 |

• **개요**

2007~2008년 세계 금융 위기, 글로벌 금융 위기 등으로도 불리는 미국발 금융위기는 미국에서 시작, 전 세계를 뒤흔들었던 글로벌 경제 위기였다. 2차 대전 이후 처음으로 세계 경제 성장률이 마이너스를 기록했으며, 금융기관 손실액 추정치는 1조 4천억 달러를 넘을 정도였다. 또한

해당 기간 미국 실업률은 최대 10%(2009.10)에 달할 정도로 치솟았다. 주택 시장 부실과 함께 촉발된 미국발 금융위기로 인해 미국 대표 지수인 S&P500은 2007년 10월 1,565.15pt에서 2009년 3월 676.53pt까지 56.8% 하락했고, 고점을 다시 회복하는 데 5년 5개월이 소요되었다.

## • 경과
### 버블의 시작

Well, my firm offers NINJA loans. No Income. No Job. I just leave the income section blank if I want, corporate doesn't care. And the people just want a house. So they go with the flow.(MAROON)

'우린 '닌자 론'을 제공해요. 소득 없고 직장 없어도 대출한다는 뜻이죠. 소득은 기재 안 해도 회사는 신경 안 써요. 사람들은 집을 원할 뿐이니까, 대세를 따르는 거죠.'

I have five houses. And a condo.(DANCER)

나는 집 5채와 콘도를 가지고 있어요.

— 영화 〈빅쇼트(Big Short, 2015)〉 중

2000년대 초반 미국은 격동의 시기를 보내고 있었다. IT버블의 붕괴, 9.11 테러 등으로 미국 정부는 대규모 금융 완화 정책을 펼쳤고, 이 자금은 특히 주택시장으로 흘러들었다. 1990년부터 10년간 연평균 2.7% 상승하는데 그쳤던 S&P 케이스-실러 주택가격 지수는 2000년 1월부터 2006년 1월까지 연평균 10.4%의 상승을 보이며 급격하게 치솟았다.

주택가격이 본격적으로 상승하기 시작하자 사람들은 더 많은 돈을 빌려서 집을 구매하기 시작했고, 저 신용자를 대상으로 서브프라임 모기지(Sub-Prime Mortgage) 대출이 전체 모기지 시장에서 차지하는 규모가 2002년 말 3.4%에서 2006년 말 13.7%까지 급증했다. 영화〈빅쇼트(Big short, 2015)〉에서 스트리퍼가 5채의 집과 콘도를 보유했던 설정처럼 주택 가격의 상승과 함께 급증한 대출은 부채 담보부 증권(Collateralized debt obligation, CDO) 등의 다양한 파생상품으로 만들어져 전 세계에 팔려나갔다.

## 균열의 발생과 시장 급락

첫 균열은 미국 주택 가격 상승세가 꺾인 데서 나타났다. 2006년 4월부터 2007년 초까지 주택가격 지수는 정체를 보였고, 서브프라임 모기지의 연체와 채무불이행 역시 늘어나기 시작했다. 2007년 6월 5.26%까지 상승한 10년물 국채금리도 부담이었다. 대부분의 서브프라임 모기지는 기준금리가 변하면 모기지 이자도 변하는 변동금리를 채택하고 있었기 때문에 금리 상승은 곧 이자 부담 증가와 연체로 급속하게 이어졌다. 2007년 8월부터 모기지 시장의 부실이 본격적으로 나타나기 시작하면서 불안감이 증폭됐고, 증시 역시 2007년 10월을 정점으로 하락세를 보이기 시작했다.

2007년 9월 20일. 초 우량 은행이라고 알려졌던 베어스턴스(Bear Stearns)는 전년 동기 대비 61% 감소한 순이익을 발표했다. 서브프라임 모기지 손실이 대부분이었다. 뒤이어 리먼 브라더즈(Lehman Brothers), 시티그룹(Citigroup), 메릴린치(Merrill Lynch) 등 주요 금융사들이 부진한 실적을 발표하면서 본격적인 공포가 자리 잡기 시작했다.

2008년에 접어들면서 각종 미국 경제지표들이 일제히 부진한 모습을 보였다. 뒤이어 주요 채권보증업체의 신용평가가 하향되고, 금융사들의 손실이 확대되면서 미국 증시는 본격적으로 하락하기 시작했다. S&P500은 2008년 1월 한 달에만 6.1% 하락했고, 연방준비제도의 금리 인하, 상원의 1,600억 달러 규모의 경기 부양책 발표에도 불구하고 금융사 부실 확대와 함께 주가는 하락을 이어갔다.

문제의 핵심은 드러나지 않은 부채의 규모가 너무나도 컸고, 금융기관끼리 깊숙하게 연결되어 있다는 점이었다. 베어스턴스의 유동성 위기에 이어 리먼 브라더스에 대한 우려도 커졌다. 9월 15일 리먼 브라더스의 파산, AIG 부실에 대한 구제 금융 논의 등이 쏟아져 나오며 증시는 또다시 급락했으며 뒤이어 25일에는 미국 최대 저축은행이었던 워싱턴 뮤추얼(Washington Mutual)이 파산했다. 각종 정책과 지표 부진이 엇갈리며 증시는 지속해서 하락하고 있었다.

### 해소 : 양적완화(Quantitative Easing, QE)

2008년 11월 대통령 선거에 당선된 오바마(Barack Hussein Obama II) 대통령은 본격적인 구제금융을 개시했다. 2008년 11월 25일 연방준비제도와 재무부가 실시한 8,000억 달러 규모의 대출 제공 및 자산 인수 발표, 제로금리에 가까운 금리 인하, 2009년 2월 7,870억 달러 규모의 '2009년 미국 회복 및 재투자법(American Recovery and Reinvestment Act of 2009)' 등 정책이 이어졌다. 3월에는 연방준비제도는 양적완화

(Quantitative Easing, QE)라고 불리는 부채 매입 확대를 발표한다. 1차 양적완화의 규모는 미국 국채 인수 3천억 달러, 모기지 담보부증권 인수 규모 7,500억 달러→1조 달러였다. 미국에서 막대한 유동성이 시장에 유입되며 시장에 활력을 불어넣기 시작했다.

물론 2009년 이후 시행된 정책들만 효과가 있었던 것은 아니다. 2008 년 10월의 예금 보장 한도액 증액(10만 달러→25만 달러), 무보증 기업 어음 인수 발표, 임시 유동성 보증 프로그램 도입 등도 자본에 신뢰성을 높이고 유동성을 공급하게 한 조치들이었다. 막대한 규모의 유동성이 금융시장에 공급되면서 시장은 조금씩 바닥을 다지고 반등하기 시작했다.

• 주요 지표 동향

### 국채금리 10년물(Treasury 10-year)

자료 : 세인트루이스 연준(Federal Reserve Bank of St. Louis, https://fred.stlouisfed.org/) 재가공
항목 : 10-Year Treasury Constant Maturity Rate (DGS10)
주 : %, 월간, 비계절조정

## FED 기준금리(Fed Funds Rate)

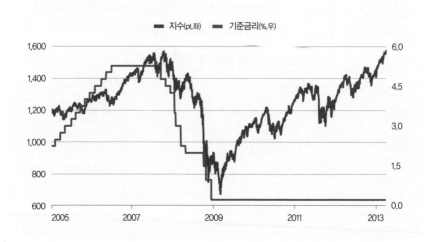

자료 : 세인트루이스 연준(Federal Reserve Bank of St. Louis, https://fred.stlouisfed.org/) 재가공
항목 : Federal Funds Target Rate (DISCONTINUED) (DFEDTAR), Federal Funds Target Range – Upper Limit (DFEDTARU)
주 : %, 일간, 비계절조정

## 산업생산(Industrial Production Index)

자료 : 세인트루이스 연준(Federal Reserve Bank of St. Louis, https://fred.stlouisfed.org/) 재가공
항목 : Industrial Production Index (INDPRO)
주 : 2012=100, 월간, 계절조정

잠든 사이 월급 버는 미국 주식 투자

## 실업률(Unemployment Rate)

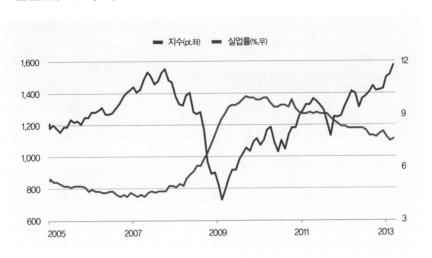

자료 : 세인트루이스 연준(Federal Reserve Bank of St. Louis, https://fred.stlouisfed.org/) 재가공
항목 : Unemployment Rate for United States (M0892AUSM156SNBR)
주 : %, 월간, 계절조정

## 주택가격 지수(S&P/Case-Shiller U.S. National Home Price Index)

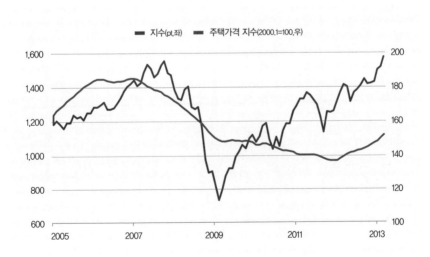

자료 : 세인트 루이스 연준(Federal Reserve Bank of St. Louis, https://fred.stlouisfed.org/) 재가공
항목 : S&P/Case-Shiller U.S. National Home Price Index (CSUSHPISA)
주 : 2000.1=100, 월간, 계절조정

## 신규주택착공(Housing Starts)

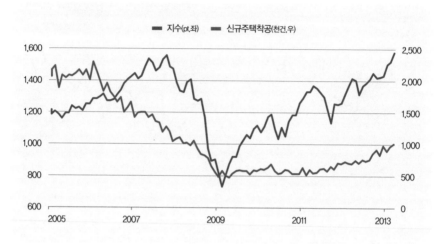

자료 : 세인트루이스 연준(Federal Reserve Bank of St. Louis, https://fred.stlouisfed.org/) 재가공
항목 : Housing Starts: Total: New Privately Owned Housing Units Started (HOUST)
주 : 천건, 월간, 연환산계절조정

## M2 증가율(M2 Money)

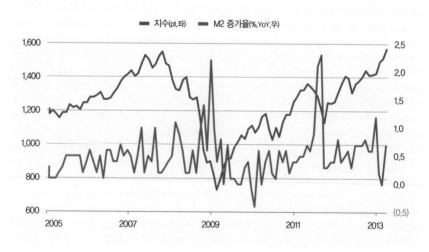

자료 : 세인트루이스 연준(Federal Reserve Bank of St. Louis, https://fred.stlouisfed.org/) 재가공
항목 : M2 Money Stock (M2SL) 재가공
주 : %, 월간, 계절조정

# [참고] 금융위기 시기 주요 섹터/종목 동향

## 증시 고점 이후 섹터별 동향(2007.10.12=100)

📊 S&P500 vs 산업재, 금융, 에너지, 리츠

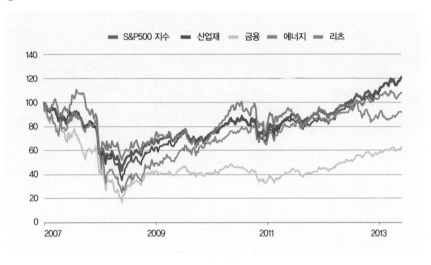

자료 : 인베스팅(Investing.com)

📊 S&P500 vs 통신서비스, 자유소비재, 필수소비재, 원자재

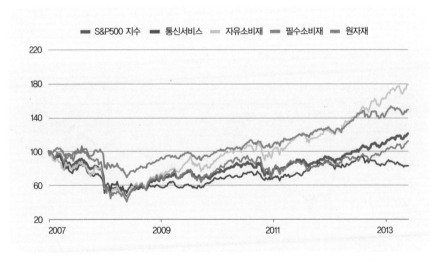

자료 : 인베스팅(Investing.com)

**S&P500 vs 정보서비스, 건강관리, 유틸리티**

S&P500 지수  정보서비스  건강관리  유틸리티

자료 : 인베스팅(Investing.com)

## 증시 고점 이후 다우 30 종목의 시점별 등락률 추이

기준일 : S&P500 고점 2007.10.9

저점일 : S&P500 저점 2009.3.9

저점+5Y : 2014.3.6

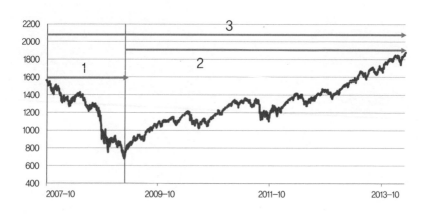

| | 기준일~저점 (1) | 저점~+5Y (2) | 기준일~+5Y (3) |
|---|---|---|---|
| 엑슨 모빌(XOM) | −30.3 | 45.2 | 1.2 |
| 마이크로소프트(MSFT) | −49.7 | 151.8 | 26.7 |
| 월마트(WMT) | 5.1 | 57.6 | 65.6 |
| 존슨 앤드 존슨(JNJ) | −29.7 | 99.3 | 40.2 |
| P&G(PG) | −37.8 | 76.7 | 9.8 |
| AT&T(T) | −46.2 | 43.2 | −23.0 |
| IBM(IBM) | −29.4 | 124.8 | 58.6 |
| JP모간체이스(JPM) | −66.6 | 270.4 | 23.8 |
| 쉐브론(CVX) | −37.2 | 97.1 | 23.8 |
| GE(GE) | −82.4 | 253.8 | −37.6 |
| 코카콜라(KO) | −33.0 | 98.5 | 32.9 |
| 시스코(CSCO) | −58.8 | 60.2 | −34.0 |
| 뱅크 오브 아메리카(BAC) | −92.9 | 362.7 | −67.0 |
| 화이자(PFE) | −50.5 | 157.0 | 27.1 |
| 인텔(INTC) | −51.4 | 96.3 | −4.7 |
| HP(HPQ) | −51.3 | 17.9 | −42.7 |
| 버라이존(VZ) | −42.6 | 81.3 | 4.0 |
| 맥도날드(MCD) | −8.8 | 82.7 | 66.6 |
| 머크(MRK) | −60.9 | 172.8 | 6.8 |
| 유나이티드 테크놀로지스(UTX) | −53.7 | 213.5 | 45.0 |
| 디즈니(DIS) | −56.0 | 434.6 | 135.1 |
| 쓰리엠(MMM) | −56.0 | 218.7 | 40.2 |
| 몬덜리즈 인터내셔널(MDLZ) | −37.8 | 150.9 | 56.2 |
| 홈디포(HD) | −46.1 | 352.1 | 143.8 |
| 보잉(BA) | −69.4 | 315.7 | 27.0 |
| 아메리칸 익스프레스(AXP) | −83.0 | 778.9 | 49.6 |
| 트래블러스 컴퍼니스(TRV) | −37.1 | 151.8 | 58.3 |
| 캐터필러(CAT) | −71.0 | 308.0 | 18.3 |
| 알코아(AA) | −86.4 | 123.8 | −69.6 |

자료 : 구글 파이낸스(Google Finance)

주 : 단위 %

# 요약

　앞서 살펴본 두 가지 대표적인 경제 위기 사례들, 1929년 대공황과 2008년 미국발 금융위기는 80여 년의 시차에도 불구하고 많은 점에서 유사하다. 부채(레버리지)를 바탕으로 한 자산 가격의 상승, 이에 도취해 추가로 유입된 부채가 유발한 버블. 버블 붕괴 이후 고통스러운 부채 감축(디레버리징)까지 많은 점에서 흡사하다. 이 두 개의 사례에서 우리가 분명히 알 수 있는 것은 무엇일까? 버블은 대부분의 경우 붕괴로 이어지며, 우리가 불황에 대비하려면 '부채'와 '버블'을 분명하게 인지해야 한다는 사실일 것이다.

US Equity Investment

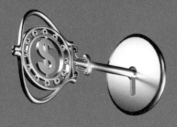

# 2019 미국 시황 및
# 2020 전망 정리

2019년 미-중 무역분쟁, 미국 기업 실적 둔화 우려, 영국 브렉시트 등 다양한 이슈 속에서 불거진 각종 회의론에도 불구하고, 미국 증시는 뜨거운 한 해를 보냈다. 미-중 무역분쟁이 1단계 합의(Phase 1)로 인해 봉합 국면을 보이는 가운데, 전 세계 중앙은행들도 앞다퉈 금리를 인하하고 시장에 자금을 투입했으며, 주요 거시경제 지표들도 회복세를 보였다. 그 결과 미국 3대 지수인 다우, S&P500, 나스닥은 2019년 한 해에만 각각 22.3%, 28.7%, 35.2% 상승했으며, S&P500은 역대 5번째로 높은 상승률을 보였다. 전 세계 49개 국가의 동향을 나타내는 MSCI ACWI(All Country World Index)는 26.6% 상승하는 모습을 보였다.

＊소외공포(FOMO · Fear Of Missing Out) 증후군
사회적 의미에서 '어떤 화젯거리나 사회적 이벤트에 자신만이 소외되어 있을지도 모른다는 우려'를 의미하며 일반적으로 2004년 Patrick J. McGinnis의 '사회 이론(Social theory at HBS)'부터 해당 의미로 사용된 것으로 추정된다. 2019년 11월 미국 증시가 상승을 거듭하기 시작하면서 '현재 주식 랠리에서 자신만 소외될지 모른다는 투자자들의 소외공포 증후군이 주가를 밀어 올리고 있다'는 언급이 나오기 시작했다.

그 결과 2019년 연말 '소외공포(FOMO · Fear Of Missing Out) 증후군'이 주요 키워드로 떠오를 정도로 시장 참여 열기를 북돋웠고, 2020년 1월까지도 그 열기는 이어지고 있다. 그럼에도 불구하고 2019년 시장을 흔들었던 이슈들은 여전히 수면 밑에 가라앉아 있을 뿐, 해결되었다고 보기 힘들다. 그렇기 때문에 다시 수면 위로 올라와 시장의 하락요인으로 작용할 수 있으므로 대비를 해야 한다는 것이 저자들의 견해이다.

현재의 현상은 항상 과거 시장 참여자들이 한 행동의 결과물이다. 2019년 시장을 돌아보면서 무엇이 시장을 움직였는지 살펴보고, 2020년 시장 전망을 긍정적 시나리오와 부정적 시나리오로 나눠 살펴보면서 시장에 대응하려면 어떤 요소들을 주목해야 하는지 짚어본다.

# 2019 시장 리뷰
# (S&P500, 미국 현지시각 기준 작성)

## 1분기 : 미-중 무역협상 기대에 따른 반등

(12/31 2,506.85pt → 3/29 2,834.40pt, +13.1%)

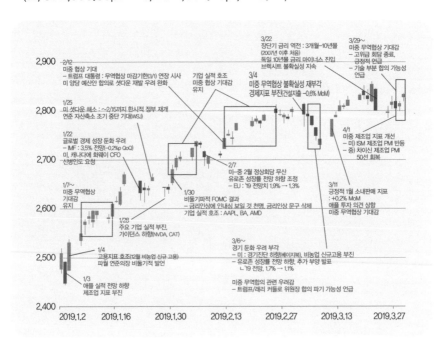

자료 : 인베스팅(Investing.com)

주 : pt

잠든 사이 월급 버는 미국 주식 투자

많은 투자자를 절망에 빠트렸던 12월 급락 이후 시장은 급반등하기 시작해 1분기 동안 13.1% 상승했다. 시장을 상승시킨 주된 동력은 1월 4일 있었던 파월 연준 의장의 '비둘기'적 발언 및 유지와 미-중 무역협상 기대감 및 저가 매수세 유입이었다.

파월 연준 의장은 1월 4일 통화 정책을 경제 상황에 따라 빠르고 유연하게 변경할 수 있다고 발언하면서 시장의 유동성을 축소시키는 대차대조표 축소 정책도 문제가 된다면 주저 없이 변경할 수 있다고 밝혔다. 이어 1월 30일 미 연준은 연방공개시장위원회(FOMC)에서 금리를 동결하면서 통화 정책 성명을 통해 향후 인상에 '인내심'을 보일 것이라는 점을 명시적으로 밝혔다. 또한 '점진적 추가적' 금리 인상이 적절하다는 기존의 성명서 문구 삭제와 함께 대차대조표 축소를 언급하면서 1월 30일 하루에만 S&P500은 1.55%나 상승하기도 했다.

1월 7일 중국 베이징에서 시작된 협상으로 미-중 무역 협상에 대한 기대감이 본격화된 것도 시장 상승으로 이어졌다. 1월 22일 미국이 캐나다에 화웨이 CFO 신병 인도를 요청했을 때, 2월 7일 트럼프 미국 대통령과 시진핑 중국 국가주석의 2월 정상회담이 무산됐을 때, 시장은 다소 흔들리는 모습을 보이기도 했으나 2월 12일 트럼프 대통령이 당시 3월 1일로 예정되어 있던 무역협상 마감기한 연장을 시사하면서 시장은 다시 원동력을 얻고 상승을 지속했다.

2018년 시장 하락으로 인해 낮아진 밸류에이션 부담도 저가 매수로 이어졌다. 시장 집계 기관 FACTSET에서 발간한 어닝즈 인사이트

(Earnings Insight) 2018년 12월 21일 자료에 따르면 S&P500 주가수익비율(PER)은 14.2배로 5년 평균 16.4배, 10년 평균 14.5배보다 낮은 수준이었다. 미-중 무역분쟁 이슈로 많은 기업이 4분기 실적 가이던스(전망치)를 하향한 상황에서 애플(AAPL), 보잉(BA), AMD(AMD) 등 주요 기업이 전망치 대비 양호한 실적을 보이면서 매수세 유입이 가속화되었다.

이 외에도 미국 신용등급 강등 우려를 일으켰던 행정부 부분 폐쇄(셧다운) 이슈는 1월 25일 셧다운 부분 해소에 이어 2월 12일 공화당-민주당 간 예산안 합의로 완화되는 모습을 보였다.

한편 1분기는 우려감 완화에 따른 시장 상승에도 불구하고 2018년 내내 진행되었던 무역분쟁 이슈가 본격적인 경기 둔화감으로 전이되기 시작한 시기이기도 하다. 1월 4일 공급 관리자 협회(ISM) 제조업 PMI(12월)는 54.1로, 전월 59.3 대비 급락하는 모습을 보였다. 1월 22일 IMF는 미-중 무역 분쟁 이슈를 이유로 2019년 글로벌 경제 성장 전망을 기존 3.7% 대비 0.2%p 하향 조정한 3.5%로 수정했다. 뒤이어 유럽연합(EU)에서도 2월 7일 2019년 유로존 성장률 전망치를 기존 1.9%에서 1.3%로 하향 조정하면서 충격을 더했다.

분기 말인 3월 22일에는 2007년 이후 처음으로 미국 국채 3개월물과

* 셧다운(Shutdown)

미국 연방정부의 공공 업무 일부가 일시적으로 정지되는 것을 뜻하며 미국 상/하원에서 예산안이 통과되지 못하거나 통과된 법안에 대해 대통령이 거부권을 행사한 경우 발동된다. 이 경우 국방, 소방, 범죄수사 등 국민의 생명과 재산 보호에 직결된 필수 행정을 제외한 모든 프로그램이 중단된다.

2019년 셧다운 이슈는 트럼프 대통령 공약사항이었던 멕시코 국경지대 장벽 설치 예산으로 2018년 12월 22일 0시부터 시작됐으며, 2019년 2월 14일 예산안 통과, 15일 트럼프 대통령 서명으로 종료되었다. 이번 셧다운에서는 200만 명의 미국 공무원 중 80만 명의 일반 연방공무원이 해당하여 강제 무급 휴가를 보낸 것으로 추정된다.

10년물의 금리가 역전되면서 글로벌 경기 침체에 대한 우려감이 본격화되기 시작했다. 유로존 국채 벤치마크인 독일 국채 10년물은 2016년 10월 이후 처음으로 '마이너스'로 진입하기 시작했다. 3월 6일 미국 베이지북에서의 경기진단 하향, 비농업 신규고용 부진, 유로존 추가 부양책 발표 등에 이은 미국 장단기 금리 역전은 시장 참여자들로 하여금 글로벌 경기 침체에 대한 우려를 키웠고, 3월 22일 당일에만 S&P500은 1.9% 급락했다.

## 2분기 : 방향을 잡지 못한 미–중 무역분쟁과 연준의 금리 정책

(3/29 2,834.40pt → 6/28 2,941.76pt, +3.8%)

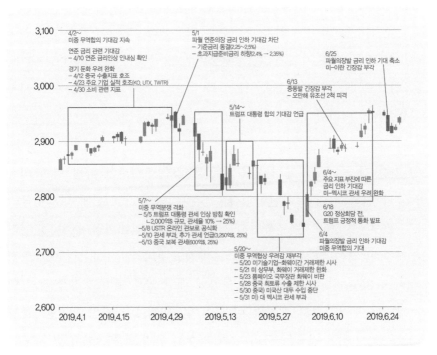

자료 : 인베스팅(Investing.com)

주 : pt

미국 국채 장단기 금리 역전에 따른 경기 침체 우려라는 찝찝함과 함께 시작한 2분기는 방향을 잡지 못한 미-중 무역분쟁 이슈와 연준의 금리 정책에 등락을 거듭하는 모습을 보였다. 처음으로 5월 1일 고점 대비 5% 넘게 하락하면서 본격적인 시장 조정 가능성에 대한 언급이 시작됐던 시기이기도 하다.

1분기 말 미국 국채 3개월물-10년물 금리 역전에 급락했던 시장은 미-중 무역협상 기대감 및 미국, 중국의 주요 제조업 지표가 개선을 보이며 다시 급반등했다. 3월 29일 미중 고위급 회담이 종료되면서 미중 양측은 협상 결과에 대한 긍정적 발언을 쏟아냈고, 4월 1일 발표된 미국 ISM 제조업 PMI 반등 및 중국 차이신 제조업 PMI 50선 회복과 함께 4월 내내 시장을 끌어 올리는 동력으로 작용했다. 뒤이어 호조를 보인 4월 12일 중국 수출 지표 발표, 4월 23일 코카콜라(KO), 트위터(TWTR), 유나이티드 테크놀로지(UTX) 등 미국 주요 기업의 호실적 등으로 시장은 상승을 이어나갔다

이러한 상승 분위기에 찬물을 끼얹은 것은 5월 1일 파월 연준 의장의 금리 인하 기대감 차단이었다. 연준은 이날 FOMC에서 기준금리를 2.25%~2.5%로 동결하면서 '금리 정책에 인내심을 보일 것'이라는 기존 방침을 다시 확인했다. 초과지급준비금리(IOER) 하향 조정 (2.4%→2.35%, -0.05%p)과 함께 물가에 대한 약세 평가로 장중 금리 인하 기대가 부각되기도 했지만 이어진 기자회견에서 파월 의장은 '물가 약세는 '일시적'인 것으로 금리 인하 기대를 곧바로 차단하며 하락의 단초를 제공했다.

연준의 금리 인하 기대감 차단에 이어 미-중 무역분쟁 이슈가 격화되면서 5월 한 달 내내 시장은 하락했다. 5월 5일 트럼프 대통령은 트위터를 통해 2천억 달러 규모 중국산 제품에 대한 관세율 인상(10%→25%) 및 추가로 3,250억 달러 규모의 중국산 제품에 대해서도 조만간 25%의 관세를 부과하겠다고 밝혔다. 이를 미 무역대표부(USTR)가 5월 8일 온라인 관보로 공식 확인한 데 이어 5월 13일 중국도 600억 달러 규모의 미국산 제품에 대해 25% 보복 관세를 물리면서 시장은 패닉으로 빠져들었다.

5월 14일 트럼프 대통령이 합의 기대감을 언급하면서 시장은 잠깐 반등하는 모습을 보이기도 했지만 5월 20일 구글 등 주요 기업이 화웨이와 거래를 제한하기 시작했다는 보도에 시장은 다시 하락하기 시작했고, 5월 28일 중국이 반도체 등의 원료가 되는 희토류의 미국 수출 제한을 시사하면서 미-중 무역합의가 완전히 원점으로 돌아간 것이 아니냐는 우려가 본격적으로 나타나기 시작했다. 또한 5월 30일 트럼프 대통령이 불법 이민 문제를 이유로 멕시코산 전 제품에 관세를 부과하겠다고 밝히면서 31일 S&P500은 1.32% 하락, 5월 월간 기준으로는 6.6% 하락으로 마감했다.

우울했던 5월 증시 하락을 되돌린 것은 파월 연준 의장이었다. 6월 4일 파월 의장은 연설을 통해 최근의 무역 긴장이 미국 시장에 미치는 영향을 주시하고 있으며, 필요하다면 적절하게 대응할 것이라고 밝혔다. 뒤이어 리처드 클라리다 연준 부의장도 경기 상황 변화에 따라 적절한 정책을 펼칠 수 있다고 언급하면서 경기 둔화를 차단하기 위한 보험성 금리 인하를 언급했고, 금리 인하 기대감에 S&P500은 2% 넘게 반등한

후 상승을 이어갔다. 이후 오만해에서 유조선 2척이 피격되면서 국제유
가가 2.22% 급등하는 등 중동발 긴장감이 발생하기도 했지만, 6월 한
달 동안 주요 지표 부진에 따른 금리 인하감과 미-멕시코 관세 우려가
완화되는 모습을 보이며 2분기는 최종적으로 3.8% 상승으로 마감했다.

## 3분기 : 미-중 무역분쟁 최고조기 및 글로벌 경기둔화 우려감 확대
(6/28 2,941.76pt → 9/30 2,976.74pt, +1.2%)

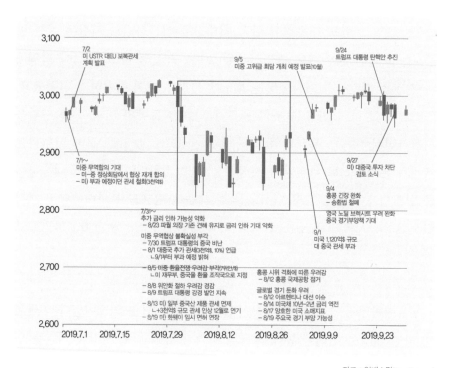

자료 : 인베스팅(Investing.com)<br>주 : pt

3분기는 미-중 무역분쟁이 최고조에 달하고, 아울러 글로벌 경기둔화
우려감이 확대되면서 시장이 급등락을 반복했던 시기였다. 특히 8월 한

달간 일간 변동률 평균은 1.12%로, 8월을 제외한 나머지 달의 평균 일간 변동률 0.51%를 훌쩍 넘어서면서 변동성이 극도로 커졌다.

주말 간 미-중 정상회담에서 협상 재개가 합의되고, 미국이 3천억 달러 규모 중국산 제품에 대해 부과하려 했던 관세가 연기되면서 7월 1일부터 시장은 재차 상승을 시작했다. 7월 2일 미 무역대표부(USTR)가 유로존(EU)에 대해 보복 관세 계획을 발표하면서 다소 긴장감을 높여 나가기도 했지만, 7월은 전반적으로 미-중 무역협상에 대한 기대감과 함께 완만하게 상승을 이어나갔다.

그러나 7월 31일을 기점으로 시장 분위기는 급반전한다. 7월 31일 연준(FED)은 FOMC에서 2008년 이후 10년 만에 처음으로 금리를 인하(2.25~2.5%→2.00~2.25%)했으나 파월 연준의장이 "금리 인하가 장기 인하 사이클의 시작은 아니다."라고 단정하면서 실망감을 키웠다. 뒤이어 미-중 무역분쟁 우려감도 부각됐다. 7월 30일 트럼프 대통령이 중국을 강도 높게 비난한 데 이어 8월 1일에는 트위터를 통해 9월 1일부터 3천억 달러 규모의 중국산 제품에 대해 10%의 추가 관세를 부과할 것이라고 밝히면서 시장의 우려감을 키웠다. 이어 5일에는 중국의 달러-위안 환율이 7위안을 넘어가면서 위안화 약세에 따른 미-중간 환율 전쟁 우려감이 확대되면서 S&P500은 단 4거래일 만에 5% 넘게 하락했다 (7/30, 3,013.18pt → 8/5 2,844.74pt, -5.59%).

이후 8월 한 달 내내 시장은 미-중 무역분쟁 이슈 및 글로벌 경기 둔화 우려 이슈에 급등락을 반복했다. 8월 13일 미국의 일부 중국산 제품에 대한 관세 면제, 19일 미국의 화웨이 임시 면허 연장 및 주요국 경기 부양 가능성 제기 등 호재가 있을 때마다 S&P500은 1% 넘게 상승했으나 트럼프 대통령의 트위터를 통한 강경 발언, 부정적인 경제 지표 발표 등이 있을 때마다 시장은 다시 급락했다. 특히 정부가 환율을 관리하는 중국의 환율 시스템상 위안화 환율이 약세를 보일 때마다 환율 전쟁 우려감이 부각되며 시장의 긴장감을 키웠다. 또한 8월 14일에는 미국 국채 2년물~10년물이 역전된 점 역시 시장을 흔든 요인이었다.

9월 역시 월초 미-중 무역분쟁 우려가 완화되면서 반등하는 모습을 보였으나 다시금 우려가 재부각되면서 상승 폭을 축소하며 마감했다. 캐리 람(林鄭月娥) 홍콩 행정장관이 4일 송환법안 철회를 공식 발표하면서 홍콩발 지정학적 이슈는 다소 완화되는 모습을 보였고, 유럽에서는 영국 하원이 10월 31일인 브렉시트 기한을 3개월 추가 연장하는 소위 '노딜 브렉시트 방지법안'을 가결하면서 노딜 브렉시트 우려감도 줄었다. 뒤이어 5일에는 중국 상무부에서 10월 초 미국과 고위급 회담을 개최하기로 밝히면서 S&P500이 1.3% 상승하는 등 크게 반등했다. 그러나 24일 낸시 펠로시 미 하원의장이 트럼프 대통령 탄핵안 요청을 공식 발표하고 27일 미국의 대중국 투자 차단 검토 소식이 보도되면서 하락, 결국 3분기는 1.2% 상승 마감하는 데 그쳤다.

3분기 두드러졌던 중요 이슈 중 하나가 홍콩 시위였다. 홍콩에서 범죄자를 중국으로 송환할 수 있도록 한 범죄인 인도법 개정안, 소위 '송환법'에 반대해 3월부터 시작된 시위는 6월경부터 본격화되기 시작, 8월 9일 시위대의 공항 점거가 12일 홍콩 당국의 항공편 운항 중단이라는 초

강수로 이어지면서 본격적인 지정학적 리스크로 떠오르기 시작했다. 같은 날 있었던 아르헨티나 대선도 불안을 키우는 이슈였다. 대선 예비선거에서 중도좌파 성향 후보인 알베르토 페르난데스가 친기업 성향의 마크리 대통령을 크게 앞서면서 달러 대비 아르헨티나 페소화는 장중 30% 이상 폭락했으며, 메르발(Merval) 지수는 37.9% 폭락(44,355.09pt → 27,530.80pt)해 마감하면서 불확실성을 키웠다.

## 4분기 : 미-중 1단계 무역협정 체결에 따른 투자 심리 완화

(9/30 2,976.74pt → 12/31 3,230.78pt, +8.5%)

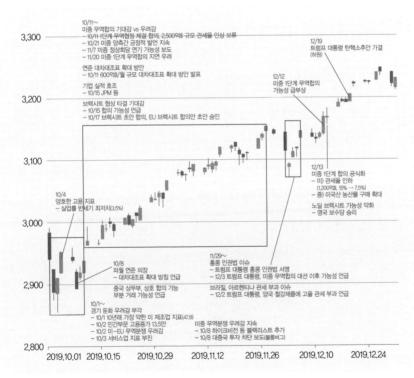

자료 : 인베스팅(Investing.com)

주 : pt

경기 둔화 우려감과 미-중 무역분쟁 우려감으로 급락과 함께 시작한 4분기는 1단계 무역협정 및 지표 개선과 함께 큰 하락 없이 상승을 이어갔다. 또한 영국의 브렉시트 이슈 역시 타결 기대감이 커지면서 금융 시장에 일조했다.

10월은 하락과 함께 시작했다. 10월 1일 발표된 ISM 제조업 PMI는 2009년 6월 이후 가장 낮은 47.8로 발표되었다. 뒤이어 2일 발표된 ADP 전미 고용보고서에서는 9월 민간부문 고용 증가가 13만 5천 명으로 발표되었고, 최근 3개월 민간고용 평균은 14만 5천 명으로 전년 동기 21만 4천 명 대비 큰 폭으로 감소해 우려를 키웠다. 또한 2일 세계무역기구(WTO)가 유럽 연합(EU)의 에어버스 보조금에 대한 책임을 인정하면서 글로벌 무역 전쟁에 대한 우려를 키우기도 했다.

미-중 무역분쟁 우려도 이어졌다. 4일 반세기 내 최저치로 발표된 실업률(3.5%)로 시장은 깜짝 반등했지만, 미국이 7일 하이크비전 등 28개 중국 기업, 기관을 미국과의 거래를 제한하는 대상인 '엔티티 리스트'에 추가하고, 블룸버그 등에서 미국의 대중국 투자 차단 가능성을 다시 보도하면서 우려감을 키웠다. 당시 진행 중이던 협상을 두고 협상단의 조기 귀국 보도가 나오면서 장중 변동성을 키우기도 했다.

그러나 10월 8일 파월 연준 의장이 대차대조표 확대 방침을 언급하며 시장 유동성 확대에 대한 기대가 커지고, 11일 트럼프 대통령과 류허 중국 부총리가 '상당한 1단계 무역협정'에 합의했다고 밝히면서 2,500억 달러 규모 중국산 제품에 대한 관세율 인상 보류를 발표하면서 시장은 상승으로 돌아섰다. 11월 들어 7일 미중 정상회담 연기 가능성 보도, 20

일 미-중 1단계 무역합의 지연 우려, 29일 트럼프 대통령의 홍콩 인권법 서명 등 부정적 이슈가 나올 때마다 소폭 하락하는 모습을 보이기도 했지만 기대감이 지속되며 장을 끌어올렸다.

12월 13일 미-중 1단계 합의가 공식화되면서 2019년 내내 투자자들을 괴롭혔던 미-중 무역분쟁 이슈는 일단락되었다. 이날 미국과 중국은 최종 합의에 도달했다고 밝히며 2020년 1월 무역 합의문에 서명할 계획이라고 발표했다. 이와 함께 1,200억 달러 규모 중국산 제품에 대한 관세 15%를 7.5%로 낮추고, 15일에 부과 예정이던 관세는 취소됐다. 중국은 미국산 농산물 구매를 최소 400억 달러로 하고 향후 500억 달러까지 늘리기로 했다. 한편 영국 보수당이 총선에서 압승하며 노딜 브렉시트 가능성을 낮춘 점 역시 시장에 긍정적으로 작용했다.

이후 트럼프 대통령에 대한 하원의 탄핵소추안 가결 이슈에도 불구하고 시장은 상승을 이어나갔다. 4분기 동안 시장은 8.5% 상승을 보였고, 연간 기준 28.7% 상승으로 2019년 한 해를 마감했다.

2019년 미국 증시를 요약하면 미-중 무역분쟁 이슈와 글로벌 경기 둔화 우려가 시장을 뒤흔들고, 두 이슈에 대한 우려감이 봉합되어감에 따라 기대감과 함께 상승해온 시장이었다고 할 수 있다. 그런데도 미-중 무역분쟁 이슈, 더 나아가 미-중 패권 다툼은 완전히 사그라들지 않은 채 현재 진행형이며, 미-중 무역분쟁이 뿌려놓은 글로벌 경기 둔화 우려 역시 언제든 다시 나타날 수 있다는 점에서 어디서 어떤 형태로 나타날지 주시해 볼 필요가 있다는 것은 분명하다.

# 2020 전망 정리 및
# 코로나19

뒤이어 2020년 전망에서는 시장에서 언급되고 있는 긍정적 요인 (Factor)과 부정적 요인을 정리한다. 2019년 시장 리뷰와 마찬가지로 이들 시나리오를 정리하는 것은 어떤 요인들이 시장을 움직이게 될 것인지 미리 확인하는 작업이 될 것이다. 시장 전망에 100%는 없는 만큼 시장에 영향을 미칠만한 요인이 어떤 것들이 있는지 살펴보고 각 상황에 맞게 대응하는 것이 필요하다. 단, 이들 전망은 2월 초 기준으로 작성되었다.

### 긍정적 요인 : 미-중 무역분쟁 이슈 해소, 정책 공조에 따른 회복세

**요약**

- 미-중 무역분쟁 이슈 해소에 따른 투자 심리 완화
- 정책적 뒷받침  　　　 — 통화정책 및 재정정책 공조
- 실적 반등 기대  　　　 — 2020년 S&P500 이익 증가율 +8.3%(YoY) 전망

### 요인 1 : 미-중 무역분쟁 이슈 해소에 따른 투자 심리 완화

지난 12월 13일 미-중 간 1단계 무역협상이 사실상 타결되고, 뒤이어 1월 15일 공식 서명을 한 이후 미-중 무역분쟁 이슈는 수면 아래로 가라앉은 것처럼 보인다. 특히 2020년 들어 신종 코로나바이러스 이슈가 부각되면서 무역분쟁 이슈는 언급 빈도도 낮아지고 있다.

📊 미국-중국 간 평균 관세율

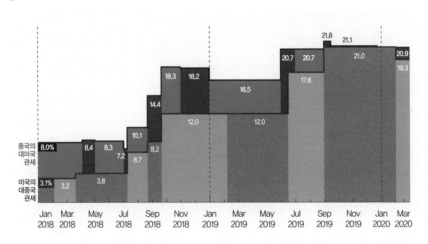

자료 : 피터슨 국제 경제 연구소(2019.12.19 기준)
주 : %

피터슨 국제 경제 연구소(Peterson Institute for International Economics)에 따르면 2019년 12월 19일 기준 평균 관세율은 미국의 대중국 관세가 19.3%, 중국의 대미국 관세가 20.9%이다. 2018년 1월 대비 미국의 대중국 관세는 2.6배, 중국의 대미국 관세는 6.2배나 높아진 수치이다. 지난해 3월 이미 골드만 삭스 등 주요 투자은행은 관세 효과로 미국 내 주요 기업들의 이익 전망치가 5~15% 내외로 감액될 것으로 전망했고,

S&P500 기업의 2019년 1분기 영업이익도 전년 동기 대비 3.7% 줄어들 것으로 전망되었다.

　2020년 시장을 긍정적으로 보는 요인 중 가장 큰 요인 중 하나는 바로 미-중 무역분쟁 이슈 해소, 즉 2단계 무역합의 타결에 따른 관세율 하락과 투자 심리 개선이다. 실제로 공식 서명 이후 미-중 간 긴장을 해소하기 위한 움직임은 지속해서 이어지고 있다. 1월 21일 미국 무역대표부(USTR)는 2월 14일부터 1단계 무역합의 효력이 발효되며, 1,200억 달러 규모의 중국산 제품에 대한 관세율을 15%에서 7.5%로 낮출 것이라고 밝혔다. 뒤이어 2월 6일 로이터는 중국 재무부가 성명서를 통해 지난 9월 1일부터 적용했던 750억 달러 규모의 미국산 제품에 대한 관세를 14일부터 내릴 것이라고 보도하면서 2단계 무역합의에 대한 기대도 높아지고 있다.

📊 2016년 이후 미국 ISM 제조업 PMI vs 중국 차이신(Caixin) 제조업 PMI

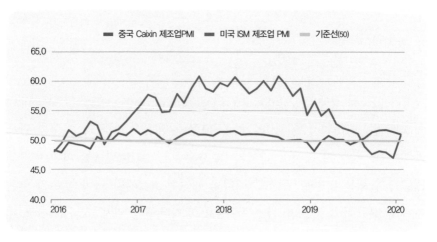

자료 : 인베스팅(investing.com)

이 같은 기대의 바탕에는 하향세를 지속하고 있는 미국 제조업 지표가 자리 잡고 있다. 실제로 미국 ISM 제조업 PMI 지수는 2020년 2월 50.9(1월 치)를 기록하기 전까지 6개월 연속 하락하는 모습을 보였다. 일반적으로 이 지수가 50 아래로 떨어지는 경우를 수축으로 본다면, 미국 제조업 경기가 지속해서 하향하고 있다고 볼 수 있다. 반대로 중국 Caixin 제조업 PMI 지표는 2019년 9월(8월 치) 50.4를 기록한 이후 지속해서 50을 상회하는 모습을 보여주고 있다. 반등하는 중국 제조업 지표와 다르게 미국의 제조업 지표가 부진한 모습을 보이는 만큼 재선을 노리는 트럼프 대통령 입장에서는 무리하게 무역분쟁을 길게 끌고 가기에는 부담이 될 것이라는 전망이다.

미-중 무역분쟁 이슈 완화 및 이에 따른 관세율 인하는 투자자 입장에서는 투자 심리를 개선하는 효과가 존재한다. 간접적으로는 추가적인 긴장 요소가 발생하지 않을 것이라는 점이, 직접적으로는 관세율 인하에 따른 기업 실적 개선이 작용하게 된다. 실제로 다음 페이지 〈2019년 4분기 S&P500 이익 추정치〉 추이에서 보듯 S&P500 기업의 2019년 4분기 실적 추정치는 2019년 9월 +2.5%(YoY)에서 지속적으로 떨어져 -2%(YoY)까지 하락했으나 1단계 무역합의 서명 발표 이후 급반등하기 시작해 플러스 전환했다. 무역합의로 실적이 급반등했다기보다는 무역합의 이슈를 두고 실제보다 우려감이 더 크게 작용했다고 해석할 수 있다. 또한 우려감 해소와 함께 달러 약세가 진행될 경우 수출 기업들의 경쟁력 강화로 추가적인 실적을 개선할 수 있다는 전망이다.

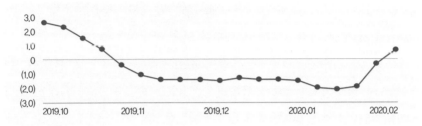

📊 2019년 4분기 S&P500 이익 추정치 변동(~2020.2.7)

자료 : 팩트셋(Factset Earnings Insight)

### 요인 2 : 정책적 뒷받침 – 통화정책 및 재정정책 공조

미국 증시를 낙관적으로 보는 요인 중 하나는 통화 및 재정정책에 있어서의 뒷받침이다. 미연준(FED)은 2019년 7월 31일, 이른바 '보험성 금리 인하'를 단행한 후 두 차례 더 금리 인하를 지속해 현재 1.50~1.75%의 금리를 유지하고 있다. 또한 연준 자산을 재확대하면서 경기 불확실성에 대비하고 있다는 평가다. 미국을 포함 2019년 한 해 49개 중앙은행이 71회의 금리 인하를 하며 적극적으로 대응한 만큼 경기 둔화 우려에 대한 응급처치는 어느 정도 이뤄졌다는 분석이다.

📊 연준 총자산 추이(10억$)

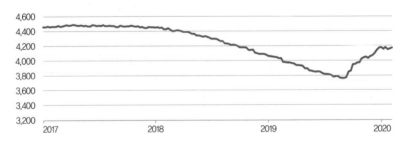

자료 : 세인트 루이스 연준(Federal Reserve Bank of St, Louis, https://fred.stlouisfed.org/) 재가공
항목 : Assets: Total Assets: Total Assets (WALCL) 재가공
주 : 10억$, 주간, 비계절조정

한편 미국 외 국가들에서도 경기 둔화 우려에 대한 대응이 적극적으로 이뤄지고 있다. 유로존에서는 지난 9월 이미 마이너스인 예금 금리를 추가로 인하(-0.4%→-0.5%)하면서 11월부터 월 200억 유로 수준의 순자산 매입을 재개하기로 했다. 특히 독일의 경우 제조업 지수가 10년 내 최저 수준까지 하락하는 상황에서 역설적으로 독일의 경기 부진은 유럽 중앙은행(ECB)의 정책 여력을 추가로 확대할 수 있는 근거로 작용하고 있으며, 독일 정부 역시 올해 공공투자 규모를 2014년 250억 유로 수준에서 2020년에는 400억 유로로 올려 잡은 바 있다. 중국도 2011년 21.5%였던 대형 금융기관 지급 준비율을 2020년 2월 9일 기준 12.5%로 빠른 속도로 인하하면서 유동성을 공급해왔다.

이 같은 통화, 재정에서의 글로벌 정책 공조로 미-중 무역분쟁 여파가 아직은 실물 경제로까지는 전이되지 않았다는 희망스러운 분석과 함께 향후 나타날 수 있는 충격에도 충분히 공조, 대응할 여력이 남아있다는 분석이다.

### 요인 3 : 실적 반등 기대 - 2020년 S&P500 이익 증가율 +8.3% (YoY) 전망

미-중 무역분쟁 이슈 해소에 따른 투자 심리 완화와 정책적 공조로 2020년 미국을 포함한 글로벌 실적 반등이 나타날 것이라는 전망도 존재한다. 2019년 말 글로벌 증시는 펀더멘탈 개선 기대감을 선제적으로 반영하며 빠르게 회복했으며, 주요 부진 섹터도 함께 회복할 것으로 전망되고 있다.

이러한 전망은 실적 전망 집계에도 반영되고 있다. 팩트셋 어닝즈 인사이트(Factset Earnings Insight) 2월 7일 자료에 따르면 2020년 S&P500의 이익 성장률은 전년동기 대비 +8.3%, 매출 증가율은 전년동기 대비 +5.2% 증가할 것으로 전망되고 있으며, 2021년에는 각각 +10.8%, +5.1% 증가로 전망된다.

참고로 2020년 이익 성장률이 높을 것으로 전망되는 섹터는 에너지 (+19.3% YoY), 자유소비재(+10.7% YoY), 정보기술(+10.3% YoY), 커뮤니케이션 섹터(+9.4% YoY)가 될 것으로 보이며, 섹터별 전망은 아래와 같다.

📊 미국 섹터별 2020년 이익성장률 전망(%, YoY)

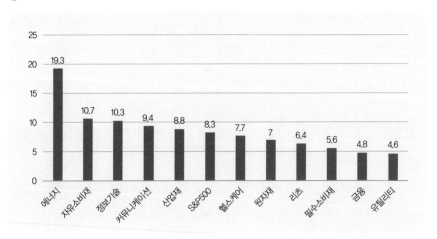

자료 : 팩트셋(Factset Earnings Insight)<br/>주: 2020.2.7 발간 자료

잠든 사이 월급 버는 미국 주식 투자

# 부정적 시나리오 : 밸류에이션 부담, 글로벌 성장률 둔화 등

**요약**

- 여전히 잔존하고 있는 미-중 무역분쟁 이슈, 무역분쟁의 본질
- 밸류에이션 부담 존재
- 경기 확장 막바지 국면 & 글로벌 성장률 둔화에 대한 우려감
- 급증하는 미국 기업 부채, 글로벌 부채

### 요인 1 : 여전히 잔존하고 있는 미-중 무역분쟁 이슈, 무역분쟁의 본질

1단계 무역협상 타결 이후에도 향후 1단계 무역협상이 잘 지켜질 수 있을지, 2단계 이후 무역협상이 잘 진행될 수 있을지에 대해 회의적인 시각을 유지하고 있는 의견도 다수 존재한다. 만약 1단계 무역협상 내용이 잘 이행되지 않거나 마찰이 생기면 기대감으로 끌어올린 주식시장이 직격탄을 맞을 가능성도 있다는 뜻이다.

미-중 무역협상 회의론의 가장 큰 근거는 미-중 무역분쟁의 본질이다. 2019년 후반 이후로 거의 언급되지 않고 있지만 미-중 무역분쟁 초반 미-중 무역분쟁을 촉발했던 것으로 지적된 가장 큰 원인 중 하나는 '미-중 패권 전쟁'이었다. '세계의 공장'으로서 자본과 기술력을 축적해온 중국은 2008년 미국발 금융위기 이후 외교 정책 기조를 '돌돌핍인(咄咄逼人, 거침없이 상대를 압박한다)', '분발유위(奮發有爲, 떨쳐 일어나 할 일은 한다)'라는 적극적인 자국 이익 추구로 바꾸고 있다. 이를 위해 크게 두 가지 축, 위안화의 기축 통화화, '중국제조 2025'로 대표되는 첨단 기술의 국제표준화를 추진해왔다. 이에 대해 미국 주류 사회에서는 미국의 패권이 중국으로 넘어가는 것이 아닌지에 대한 우려가 제기됐고, 이를 막기 위한 시도가 이번 무역분쟁으로 나타났다는 것이다.

## ⅷ 중국 외교 정책 기조의 변화

| 시기 | 국가주석 | | 외교 정책 기조 |
|------|---------|---|---------------|
| 1950년대~ | 마오쩌둥<br>(毛澤東) | | **심알동 광적량 불칭패(深挖洞 廣積糧 不稱覇)**<br>: '굴을 깊게 파고, 식량을 비축하며, 패권자라 칭하지 말라.'<br><br>→ 미-소 양대 강국 사이에서 소극적인 참는 외교 |
| 1980년대~ | 덩샤오핑<br>(鄧小平) | | **도광양회(韜光養晦)**<br>: '빛을 감춰 밖으로 새지 않도록 하면서 은밀하게 힘을 기른다.'<br><br>→ 경제성장을 위한 불필요한 외교 마찰 자제 |
| 1990년대~ | 장쩌민<br>(江澤民) | | **유소작위(有所作爲)**<br>: '필요한 역할은 한다.'라는 '책임대국론(責任大國論)'<br><br>→ 적극적 외교 정책으로의 관점 변화 |
| 2000년대~ | 후진타오<br>(胡錦濤) | | **평화굴기(和平崛起)**<br>: '평화롭게 우뚝 일어선다.'<br><br>→ 서방의 중국 위협론에 대응, 우호와 상호 간 호혜적 번영 강조 |
| 2008년~ | | | **돌돌핍인(咄咄逼人)**<br>: '거침없이 상대를 압박한다.'<br><br>→ 2008년 미국발 금융위기 이후 적극적인 자국 이익 중심의 외교 |
| 2013년~ | 시진핑<br>(習近平) | | **분발유위(奮發有爲)**<br>: '떨쳐 일어나 할 일은 한다.'<br><br>→ 미국 중심의 기존 국제 질서 개편 시도로 '새로운 정상상태(新常態)' 수립 |

이와 관련해 2019년 5월 뉴욕타임스(NYT)는 '미국과 중국의 지난 1년간의 무역전쟁은 두 나라 모두 세계적인 지배와 위상, 부를 위한 것으로, 향후 수십 년 동안 지속될 것으로 증명되고 있다.'고 지적한 바 있다. 신흥 패권자인 중국의 부상이 기존 패권자인 미국의 질서에 도전하면서 '투키디데스의 함정'으로 연결될 가능성에 대한 우려가 제기되고 있는 것이다.

∗투키디데스의 함정
(Tuchididdes Trap)
그레이엄 앨리슨 하버드대 교수가 고대 그리스 역사가 투키디데스의 '펠레폰네소스 전쟁사'에서 아이디어를 얻어 만든 용어로, 신흥 패권국이 빠르게 부상하는 과정에서 기존 패권국의 헤게모니와 충돌하고, 상호 불신, 견제로 인해 전쟁으로 귀결되는 경향을 일컫는 용어

📊 패권 전쟁 장기화에 대한 우려를 지적하는 뉴욕타임스(NYT) 기사

## U.S.-China Trade Standoff May Be Initial Skirmish in Broader Economic War

Workers at a silk factory in the eastern Chinese city of Shengze. The United States is wary of China's emerging role in the global economy and the tactics it uses to get ahead.

Aleksandar Plavevski/EPA, via Shutterstock

By Ana Swanson and Keith Bradsher

May 11, 2019

f  y  ✉  ↗  🔖

阅读简体中文版  閱讀繁體中文版

WASHINGTON — A yearlong trade war between the United States and China is proving to be an initial skirmish in an economic conflict that may persist for decades, as both countries battle for global dominance, stature and wealth.

자료 : 뉴욕타임스(NYT)

더군다나 1단계 무역협상에서 중국 정부의 기업 보조금, 지식재산권 보호, 사이버 보안 등 미-중 패권 전쟁과 관련된 핵심 쟁점이 완결되지 못하고 다음 협상으로 늦춰졌다는 점은 이 같은 우려를 더욱 키우고 있다. 구체적으로 이번 미-중 1단계 무역합의 내용에서 미국의 관세 조치는 1) 1,600억 달러 규모의 중국산 제품에 대한 관세 부과 보류, 2) 1,200억 달러 규모 중국산 제품에 대한 관세율 15%에서 7.5%로 축소로 결정되었다.

중국이 이행할 조치로는 1) 추가 수입: 2년간 2,000억 달러 규모 재화, 서비스 추가 구매, 2) 농산물 수입: 2020년 365억 달러, 2021년 435억 달러 규모 농산물 수입, 3) 기술 이전: 미국 기업들에 대한 기술 이전 강요 금지, 4) 지식 재산권: '액션 플랜' 수립 등 지식재산권 보호 노력 강화 및 침해 시 형사처벌 조치, 5) 금융/환율: 외환 정보 공개 등 투명성 개선이 있었다. 앞에서 언급한 것처럼 합의 내용상 핵심 쟁점이 마무리되지 못한 만큼 향후 미-중 무역분쟁이 확산될 가능성은 언제든지 존재한다.

### 요인 2 : 밸류에이션 부담 존재 – 사상 최대를 기록하고 있는 밸류에이션 지표(2월 초 기준)

또 한 가지 2020년 미국 주식 시장에 우려를 주는 요인은 사상 최대치를 기록하고 있는 밸류에이션 지표이다. 2017년 말 트럼프 대통령의 대규모 법인세 인하로 2018년 S&P500의 분기별 전년동기 대비 EPS 성장률은 연평균 23.95%에 달했다(1Q: 25.6%, 2Q: 25.3%, 3Q: 27.8%, 4Q: 17.1%). 이후 2019년에 접어들면서 2018년의 높은 성장률에 대한 기저 효과 및 관세율 상승에 따른 부담 증가로 S&P500의 분기별 EPS 성장률은 2019년 내내 전년동기 대비 낮은 수치를 기록하고 있다.

📊 분기별 전년동기 대비 EPS 성장률(%, YoY)

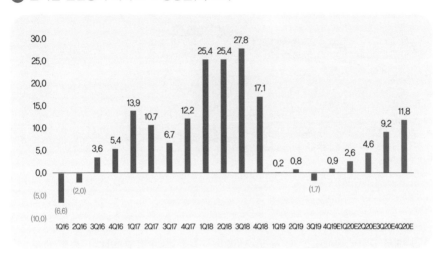

자료 : 팩트셋(Factset Earnings Insight)
주 : 2017.4.14, 2018.7.13, 2020.2.7, S&P500 Quarterly Bottom-Up EPS Actuals & Estimates 자료 취합

이익이 성장하는 속도가 정체되는 반면 주가는 미-중 무역합의를 반영해 빠르게 올라가면서 실적과 주가의 괴리는 증가하고 있다. 다음 페이지의 〈S&P500 12개월 선행 이익 추정치 및 주가 추이(10년)〉에서 보듯 2019년 3월 이후 S&P500 기업들의 12개월 선행 이익 추정치는 정체되고 있지만, 주가는 빠르게 올라가면서 괴리가 증가하고 있다. 실적이 정체된 가운데 밸류에이션만 높아지는 현재 구간에서든 실적 부담을 빌미로 언제든 매도 물량이 나와도 이상하지 않다. 즉 기대감이 잔뜩 높아진 상태에서 실제 실적이 따라오지 못하는 상태가 유지될 경우 언제든지 실망 매물이 발생할 수 있다.

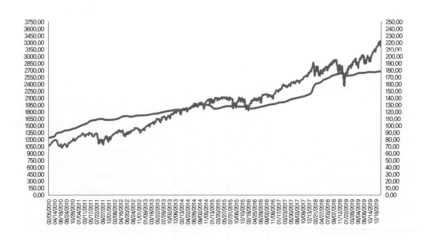

자료 : 팩트셋(Factset Earnings Insight)
주 : 2020.2.7 발간 자료

　다행히 2020년 이후 실적 추정치는 점점 높아지고 있다. 그런데도 여전히 우려감이 사라지지 않는 이유는 2018~2019년 동안 지속되어온 관세율 인상 전쟁과, 이로 인해 미-중 양국 기업들이 받은 상처가 의외로 깊을 수 있다는 점이다. 최근 관세율 인하 움직임에도 불구하고 앞에서 살펴본 것처럼 2019년 12월 19일 기준 평균 관세율은 미국의 대중국 관세가 19.3%, 중국의 대미국 관세가 20.9%에 달한다. 미국 기업의 전체 매출 중 해외 매출 비중이 38%가량이며, 실적 추정치 상승을 주도하고 있는 정보 기술 섹터의 경우 해외 매출 비중이 50%가 넘는다는 점을 고려할 때, 높은 관세율 부담은 2020년에도 미국 기업들에 실적 부담의 요인으로 작용할 가능성이 높다.

　과거 실적 둔화 우려가 강하게 제기되며 주가가 정체를 보였던

2015~2016년과 비교할 경우 1) S&P500 지수의 밸류에이션이 부담을 받는 구간이라는 점, 2) 정치적 불확실성이 리스크로 작용한다는 점, 3) 달러 강세가 미국 기업의 실적을 악화시키고 있다는 점 등이 공통으로 나타난다. 2015~2016년과 다른 점은 추가적으로 보호무역주의, 무역 전쟁 및 이에 따른 글로벌 경기 침체 우려가 더욱 부각되고 있다는 점을 들 수 있겠다.

### 요인 3 : 경기 확장 막바지 국면&글로벌 성장률 둔화에 대한 우려감

글로벌 경기 둔화 우려를 키우는 이유 중 하나는 미-중 무역분쟁에서 촉발된 보호무역주의의 확산과 이에 따른 글로벌 교역량 감소이다. 실제로 미국은 중국 외에도 멕시코, 캐나다, EU 등으로 무역분쟁의 대상을 넓히고 있다. 엎친 데 덮친 격으로 2020년 1월부터 본격적으로 확산하고 있는 신종 코로나바이러스(이른바 우한폐렴) 이슈로 인해 지난 2월부터 델타, 아메리칸 항공 등 주요 항공사가 중국으로의 운항을 전면 중단하는 등 글로벌 교역이 전면적으로 위축될 것으로 보인다.

미국은 2009년 이후 역사상 최장기간 동안 경기 확장을 이어왔다. 2008년 미국발 금융위기 이후 각국의 완화적 통화정책으로 막대한 양의 돈이 흘러나왔고, 국제 공조를 통해 위기를 해결해왔다. 그러나 조금 손해를 보더라도 함께 협력해나가는 국제 공조는 브렉시트를 기점으로 약화하고 자국 중심주의가 급격하게 대두되기 시작했으며, 미-중 무역분쟁으로 극대화되기 시작했다. 트럼프 대통령의 미국 중심주의로 일정 기간은 미국이 나 홀로 호황을 누릴 수는 있겠지만, 향후 경기 둔화 문제가 발생했을 경우 과거와 같은 국제 공조가 제대로 작동하지 못할 가능성이 높다.

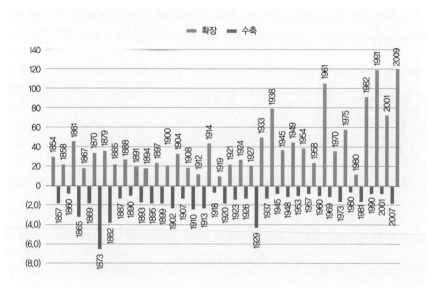

자료 : 전미경제연구소(National Bureau of Economic Research, NBER), CNBC

또한 미-중 무역분쟁 이슈는 간접적으로는 경제 주체들의 심리에, 직접적으로는 관세율을 통해 성장률 둔화로 이어진다. IMF는 2020년 1월 20일 '세계경제전망 수정(World Economic Outlook Update, WEO Update)'을 발표하면서 글로벌 성장률 전망을 소폭 하향하여 하방 리스크로 미-교역국(중국, EU 등) 간 관계 악화 가능성을 지적했다. 제조업/세계 교역의 저점 통과에 대한 신호, 2019년 한 해 49개 중앙은행의 71회에 달하는 금리인하 실시 등 긍정 요인에도 불구하고 여전히 하방 요인이 강하게 작용하고 있다고 본 것이다.

이번 IMF 세계경제전망에서 글로벌 성장률 전망치(하향률)는 3개월 전과 비교해 2019년 2.9%(-0.1%p), 2020년 3.3%(-0.1%p), 2021년

3.4%(-0.2%p)로 수정됐다. 2020년 성장률을 기준으로 글로벌 성장률
은 3.3%(-0.1%p), 선진국은 1.6%(-0.1%p), 미국 2.0%(-0.1%p), 유로존
1.3%(-0.1%p) 등으로 전반적으로 하향되는 모습이며, 신흥개도국 역시
전체 4.4%(-0.2%p), 중국 6.0%(+0.2%p), 인도 5.8%(-1.2%p), 사우디
1.9%(-0.3%p) 등으로 수정됐다.

📊 세계경제 전망 수정(World Economic Outlook Update, WEO Update)

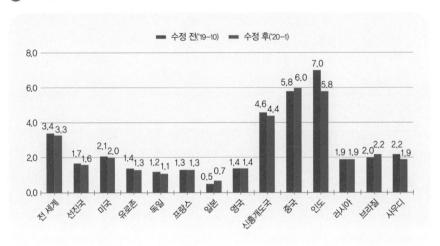

자료 : IMF
주 : %, 2020.1 자료

이에 따라 경기 침체 확률도 높아지고 있다. 뉴욕 연준에서 발표하는
경제 침체(Recession) 확률은 2019년 이후 급격히 증가하여 2020년 7월
기준 37.93%로 정점을 찍고 현재는 2020년 11월 기준 23.62%까지 하
락한 상태다. 1960년 이후 위 지표가 30%를 넘었을 때 침체가 발생하지
않았던 적은 1967년 한 차례밖에 없었다는 점에서 부담이 되는 것은 사
실이다.

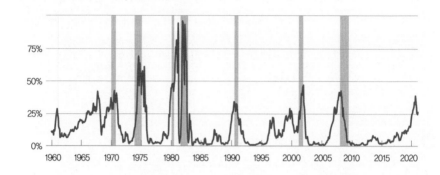

📊 뉴욕 연준의 미국 경기 침체 확률

자료 : 뉴욕 연준(Federal Reserve Bank of New York)
주 : 미국 경기 침체 확률은 주로 미국채 10년물−3개월물 금리 간 차이(스프레드)를 통해 측정

이와 함께 미국 제조업 지표 둔화, 미−중 무역협상 불확실성, 외환/신용 리스크에 따른 중국 성장률 둔화 및 이에 따른 유로존 둔화 우려, 일본의 소비세 인상(2019.10, 8%→10%) 후폭풍 등도 글로벌 경제 성장률 둔화 우려를 키우고 있다. 또한 본격적으로 경제 성장률이 둔화될 경우 이를 해소할 완화 수단에 한계가 있다는 점도 우려스러운 부분이다. 미국의 경우 트럼프 정부 이후 빠르게 늘어난 미국 재정적자, 정부 부채 문제가 존재하며, 유럽의 경우 EU조약의 균형재정에 기반하고 있어 돈을 풀어낼 수 있는 여력이 상대적으로 제한 받고 있다. 2019년 각국이 경쟁적으로 내린 금리로 인해 추가적인 금리 인하 여력 또한 낮아진 점도 제약 요인으로 제기되고 있다.

## 요인 4 : 급증하는 미국 기업 부채, 글로벌 부채

아직 본격적으로 언급되고 있지는 않지만 우려되는 요인 중 하나는 급

잠든 사이 월급 버는 미국 주식 투자

증하는 미국 기업 부채 및 글로벌 부채이다. GDP 규모 확대와 함께 저금리 상황에서 기업의 부채가 늘어나는 것은 어떻게 보면 당연한 현상이다. 그러나 문제가 될 수 있는 부분은 경제 규모 확대 속도보다 더 빠르게 증가한다는 점, 우량하지 못한 부채가 증가하고 있다는 점이다.

세인트루이스 연준의 자료를 기반으로 구성한 아래 〈1960년 이후 미국 GDP, 비금융 부문 부채, 부채비율 추이〉 자료에 따르면 2019년 7월 기준 비금융 부문 부채 규모는 10조 1,202억 달러로 사상 최고치를 이어가고 있다. 물론 GDP 역시 꾸준하게 증가하고 있는 추세이지만, GDP로 비금융 부문 부채를 나눈 부채비율 역시 47%로 사상 최고치를 보인다. 경제가 성장하는 속도보다 더 빠르게 빚이 늘어나고 있는 신호이다.

📊 1960년 이후 미국 GDP, 비금융 부문 부채, 부채비율 추이

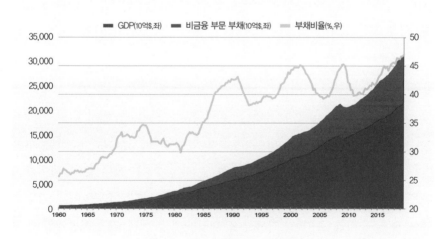

자료 : 세인트루이스 연준(Federal Reserve Bank of St. Louis, https://fred.stlouisted.org/) 재가공
항목 : GDP – Gross Domestic Product (GDP), 10억$, 분기, 비계절조정
비금융 부문 부채 – Nonfinancial corporate business; debt securities and loans;
liability, Level (BCNSDODNS), 10억$, 분기, 계절조정

최근 세계은행(World Bank)에서는 〈부채의 물결 세계를 덮치다(Global waves of debt)〉라는 보고서를 통해 글로벌 부채 증가 문제를 지적했다. 300페이지에 달하는 이 보고서에서 세계은행은 신흥국의 부채가 최근 50년 만에 가장 빠른 속도로 증가하고 있다고 밝혔다. 국제결제은행(BIS)에서도 2019년 2분기 전 세계 부채비율(가계/기업/정부의 부채 총계 대비 명목 GDP)은 242.3%로 2008년 대비 40.8%p 증가했다고 밝히면서 우려를 키웠다.

미국 내 정크 본드(투기등급 채권) 역시 우려의 목소리가 조금씩 제기되고 있다. 파이낸셜타임스(FT)에 따르면 2020년 1월 한 달간 736억 달러의 투기등급 채권이 발행됐으며, 이는 지난 25년간 최대치였다. CNBC 역시 투기등급 채권 시장에서 불안감이 증폭되고 있다며 '아무도 걱정하지 않고 모든 걸 사들이고 있다'고 지적했다. Fitch Ratings에 따르면 2019년 투기등급 채권 시장의 부도율은 3.3%로 3년 만에 최고 수준이며, 규모도 2018년 대비 32% 증가한 383억 달러에 달한다. 특히 최근 신종 코로나바이러스 이슈로 유가가 급락하면서 원유 시추 기업을 중심으로 부도 가능성이 커지고 있다는 점도 우려할 만한 부분이다.

급증하는 부채에도 불구하고 저금리 상태에서는 기업들도 어느 정도 버틸 수 있다. 그러나 특정 시점에서 금리가 급등하게 되면 부채비율이 높은 기업들은 치명적인 타격을 받을 가능성이 크다. 또한, 이들 기업의 부도 및 금융비용 증가는 '가계수요 제약→기업 매출 감소→경기활력 저하'라는 악순환 고리로 이어질 수 있다는 점에서 숨겨진 뇌관이 될 가능성이 존재한다.

# 2020년 코로나19발 글로벌 증시 급락 사태

• 개요

📊 코로나19 확진자 수 추이(~2020.3.24)

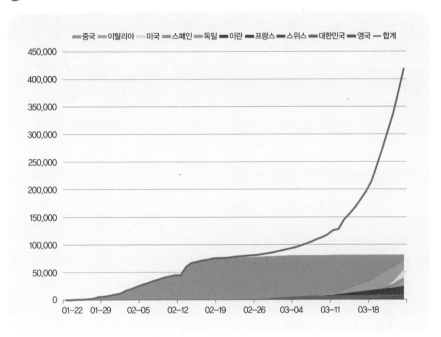

자료 : Johns Hopkins School of Public Health

코로나19는 2019년 12월 중국에서 최초 보고된 SARS-CoV-2에 의해 발병하는 급성 호흡기 질환으로 사스, 메르스처럼 코로나바이러스의 일종이다. 이번에 발생한 코로나19는 빠른 전염력을 바탕으로 전 세계에 빠르게 확산되고 있으며, 미국을 포함한 세계 주요국에 봉쇄령이 내려지면서 각국의 경제를 마비시키고, 주식 시장의 급락을 초래하고 있다. 3월 24일 현재, 코로나19는 현재 진행형이다.

## • 경과

### 📊 미국 누적 확진자 및 S&P500 지수 추이(~3/24)

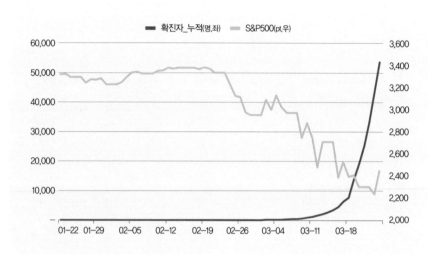

자료 : Johns Hopkins School of Public Health

### 📊 중국 누적 확진자 및 상해종합 지수 추이(~3/24)

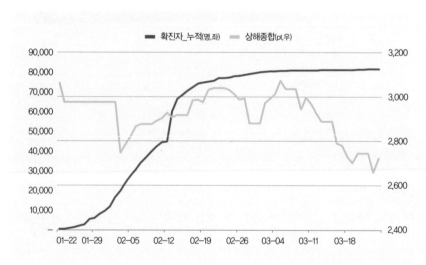

자료 : Johns Hopkins School of Public Health

잠든 사이 월급 버는 미국 주식 투자

첫 감염자가 확인된 12월 초부터 2월 중순까지 미국 증시는 큰 영향 없이 순항 중이었다. 간혹 시장이 흔들리는 모습을 보이기도 했으나 세계보건기구(WHO)는 국제적 비상사태로 선포하지도 않았고, 우한시 폐쇄에도 어디까지나 중국과 아시아 내의 문제로 국한되는 모습이었다. S&P500이 3,393.52pt로 사상 최고가를 기록한 2월 19일. 전일 애플(AAPL)이 코로나19로 매출 전망을 달성하지 못할 것이라고 밝혔음에도 미국 증시는 여전히 중국의 경기 부양 정책과 중산층을 대상으로 한 양도소득세 감면에 대한 기대로 여전히 뜨거웠다.

그러던 2월 24일. 한국과 이탈리아를 중심으로 확진자가 급증하면서 코로나19의 글로벌 확산에 대한 우려가 본격적으로 커지자 미국 증시는 급락했다. 글로벌 공급 사슬 붕괴에 대한 언급과 함께 골드만 삭스 등 주요 IB에서 미국 경제 하향에 대한 우려가 제기되면서 위험 자산 회피 심리가 본격화되기 시작한 것이다. 2월 24일 하루에만 S&P500은 3.35%, 나스닥은 3.71% 하락했다. 이렇게 시작된 하락은 미국 내 감염자가 나타나기 시작하면서 2월 28일 단기 저점 2,855.84pt까지 15.8% 하락으로 이어졌다.

주식 시장은 3월 4일까지 잠시 반등을 보였다. 2월 28일 파월 연준 의장이 예정에 없던 긴급 성명을 내고 "경제를 지지하기 위해 적절하게 행동할 것"이라는 시장 개입성 발언으로 금리 인하 등의 부양 정책에 대한 기대감을 키웠고, 래리 커들로 국가경제위원회(NEC) 위원장도 "투자자들이 저점 매수에 나설 시기"라고 언급하면서 역시 기대감을 키웠다. 한편 3월 3일, 연준은 긴급 회의를 열고 기준금리를 50bp 인하했다. 시장은 잠시 환호하는 듯했지만 경제 전반의 불안과 위기가 예상보다 심각할 수 있다는 우려감 등에 하락하기도 했다.

뒤이은 주가 하락에 직격탄을 날린 것은 OPEC+의 유가 감산 합의 불발이었다. 미국 시각 6일, OPEC과 러시아 등 주요 산유국은 정례 회동에서 추가 감산안 합의는 말할 것도 없고, 3월 말까지였던 기존 감산안의 연장 합의에도 실패했다. 서부텍사스원유(WTI)는 이날 하루에만 10.1% 폭락했다. 뒤이어 주말에는 사우디아라비아가 4월 선적 예정인 주요 원유 수출 가격을 전격 인하하고 4월부터 산유량도 대폭 늘릴 것이라고 밝히면서 상황은 더욱 악화되기 시작했다.

*서킷 브레이커(Circuit Braker)란?
주가지수가 과도하게 오르내릴 때 시장 충격을 완화하기 위해 주식 거래를 잠시 중단하는 제도로 7%, 13%, 20% 하락 시 발동된다. 15분간 거래를 멈춘 후 다시 거래가 재개된다.

3월 9일 하루에만 유가는 25% 폭락했다. 유가 급락에 따른 미국 셰일 업체의 채권 부실화 우려가 더해지며 주가도 급락, S&P500은 1997년 이후 처음으로 서킷 브레이커가 발동되기도 했다. 연준 역시 환매조건부채권(Repo) 거래 한도를 늘려 초단기 자금시장에 유동성 공급을 확대한다고 발표했으나 주가는 급락했다. 이날 S&P500은 7.6%, 나스닥은 7.29%, 다우30은 7.79% 폭락해 마감했다.

부양 정책 기대감에 잠시 반등했던 미국 증시는 11일, 전 세계적으로 12만 명을 넘긴 확진자 수에 결국 세계보건기구(WHO)가 팬데믹을 선언하면서 다시 급락했다. 팬데믹은 전 세계적으로 특정 질병이 최악의 수준으로 유행하는 것을 의미하며, 2009년 신종 인플루엔자A(H1N1) 이후 처음으로 발동되었다. 뒤이어 12일에는 트럼프 대통령이 영국, 아일랜드 외 유럽 국가에서의 미국 입국을 30일간 금지한다고 발표하면서 S&P500 은 하루에만 9% 넘게 하락, 또다시 서킷 브레이커가 발동되었다.

13일, 미국 증시는 트럼프 대통령의 비상사태 선포로 급등했다. 500 억 달러 규모의 자금 투입과 함께 전략비축유 대량 매입이 발표됐기 때 문이다. 연준 역시 30년물 국채 등 다양한 만기의 국채를 매입했으며, 주말간 연방공개시장위원회(FOMC)를 열고 금리를 추가로 100bp 인하 (0.00%~0.25%)하는 등 다양한 노력을 시도했다. 그러나 뒤이어 16일, 코로나19에 의한 경기 침체 공포가 확산되고 샌프란시스코에서 사실상 이동금지 명령이 내려지면서 증시는 또다시 급락, S&P500은 11.98%라 는 기록적인 하락을 보였고 세 번째 서킷 브레이커가 발동되기도 했다.

뒤이어 17일, 연준은 기업어음매입기구(CPFF)를 설립해 CP(기업어음) 를 인수하겠다고 밝혔고, 스티븐 므누신 재무장관이 1조 달러에 달하는 재정 부양 패키지를 제안했다는 보도와 함께 증시는 다시 급반등했다. 그러나 18일에는 다시 코로나19로 글로벌 경기침체 우려가 부각, WTI가 24% 폭락하면서 증시도 폭락했다. 4번째 서킷 브레이커가 발동됐으며, 공포지수로 불리는 VIX는 장중 85선까지 급등해 사상 최고치를 기록했 다. 특히 '현금 확보'가 최우선시되면서 안전자산으로 분류되는 미국 국 채, 금 시장에서까지 급락세가 나타났다.

23일에는 미국 확진자가 4만 명을 돌파하면서 공포가 극에 달했다. 2분기 경제 성장률에 대해 골드만 삭스는 전년 동기 대비 −24%, 모건

스탠리는 −30%가 될 것이라고 전망했고, 달러 인덱스는 102를 상회했다. 다만 24일에는 대규모 재정 정책 기대감과 함께 주요증시는 급반등했다.

**📊 S&P500 일간 등락률(~3/24)**

| 날짜 | 종가 | 변동률(%) | 2/19 대비(%) | 날짜 | 종가 | 변동률(%) | 2/19 대비(%) |
|---|---|---|---|---|---|---|---|
| 2/19 | 3,386.15 | 0.5 | | 3/9 | 2,746.56 | (7.6) | (18.9) |
| 2/20 | 3,373.23 | (0.4) | (0.4) | 3/10 | 2,882.23 | 4.9 | (14.9) |
| 2/21 | 3,337.75 | (1.1) | (1.4) | 3/11 | 2,741.38 | (4.9) | (19.0) |
| 2/24 | 3,225.89 | (3.4) | (4.7) | 3/12 | 2,480.64 | (9.5) | (26.7) |
| 2/25 | 3,128.21 | (3.0) | (7.6) | 3/13 | 2,711.02 | 9.3 | (19.9) |
| 2/26 | 3,116.39 | (0.4) | (8.0) | 3/16 | 2,386.13 | (12.0) | (29.5) |
| 2/27 | 2,978.76 | (4.4) | (12.0) | 3/17 | 2,529.19 | 6.0 | (25.3) |
| 2/28 | 2,954.22 | (0.8) | (12.8) | 3/18 | 2,398.10 | (5.2) | (29.2) |
| 3/2 | 3,090.23 | 4.6 | (8.7) | 3/19 | 2,409.39 | 0.5 | (28.8) |
| 3/3 | 3,003.37 | (2.8) | (11.3) | 3/20 | 2,304.92 | (4.3) | (31.9) |
| 3/4 | 3,130.12 | 4.2 | (7.6) | 3/23 | 2,237.40 | (2.9) | (33.9) |
| 3/5 | 3,023.94 | (3.4) | (10.7) | 3/24 | 2,447.33 | 9.4 | (27.7) |
| 3/6 | 2,972.37 | (1.7) | (12.2) | | | | |

자료 : 인베스팅(Investing.com)

24일 이후에도 증시는 단기 반등을 이어나가고 있지만, 코로나19는 여전히 현재 진행형이다. 특히 확진자 급증에 따른 대규모 봉쇄 정책과 실업자 수 급증은 현실화하고 있으며, 기업 실적 악화에 대한 우려는 계속해서 제기되고 있다. 향후 증시 동향의 핵심은 코로나19의 확산 지속 여부와 함께 기업 실적이 될 것이다.

잠든 사이 월급 버는 미국 주식 투자

**📊 S&P500 섹터별 2020년 EPS 증가율 추정치 변동(2019.12.31 vs 2020.3.27)**

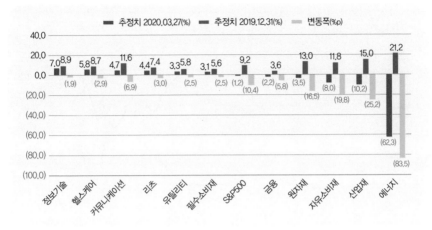

자료 : 팩트셋(Factset Earnings Insight)
주 : 2020.3.27 발간 자료

## • 주요 지표 동향

### 3대 지수(S&P500, 다우, 나스닥, ~2020.3.25)

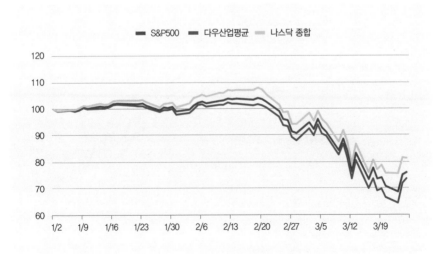

자료 : 세인트 루이스 연준(Federal Reserve Bank of St, Louis, https://fred.stlouisfed.org/) 재가공
항목 : S&P500(SP500), 다우산업평균(DJIA), 나스닥 종합(NASDAQCOM)
주 : 2020.1.2=100, 일간, 비계절조정

## 공포지수(CBOE Volatility Index, VIX, ～2020.3.25)

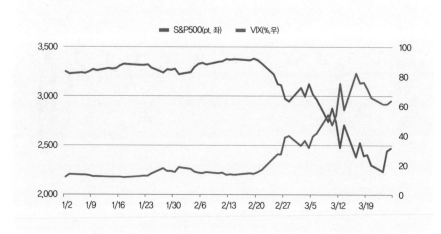

- S&P500(pt, 좌)  - VIX(%,우)

자료 : 세인트 루이스 연준(Federal Reserve Bank of St. Louis, https://fred.stlouisfed.org/) 재가공
항목 : CBOE Volatility Index: VIX (VIXCLS)
주 : %, 일간, 비계절조정

## 금리(미국채 10년물, 2년물, 3개월물, ～2020.3.25)

- S&P500(pt, 좌)  - 국채금리 10년물(%,우)
- 국채금리 2년물(%,우)  - 국채금리 3개월물(%,우)

자료 : 세인트 루이스 연준(Federal Reserve Bank of St. Louis, https://fred.stlouisfed.org/) 재가공
항목 : S&P500(SP500), 10-Year Treasury Constant Maturity Rate(DGS10), 2-Year Treasury
Constant Maturity Rate(DGS2), 3-Month Treasury Bill(DTB3)
주 : S&P500-pt, 금리-%, 비계절조정

## 스프레드(10년물-2년물 스프레드, 10년물-3개월물 스프레드,~2020.3.25)

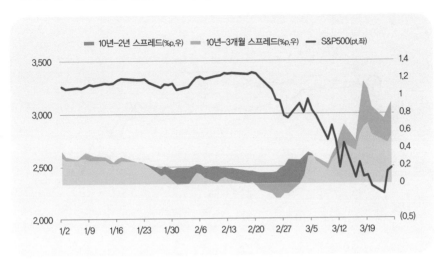

자료 : 세인트 루이스 연준(Federal Reserve Bank of St. Louis, https://fred.stlouisfed.org/) 재가공
항목 : S&P500(SP500), 10-Year Treasury Constant Maturity Rate(DGS10), 2-Year Treasury
Constant Maturity Rate(DGS2), 3-Month Treasury Bill(DTB3)
주 : S&P500-pt, 스프레드-%p, 비계절조정

## 하이일드 스프레드(ICE BofA BB US High Yield Index, ~2020.3.25)

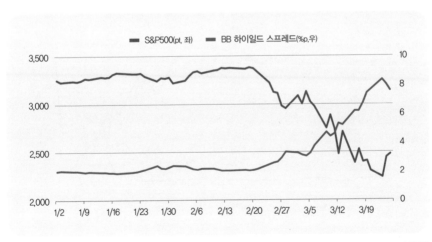

자료 : 세인트 루이스 연준(Federal Reserve Bank of St. Louis, https://fred.stlouisfed.org/) 재가공
항목 : ICE BofA BB US High Yield Index Option-Adjusted Spread (BAMLH0A1HYBB)
주 : %, 비계절조정

## 국제 유가(WTI, ~2020.3.23)

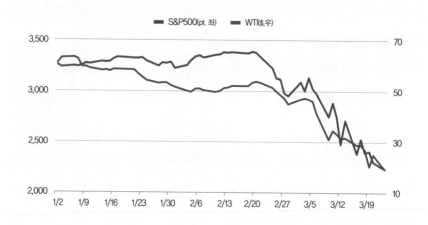

자료 : 세인트 루이스 연준(Federal Reserve Bank of St. Louis, https://fred.stlouisfed.org/) 재가공
항목 : Crude Oil Prices: West Texas Intermediate (WTI) – Cushing, Oklahoma (DCOILWTICO)
주 : WTI-$(배럴 당 달러), 비계절조정

## 연준 보유 자산(~2020.3.25)

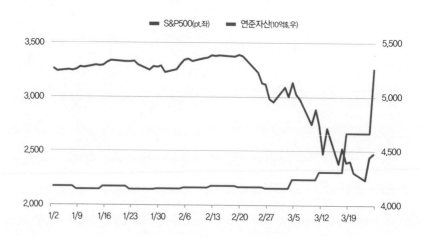

자료 : 세인트 루이스 연준(Federal Reserve Bank of St. Louis, https://fred.stlouisfed.org/) 재가공
항목 : Assets: Total Assets: Total Assets (Less Eliminations From Consolidation): Wednesday Level (WALCL)
주 : 10억$, 비계절조정

# [참고] 주요 섹터 동향(~2020.3.23)

## 증시 고점 이후 섹터별 동향(2020.1.1=100)

**📊 S&P500 vs 산업재, 금융, 에너지, 리츠**

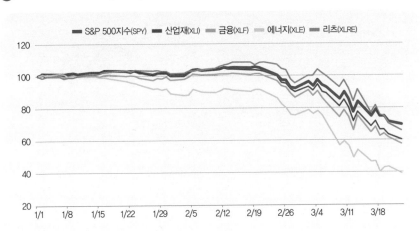

자료 : 구글 파이낸스(Google Finance)
주 : 2020.1.1=100, 각 섹터별 ETF로 구현

**📊 S&P500 vs 통신서비스, 자유소비재, 필수소비재, 원자재**

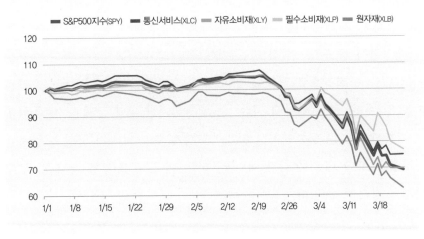

자료 : 구글 파이낸스(Google Finance)
주 : 2020.1.1=100, 각 섹터별 ETF로 구현

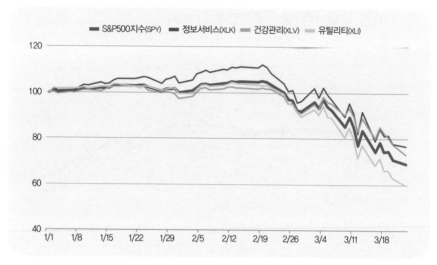

S&P500 vs 정보서비스, 건강관리, 유틸리티

자료 : 구글 파이낸스(Google Finance)
주 : 2020.1.1=100, 각 섹터별 ETF로 구현

## 결론

2020년 이후 증시 및 경제 전망에 있어서 긍정적 요인은 1) 미-중 무역분쟁 이슈 해소에 따른 투자 심리 완화, 2) 정책적 뒷받침 – 통화정책 및 재정정책 공조, 3) 실적 반등 기대 – 2020년 S&P500 이익 증가율 +8.3%(YoY) 전망으로 정리될 수 있으며, 부정적 요인은 1) 여전히 잔존하고 있는 미-중 무역분쟁 이슈, 2) 밸류에이션 부담 존재 – 사상 최대를 기록하고 있는 밸류에이션 지표, 3) 경기 확장 막바지 국면 & 글로벌 성장률 둔화에 대한 우려감, 4) 급증하는 미국 기업 부채, 글로벌 부채 문제로 정리할 수 있다.

한편 코로나19 사태는 여전히 현재 진행 중이다. 2020년 초 제기 되었던 밸류에이션 부담은 상당 부분 해소되었지만, 미국 소비가 급속도로 악화되면서 오히려 추가적인 밸류에이션 악화에 대한 부담감을 주고 있다. 미-중 무역분쟁 이슈가 사람 대 사람, 국가 대 국가의 문제였다는 점에서 일정 부분 합의점을 찾을 수 있었다면, 코로나19는 전염성 질병인 만큼 언제까지 이어질지 모른다는 점에서 불안감을 가중시키고 있다.

코로나19가 초래할 세상은 어떤 모습일까? 한 가지 분명한 것은 현재와는 사뭇 다른 세상이 펼쳐질 것이라는 점이다. 코로나19가 사라진 이후에도 사람들은 상당 기간 질병의 공포 속에서 살아갈 것이고, 과거보다 '사회적 거리'를 더 늘리려 할 것이다. 소비의 모습도 변화할 것이다. 온라인 구매에 익숙해진 사람들은 코로나19가 소멸된 이후에도 아마존 등 온라인 상점에서 물건을 구매할 것이다.

또한 극한의 상황에서도 사람들은 돈을 쓰고 소비하며 살아간다. 과거 극한의 공황 상태에서도 살아남은 기업들은 항상 있었다. 그리고 살아남은 기업들은 더욱 강해진 경쟁력을 바탕으로 성장하는 모습을 보여왔다. 다음 장부터는 과거 주요 불황 사례에서 어떤 섹터, 어떤 기업들이 살아남았는지를 살펴본다.

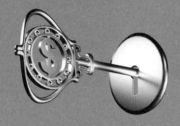

# 불황을 이기는
# 투자 대안들

'10년 주기설'이라는 말이 있을 정도로 금융 시장에는 주기적으로 충격이 있었다. 과거 30년 동안 1990년 7월~1991년 3월(8개월), 2001년 3월~2001년 11월(8개월), 2007년 12월~2009년 6월(1년 6개월) 등의 불황 기간이 있었다. 1990~1991년 불황은 인플레이션 증가를 조절하기 위한 연준의 금리 인상, 1990년 오일 쇼크, 1980년부터 누적된 빚 등의 이유로 시작되었다. 그 후로 1990년대는 미국 역사상 가장 긴 기간의 경제 성장을 이어오다가 인터넷의 도입 및 성장이 시작되면서 발생한 닷컴 버블로 2001년에 불황을 겪었다. 2007~2009년 불황은 서브프라임 모기지 과잉 이후 미국 주택 버블이 터지고 글로벌 금융 위기가 발생하면서 시작되었다.

그러나 자본주의가 붕괴할 것 같은 위기 속에서도 꾸준하게 실적을 내온 기업은 항상 존재해왔고, 위기가 끝나면 언제 위기가 있었냐는 듯 다시 주가는 상승했다. 아무리 어려운 상황 속에서도 돈을 쓰지 않을 수 없는 소비재, 유틸리티 등이 대표적이다. 헬스케어 섹터는 의료 수요의 증가, 고령화 등을 바탕으로 지난 불황에서 오히려 고용을 늘렸다. 주식뿐만 아니라 채권, 특히 미국 국채는 고신용도를 바탕으로 어려운 상황에서 오히려 빛을 발하는 자산이기도 했다.

이번 장에서는 과거 불황 속에서 방어력을 발휘해왔던 업종 및 자산 등을 바탕으로 불황을 준비할 수 있는 다양한 전략을 살펴본다. 수많은 위기 속에서도 강력한 경쟁력을 바탕으로 장기간 매출과 배당을 늘려온 배당성장 기업부터 시작해 필수소비재, 헬스케어, 유틸리티 등 경기 방어 업종들, 빠른 성장성을 보이는 메가 트렌드 기업 및 미국 내수 비중이 높은 기업들을 살펴본다. 채권도 빠뜨릴 수 없다. 원금에 대한 보장, 꾸준한 이자의 지급, 안정성으로 인해 안전자산으로 각광 받는 채권을 어떻게 활용할 것인지도 함께 다룬다. 마지막으로 이들 대상에 더욱 쉽게 접근할 수 있도록 도와주는 ETF도 함께 살펴보면서 불황에 대비하는 구체적인 방법들을 모색해본다.

# 미국 주식으로 월세 만들기: 배당 투자

## 주가 / 배당금 성장을 동시에: 배당 성장

여러 위기 상황 속에서 다른 기업들과 경쟁하면서 수십 년간 사업을 영위해오는 가운데 매해 연속적으로 배당금을 늘려나가는 것은 결코 쉬운 일이 아니다. 불황이라는 어려운 시기에도 배당 성장을 하며 장기간 주가 또한 우상향한 기업들은 최고 중 최고라고 할 수 있다. 미국에서는 이러한 기업들을 배당 귀족(Dividend Aristocrats)이라고 부른다. 배당 귀족이라는 것은 25년 이상 매해 연속적으로 배당 성장을 한 기업들을 말하며, 배당을 증가시키며 수익률 측면에서도 시장을 능가하는 역사를 가지고 있다. 그러므로 본 장에서는 불황의 시기에도 이익을 창출하고 배당 성장한 배당 귀족 기업들을 살펴보고 이를 토대로 미국 주식으로 월세를 만드는 전략을 살펴본다.

## 불황 시기에 성장한 기업

### 2006~2010년 EPS 성장률이 높았던 배당 귀족 순위(TOP30)

2019년 12월 기준으로 배당 귀족에 해당하는 기업들은 총 57개에 이르는데, 그중에서도 어떠한 기업들이 불황 기간에 주당순이익(Earnings Per Share, EPS)의 성장을 했었는지 살펴보고자 한다. 아래의 표는 최근 불황 기간(2007~2009년)에 앞뒤로 1년 붙인 시간 구간(2006~2010년) 내에서 주당순이익(Earnings Per Share, EPS) 성장률이 높았던 TOP30 기업들의 목록이다.

다음 페이지의 표를 보면, 기업이 불황 시기(2007~2009년) 내에서 매해 EPS 성장률이 어땠는지와 불황 전(2006년)~불황 후(2010년) 구간(맨 우측 열) 동안 EPS가 얼마나 성장했는지를 알 수 있다. 구간별 EPS 성장률을 보면, 배당 귀족 기업이더라도 모두 불황 시기에 플러스 성장을 한 것은 아니라는 것도 주목해볼 만한 대목이다. 그래서 매해 EPS 가 1% 이상 성장한 기업들은 연한 붉은색으로 추가 구분하였다. 즉, 불황 시기에서도 꾸준히 EPS 성장을 했던 배당 귀족 기업들은 다음과 같다: 맥도날드(MCD), 콜게이트-파몰리브(CL), 애벗 래버러토리즈(ABT), 맥코믹(MKC), 에코랩(ECL), 메드트로닉(MDT), 월마트(WMT), 월그린즈 부츠 얼라이언스(WBA), 펩시코(PEP), 클로락스(CLX).

| 티커 | 연도별 주당순이익(EPS) | | | | | 구간별 EPS 성장률(%) | | | | |
|---|---|---|---|---|---|---|---|---|---|---|
| | 2006 | 2007 | 2008 | 2009 | 2010 | 2006~2007 | 2007~2008 | 2008~2009 | 2009~2010 | 2006~2010 |
| MCD | 2.37 | 2.99 | 3.67 | 4.02 | 4.6 | 26 | 23 | 10 | 14 | 94 |
| GWW | 4.08 | 5.02 | 6.17 | 5.5 | 7.12 | 23 | 23 | (11) | 29 | 75 |
| CL | 2.77 | 3.38 | 3.8 | 4.54 | 4.72 | 22 | 12 | 19 | 4 | 70 |
| ADP | 1.45 | 1.8 | 2.13 | 2.42 | 2.4 | 24 | 18 | 14 | (1) | 66 |
| ABT | 2.53 | 2.84 | 3.32 | 3.7 | 4.16 | 12 | 17 | 11 | 12 | 64 |
| GD | 4.2 | 5.1 | 6.22 | 6.2 | 6.82 | 21 | 22 | 0 | 10 | 62 |
| MKC | 1.72 | 1.92 | 2.14 | 2.35 | 2.75 | 12 | 11 | 10 | 17 | 60 |
| ADM | 1.97 | 2.35 | 2.82 | 2.61 | 3.07 | 19 | 20 | (7) | 18 | 56 |
| ECL | 1.43 | 1.67 | 1.87 | 1.96 | 2.22 | 17 | 12 | 5 | 13 | 55 |
| ROP | 2.18 | 2.68 | 3.01 | 2.65 | 3.38 | 23 | 12 | (12) | 28 | 55 |
| SYY | 1.35 | 1.6 | 1.81 | 1.77 | 1.99 | 19 | 13 | (2) | 12 | 47 |
| FRT | 1.4 | 1.65 | 1.94 | 1.9 | 1.99 | 18 | 18 | (2) | 5 | 42 |
| MDT | 2.2 | 2.41 | 2.6 | 2.73 | 3.12 | 10 | 8 | 5 | 14 | 42 |
| KO | 2.37 | 2.7 | 3.16 | 3.06 | 3.36 | 14 | 17 | (3) | 10 | 42 |
| HRL | 2.13 | 2.17 | 2.08 | 2.44 | 2.98 | 2 | (4) | 17 | 22 | 40 |
| BDX | 3.35 | 3.84 | 4.46 | 5.03 | 4.65 | 15 | 16 | 13 | (8) | 39 |
| VFC | 4.73 | 5.38 | 5.72 | 5.15 | 6.52 | 14 | 6 | (10) | 27 | 38 |
| PG | 2.64 | 3.04 | 3.56 | 3.48 | 3.61 | 15 | 17 | (2) | 4 | 37 |
| WMT | 2.7 | 2.92 | 3.16 | 3.48 | 3.68 | 8 | 8 | 10 | 6 | 36 |
| WBA | 1.71 | 2.03 | 2.12 | 2.19 | 2.3 | 19 | 4 | 3 | 5 | 35 |
| TROW | 1.9 | 2.4 | 1.82 | 1.65 | 2.53 | 26 | (24) | (9) | 53 | 33 |
| APD | 3.49 | 4.27 | 5.09 | 3.98 | 4.6 | 22 | 19 | (22) | 16 | 32 |
| MMM | 4.49 | 4.98 | 4.89 | 4.7 | 5.75 | 11 | (2) | (4) | 22 | 28 |
| PEP | 3 | 3.37 | 3.68 | 3.71 | 3.81 | 12 | 9 | 1 | 3 | 27 |
| JNJ | 3.76 | 4.15 | 4.55 | 4.53 | 4.76 | 10 | 10 | 0 | 5 | 27 |
| UTX | 3.73 | 4.33 | 5.22 | 4.55 | 4.72 | 16 | 21 | (13) | 4 | 27 |
| CLX | 2.94 | 3.29 | 3.41 | 3.46 | 3.71 | 12 | 4 | 1 | 7 | 26 |
| TGT | 2.71 | 3.21 | 3.33 | 2.86 | 3.32 | 18 | 4 | (14) | 16 | 23 |
| KMB | 3.85 | 4.24 | 4.16 | 4.69 | 4.68 | 10 | (2) | 13 | 0 | 22 |
| CVX | 7.8 | 8.77 | 11.38 | 5.01 | 9.48 | 12 | 30 | (56) | 89 | 22 |

출처 : Edgar

## 2006~2010년 DPS 성장률이 높았던 배당 귀족 순위(TOP30)

좋은 배당성장주는 이익과 배당이 함께 성장하는 기업들이다. 기업의 EPS가 증가할 경우 이에 알맞게 배당도 성장해야 적정 페이아웃 비율(payout ratio, '배당 성향')이 유지된다. 투자자들은 시간이 지남에 따라 적정 페이아웃 비율을 꾸준히 유지하는 회사를 재정적으로도 건전한 회사임을 나타내는 지표로 생각하기 때문에 기업은 안정적인 페이아웃 비율을 유지하려고 한다.

또한, 이익이 성장함에 따라 회사의 이익을 배당으로 주주들에게 나누어주는 기업은 주주친화적인 기업이라는 것을 의미하기 때문에 배당이 얼마나 성장하는지 살펴보는 것은 중요하다고 할 수 있다. 아래의 표는 최근 불황 기간(2007~2009년)에 앞뒤로 1년 붙인 시간 구간(2006~2010년) 내에서 주당배당금(Dividends Per Share, DPS) 성장률이 높았던 TOP30 기업들의 목록이다.

🎖 2006~2010년 DPS 성장률이 높았던 배당 귀족 순위(TOP30)

| 티커 | 연도별 주당배당금(DPS) | | | | | 구간별 DPS 성장률(%) | | | | |
|------|------|------|------|------|------|-----------|-----------|-----------|-----------|-----------|
|      | 2006 | 2007 | 2008 | 2009 | 2010 | 2006~2007 | 2007~2008 | 2008~2009 | 2009~2010 | 2006~2010 |
| CAH | 0.27 | 0.39 | 0.50 | 0.56 | 0.72 | 44 | 28 | 12 | 29 | 167 |
| MCD | 1.00 | 1.50 | 1.63 | 2.05 | 2.26 | 50 | 9 | 26 | 10 | 126 |
| WBA | 0.27 | 0.33 | 0.40 | 0.48 | 0.59 | 22 | 21 | 20 | 23 | 119 |
| MDT | 0.39 | 0.44 | 0.50 | 0.75 | 0.82 | 13 | 14 | 50 | 9 | 110 |
| ADP | 0.71 | 0.88 | 1.10 | 1.28 | 1.35 | 24 | 25 | 16 | 5 | 90 |
| GWW | 1.11 | 1.34 | 1.55 | 1.78 | 2.08 | 21 | 16 | 15 | 17 | 87 |
| TROW | 0.59 | 0.75 | 0.96 | 1.00 | 1.08 | 27 | 28 | 4 | 8 | 83 |
| GD | 0.92 | 1.16 | 1.40 | 1.52 | 1.68 | 26 | 21 | 9 | 11 | 83 |
| WMT | 0.60 | 0.67 | 0.88 | 0.95 | 1.09 | 12 | 31 | 8 | 15 | 82 |
| BEN | 0.17 | 0.22 | 0.27 | 0.28 | 0.30 | 27 | 25 | 5 | 7 | 78 |
| TGT | 0.38 | 0.46 | 0.54 | 0.62 | 0.67 | 21 | 17 | 15 | 8 | 76 |
| CLX | 1.15 | 1.31 | 1.66 | 1.84 | 2.00 | 14 | 27 | 11 | 9 | 74 |
| ITW | 0.75 | 0.98 | 1.18 | 1.24 | 1.30 | 31 | 20 | 5 | 5 | 73 |
| BDX | 0.86 | 0.98 | 1.14 | 1.32 | 1.48 | 14 | 16 | 16 | 12 | 72 |
| ROP | 0.24 | 0.26 | 0.30 | 0.34 | 0.40 | 8 | 15 | 13 | 18 | 67 |
| UTX | 1.02 | 1.17 | 1.35 | 1.54 | 1.70 | 15 | 15 | 14 | 10 | 67 |
| PEP | 1.16 | 1.43 | 1.65 | 1.78 | 1.89 | 23 | 15 | 8 | 6 | 63 |
| CL | 1.25 | 1.40 | 1.56 | 1.72 | 2.03 | 12 | 11 | 10 | 18 | 62 |
| LEG | 0.67 | 0.78 | 1.00 | 1.02 | 1.06 | 16 | 28 | 2 | 4 | 58 |
| ADM | 0.37 | 0.43 | 0.49 | 0.54 | 0.58 | 16 | 14 | 10 | 7 | 57 |
| PG | 1.15 | 1.28 | 1.45 | 1.64 | 1.80 | 11 | 13 | 13 | 10 | 57 |
| ECL | 0.42 | 0.48 | 0.53 | 0.58 | 0.64 | 14 | 10 | 9 | 10 | 52 |
| CAT | 1.15 | 1.38 | 1.62 | 1.68 | 1.74 | 20 | 17 | 4 | 4 | 51 |
| DOV | 0.71 | 0.77 | 0.90 | 1.02 | 1.07 | 8 | 17 | 13 | 5 | 51 |
| SYY | 0.66 | 0.74 | 0.85 | 0.94 | 0.99 | 12 | 15 | 11 | 5 | 50 |
| HRL | 0.56 | 0.60 | 0.74 | 0.76 | 0.84 | 7 | 23 | 3 | 11 | 50 |
| ABT | 1.18 | 1.30 | 1.44 | 1.60 | 1.76 | 10 | 11 | 11 | 10 | 49 |
| JNJ | 1.46 | 1.62 | 1.80 | 1.93 | 2.11 | 11 | 11 | 7 | 9 | 45 |
| MKC | 0.72 | 0.80 | 0.88 | 0.96 | 1.04 | 11 | 10 | 9 | 8 | 44 |
| SHW | 1.00 | 1.26 | 1.40 | 1.42 | 1.44 | 26 | 11 | 1 | 1 | 44 |

자료 : Dividend.com

EPS 성장률 표와 DPS 성장률 표를 비교해보았을 때, 흥미로운 점은 DPS 성장률 표에는 '구간별 DPS 성장률'이 마이너스인 경우가 없다는 것이다. 에를 들어, W W 그레인저(GWW)의 경우, 2008~2009년 구간에서 EPS 성장률이 −11%이었는데 같은 구간 DPS 성장률은 15%인 것을 볼 수 있다. 해당 연도의 배당 성장이 꼭 그 기업이 이익 성장을 했다는 의미가 아닐 수 있기 때문에 EPS와 DPS 를 함께 살펴보는 것이 중요하다고 할 수 있다.

그러나 EPS가 마이너스 성장을 했음에도 DPS가 플러스 성장률을 보였다는 것은 기업의 배당 성장을 결정한 이사회(board of directors, BOD)가 해당 불황 기간이 지나면 기업의 이익이 회복하리라 판단하고 배당 성장을 하기로 했을 가능성이 높기 때문에 배당 성장이라는 것은 일종의 미래실적 가이던스와 같다는 것을 염두에 두면 되겠다.

### 배당 귀족 주식 구성으로 월세 받기 전략

미국 기업들은 대체로 분기 배당을 하므로 배당 시기가 다른 기업들로 포트폴리오를 구성하면 월세 받는 전략을 펼칠 수 있다. 배당 귀족 기업 중 EPS 성장률이 꾸준했던 기업들(MCD, CL, ABT, MKC, ECL, MDT, WMT, WBA, PEP, CLX)이 언제 배당금을 지급하는지 확인해보면 다음과 같다.

📊 배당 지급 월별 배당 귀족 기업

| 배당 지급 월 | 티커 |
|---|---|
| 1, 4, 7, 10 | MKC, ECL, MDT |
| 2, 5, 8, 11 | CL, ABT, CLX |
| 3, 6, 9, 12 | MCD, WBA, |
| 기타 | WMT (1, 4, 6, 9), PEP (1, 3, 6, 9) |

EPS 성장률 표와 DPS 성장률 표를 동시에 고려하였을 때, '배당 지급 월'별 기업을 하나씩 고른다면 맥코믹 (1 ,4, 7, 10), 애벗 래버러토리즈 (2, 5, 8, 11), 맥도날드 (3, 6, 9, 12). 세 종목을 고를 수 있다. 이렇게 3종목으로 포트폴리오를 구성하면 매달 배당 받는 포트폴리오가 만들어진다. 다음은 이 TOP3 기업들의 소개와 주요 재무 지표 리뷰 내용이다.

## 맥코믹(MCCORMICK & CO, MKC)
: 글로벌 조미료 및 향신료 시장 점유율 20% (1위) 기업

### • 기업 개요

| 맥코믹(MCCORMICK & CO) | 2020.2.28 종가 기준 |
|---|---|
| 시가총액(10억$) : 19.4 | 상장시장 : New York |
| 섹터 : 필수소비재 | 세부섹터 : 식품 |
| 배당수익률(%) : 1.59 | 배당성향(%) : 42.2 |

맥코믹(MKC)은 1889년에 설립된 기업으로서 조미료 믹스, 향신료, 조미료 및 기타 향료 제품들을 생산, 판매 및 유통하는 '풍미(flavor)' 부문에서의 글로벌 선도 기업이다. 회사는 소매 업체, 식품 제조업체, 식품 서비스 기업 등 식품 산업 전체를 대상으로 사업을 영위하고 있다. 본사는 메릴랜드 주의 헌트 밸리에 있으며, 약 11,600명의 직원을 두고 있다. 시가총액은 약 220억 달러이며, 2018년 연간 매출은 약 54억 달러를 기록하였다.

📊 마트에서 판매하고 있는 맥코믹 향신료 제품

자료 : 필자

회사의 사업 보고 부문 2가지와 매출 비중은 다음과 같다: 소비자 (Consumer) 61%, 풍미 솔루션(Flavor solutions) 39%. 영업 이익 비중은 소비자 부문 69%, 풍미 솔루션 부문 31%이기 때문에 소비자 부문이 풍미 솔루션 부문보다 이익 마진율이 높다는 것을 알 수 있다. 풍미에 대한 수요 는 전 세계적으로 증가하고 있으며, 회사는 두 부문에 걸쳐 모든 유형의 식 사에 관여하는 고객 기반과 제품군들을 보유하고 있다. 회사의 제품은 집 에서의 요리, 외식, 간식 등을 즐길 때의 맛을 제공한다. 또한, 수요가 증가 하고 있는 유기농, 저-나트륨, 글루텐 프리(gluten-free), 비-GMO(non-GMO) 등의 제품 관련해서도 다양한 폭의 제품들을 제공하고 있다.

소비자 부문은 150개국 및 지역을 대상으로 제품들을 제공하고 있으며, 주요 브랜드들에는 맥코믹(McCormick), 프렌치스(French's), 프랭크스레드핫(Frank's RedHot), 로리스(Lawry's), 클럽 하우스(Club House), 구어메이 가든(Gourmet Garden), 올드 베이(OLD BAY) 등이 포함된다. 회사의 고객은 식료품점, 웨어하우스 클럽, 할인점 및 약국, 유통 업체 또는 도매업자를 통해 직간접적으로 제공되는 전자 상거래 소매 업체를 포함한 다양한 소매점에 걸쳐 있다. 소비자 부문 매출의 약 절반은 향신료, 허브 및 조미료이며, 회사는 이 분야 시장에서의 선도 기업이다.

풍미 솔루션 부문에서는 다국적 식품 제조업체 및 식품 서비스 고객들에게 다양한 제품을 제공한다. 식품 서비스 고객에게는 유통 업체를 통해 직간접적으로 브랜드 패키지된 제품이 제공된다. 그리고 식품 제조업체와 식품 서비스 고객에게 맞춤형 향료 솔루션을 공급하는데 이러한 고객 관계의 대부분은 수십 년 동안 활발한 활동 및 관계를 이어오고 있다.

📶 마트에서 판매하고 있는 맥코믹 유기농 제품군

자료 : 필자

## • 주요 재무 지표 리뷰

맥코믹의 주가는 지난 불황 시기(2007~2009년)에 약 32% 정도 하락했었다. 불황 시기에 30% 정도 하락한 것은 다른 기업들 대비 좋은 성과에 해당한다. 더군다나 불황 시기에도 매해 EPS가 연간 10% 이상 증가했었고 배당 성장도 했었으니 앞으로 다가올 불황을 대비한다는 차원에서 관심을 가져도 좋은 기업이다.

맥코믹은 최근 10년간(2009~2018년) 매해 연속적으로 매출이 성장하였다. 최근 10년간 매출총이익률 40% 이상을 유지하였고, 최근 34년간 매해 연속적으로 배당 성장을 하였다(참고로 지난 93년간 매해 배당함). 현재 시가배당률은 약 1.5%이다. 그리고 페이아웃 비율은 최근 10년간 30~51% 범위 안에 있었기 때문에 적정 수준이라고 할 수 있다. 잉여현금흐름(FCF) 또한 꾸준히 증가하는 추세이기 때문에 앞으로도 배당성장을 이어나갈 수 있는 매력적인 배당성장주라고 판단된다.

📊 2008년 미국발 금융위기 전후 주가 흐름 및 재무데이터

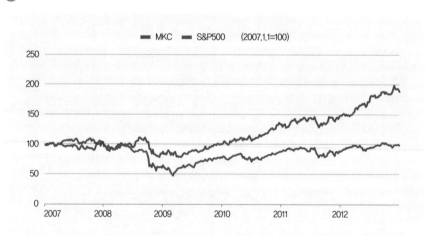

자료 : 구글 파이낸스(Google Finance)

|  | 2007 | 2008 | 2009 | 2010 | 2011 | 2012 |
|---|---|---|---|---|---|---|
| 매출<br>└증감율(%) | 2,916.2<br>– | 3,176.6<br>+8.9 | 3,192.1<br>+0.5 | 3,336.8<br>+4.5 | 3,697.6<br>+10.8 | 4,014.2<br>+8.6 |
| 영업이익<br>└증감율(%) | 384.9<br>– | 417.6<br>+8.5 | 483.1<br>+15.7 | 509.8<br>+5.5 | 540.3<br>+6 | 580.0<br>+7.3 |
| 순이익<br>└증감율(%) | 230.1<br>– | 255.8<br>+11.2 | 310.7<br>+21.5 | 370.2<br>+19.2 | 374.2<br>+1.1 | 408.9<br>+9.3 |
| EPS<br>└증감율(%) | 1.92<br>– | 2.14<br>+11.5 | 2.35<br>+9.8 | 2.75<br>+17 | 2.79<br>+1.5 | 3.05<br>+9.3 |
| DPS | 0.80 | 0.88 | 0.96 | 1.04 | 1.12 | 1.24 |
| 배당성향 | 40.7 | 42.1 | 40.4 | 37.3 | 39.7 | 40.3 |
| ROE | 22.8 | 23.9 | 26.0 | 26.6 | 24.5 | 24.9 |
| 부채비율 | 66.0 | 117.4 | 73.8 | 60.2 | 77.4 | 68.9 |

출처 : Edgar, 각사 IR/10-K, Ycharts
단위 : 100만$, %

## 애벗 래버러토리즈(Abbott Laboratories, ABT)

: 건강을 위한 획기적인 제품을 만드는 의료 기기 및 헬스케어 분야 선두 기업

### • 기업 개요

애벗 래버러토리즈(Abbott Laboratories)     2020.2.28 종가 기준

| | |
|---|---|
| 시가총액(10억$) : 135.8 | 상장시장 : New York |
| 섹터 : 건강관리 | 세부섹터 : 건강관리 장비, 용품 |
| 배당수익률(%) : 1.71 | 배당성향(%) : 52.9 |

1888년에 설립된 애벗 래버러토리즈(ABT)는 브랜드 제네릭 의약품, 의료 기기, 영양 및 진단 제품에 중점을 두며, 세계에서 가장 큰 의료 기기 및 장비 제조업체 중 하나이다. 본사는 일리노이 주의 애벗 파크에

있으며, 약 103,000명의 직원을 두고 있다. 시가총액은 약 1,530억 달러이며, 2018년 연간 매출은 약 306억 달러를 기록하였다. 헬스케어 산업에서 시가총액으로 애벗 래버러토리즈보다 큰 기업은 존슨 앤드 존슨(JNJ, 시가총액 약 3,720억 달러) 밖에 없다. 참고로 2013년에는 연구 기반 의약품 사업 부문 애브비(ABBV)가 애벗 래버러토리즈로부터 분리된 바 있다. 그러므로 애벗 래버러토리즈의 주요 재무 지표 등을 볼 때 2012~2013년 사이에 큰 격차가 있다면 애브비(ABBV)의 스핀오프(spin-off) 때문이라고 보면 된다.

🄼 마트에서 판매하고 있는 애벗 래버러토리즈 엔슈어(Ensure) 제품

자료 : 필자

애벗 래버러토리즈 160개국을 대상으로 사업을 영위하고 있으며, 사업 보고 부문 4가지와 매출 구성 비중은 다음과 같다: 의약품(Established Pharmaceutical Products) 15%, 영양(Nutritionals) 25%,

진단(Diagnostics) 26%, 심혈관 및 신경 조절(Cardiovascular and Neuromodulation) 33%. 회사의 브랜드 지네릭 의약품 부문은 시장별로 심혈관(Lipanthyl, Tarka, Synthroid 등), 위장(Creon, Duphalac, Dicetel 등), 여성 건강(Duphaston, Femoston 등) 관련 제품군을 보유하고 있으며, 인도, 러시아, 라틴 아메리카 등의 지역에서 선두 제약사이다. 영양 부문에서는 엔슈어(Ensure), 글루세나(Glucerna), 유벤(Juven), 네프로(Nepro) 등의 과학 기반 영양 제품들을 판매하며, 성인 영양 부문에서 TOP1 글로벌 리더이다. 800만 명이 넘는 사람들이 매일 애벗 래버러토리즈의 영양 제품을 섭취하고 있다.

애벗 래버러토리즈가 사업을 영위하고 있는 의료기기 및 진단 (diagnostics) 시장은 경제 주기와 무관한 분야이기 때문에 불황에 매우 강한 기업이라고 할 수 있다. 그리고 2017년에 글로벌 의료 기기 제조업체인 세인트 주드 메디컬(St. Jude Medical)의 인수 및 이와 관련된 비용 시너지가 앞으로 주요 수입원 중 하나로 역할을 하면서 성장을 할 수 있을 것으로 전망된다. 회사는 진단과 같이 성장하고 있는 시장에서 탄탄한 입지를 확보하고 있으며, 심혈관 의료 기기 시장의 선두 주자이기 때문에 장기적으로 이익과 배당 성장을 이어나갈 수 있을 것으로 예상된다. 70% 이상의 중요한 임상 결정들이 진단 테스트 결과의 영향을 받기 때문에 진단은 아주 중요한 분야라고 할 수 있다. 또한, 전 세계적으로 당뇨병이 있는 사람 중 50% 이상의 사람들이 진단을 받지 못한 상태라고 한다. 회사는 포도당(glucose) 모니터링 기술(혈당측정기)인 프리스타일 리브레(Freestyle Libre) 시스템을 보유하고 있기 때문에 글로벌 당뇨병 유병률 증가 트렌드로부터 혜택을 받을 것으로 판단된다.

## • 주요 재무 지표 리뷰

애벗 래버러토리즈의 주가는 지난 불황 시기(2007~2009년)에 약 31% 정도 하락했었다. 주가 하락률을 고려했을 때, 애벗 래버러토리즈는 배당 귀족 기업 중에서도 불황에 강한 상위 2%에 속하는 기업이다. 또한, 불황 시기에도 매해 EPS가 연간 10% 이상 증가했었고 연속적인 배당성장을 하였다.

애벗 래버러토리즈는 높은 확률로 매번 어닝 비트(earning beat)를 하는 몇 안 되는 기업 중 하나로서 최근 5년 매출이 증가하고 있는 추세이다. 매출총이익률 또한 최근 5년 매해 50% 넘게 유지하고 있고 증가 추세이다. 그리고 회사는 47년 연속 배당 성장을 하였으며, 최근 10년간 페이아웃 비율이 50%를 넘어간 적이 없다. 현재 시가배당률은 약 1.7%다. 애벗 래버러토리즈는 애브비(ABBV)의 스핀오프 이후로 그 전보다는 빠르게 성장을 안 했지만 대신에 위험이 큰 연구 부문 사업이 빠지니까 매우 안정적인 회사가 되었다. 그래도 애벗 래버러토리즈의 2018년 연간 매출 중 50% 이상은 최근 6년간(ABBV 스핀오프 이후 기간) 애벗 래버러토리즈에 새로 생긴 제품 및 사업으로부터 발생했다는 점은 주목할만한 대목이다.

📊 2008년 미국발 금융위기 전후 주가 흐름 및 재무데이터

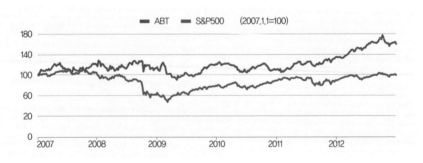

자료 : 구글 파이낸스(Google Finance)

| | 2007 | 2008 | 2009 | 2010 | 2011 | 2012 |
|---|---|---|---|---|---|---|
| 매출 ㄴ증감율(%) | 25,914.2 – | 29,527.6 +13.9 | 30,764.7 +4.2 | 35,166.7 +14.3 | 21,407.0 −39.1 | 19,050.0 −11 |
| 영업이익 ㄴ증감율(%) | 4,578.5 – | 6,477.1 +41.5 | 7,078.7 +9.3 | 8,042.6 +13.6 | 4,874.0 −39.4 | 1,794.0 −63.2 |
| 순이익 ㄴ증감율(%) | 3,606.3 – | 4,880.7 +35.3 | 5,766.8 +18.2 | 6,501.2 +12.7 | 3,729.0 −42.6 | 1,209.2 −67.6 |
| EPS ㄴ증감율(%) | 2.84 – | 3.32 +16.9 | 3.70 +11.4 | 4.16 +12.4 | 2.38 −42.8 | 0.76 −68.1 |
| DPS | 1.30 | 1.44 | 1.60 | 1.76 | 1.92 | 1.67 |
| 배당성향 | 45.4 | 43.0 | 42.9 | 42.0 | 80.8 | 217.5 |
| ROE | 22.7 | 27.7 | 28.4 | 28.4 | 15.8 | 4.7 |
| 부채비율 | 68.7 | 65.5 | 71.0 | 83.1 | 62.8 | 76.4 |

자료 : Edgar, 각사 IR/10−K, Ycharts
단위 : 100만$, %

## 맥도날드(Mcdonald's, MCD)
: 부동산 사업을 위해 음식 사업을 하는 글로벌 프랜차이저

### • 기업 개요

| 맥도날드(Mcdonald's) | | 2020.2.28 종가 기준 |
|---|---|---|
| 시가총액(10억$) : 144.7 | 상장시장 : New York | |
| 섹터 : 자유소비재 | 세부섹터 : 호텔, 레스토랑 & 레저 | |
| 배당수익률(%) : 2.48 | 배당성향(%) : 60.3 | |

맥도날드(MCD)는 1940년에 설립된 기업으로서 100개 이상의 국가에서 현지와 관련된 음식과 음료 메뉴를 제공하는 맥도날드(McDonald's) 레스토랑을 운영하고 프랜차이즈화한다. 회사는 기본적으로 프랜차이저(franchisor)이며, 대략 93%의 맥도날드 레스토랑들이 독립적으로 소유

및 운영되고 있다. 전 세계적으로 약 38,000개의 맥도날드 레스토랑이 있으며, 매일 세계 인구의 1%가 맥도날드 음식을 섭취한다. 본사는 일리노이주의 시카고에 있으며, 약 210,000명의 직원을 두고 있다. 시가총액은 약 1,480억 달러이며, 2018년 연간 매출은 약 210억 달러를 기록하였다.

📊 지속가능한 디자인으로 지어진 시카고 맥도날드 매장

자료 : 필자

맥도날드는 보유한 건물 자산이 많아서 리츠(REITs) 기업으로 간주하기도 한다. 회사는 프랜차이즈화한 레스토랑으로부터 임대료를 징수할 뿐만 아니라 탐나는 건물 자산을 매매하면서 수익을 내기도 하다. 2018년 기준으로 약 55억 달러 가치의 땅, 약 282억 달러 가치의 건물, 29억 달러 가치의 장비를 보유하고 있다. 즉, 건물과 땅 가치만 해도 약 340억 달러인 셈이다. 이는 맥도날드 시가총액의 23% 규모이다. 서비스업 노동조합(Service Employees International Union, SEIU)에 따르면, 맥도날드의 부동산으로부터 발생하는 수익률이 약 11~19%라고 했으며, 이는 동종업계 대비 2~3배에 달하는 수익이다.

또한, 미국과 유럽 노조 연합(Coalition of American and European trade unions)에 따르면, 맥도날드는 부동산으로부터 발생하는 매출 총이익이 음식 매출로부터 발생하는 것보다 50% 이상 높다는 말과 함께 세계에서 가장 큰 부동산 회사라고 표현하였다. 전 세계에 있는 38,000개의 맥도날드 레스토랑 건물 중, 80%가 회사 보유이기 때문에 맥도날드만큼 지리적으로 다각화된 리츠 기업은 없을 것이다. 맥도날드의 최초 사장 겸 최고 경영자였던 해리 J. 소네본 (Harry J. Sonneborn)은 "우리는 기본적으로 음식 사업을 하는 것이 아니라 부동산 사업을 하는 것이다. 값싼 햄버거를 파는 유일한 이유는 프랜차이즈 임차인들이 햄버거를 팔아 생기는 수익으로 우리에게 임대료를 낼 수 있기 때문이다."라고 말한 바 있다.

### • 주요 재무 지표 리뷰

맥도날드는 불황 시기(2007~2009년)에 주가 하락을 경험하지 않은 몇 안 되는 기업 중 하나이다. 오히려 2007년 대비 2009년의 주가는 상승하였다. 사업 모델이 불황에 아주 강하다는 의미이다.

맥도날드는 1976년에 배당을 시작한 이후로 매년 연속적으로 배당 성장하면서 배당 귀족 기업이 되었다. 시가배당률은 약 2.5%이다. 최근 10년간 매출 성장이 다소 정체되어 있지만 매출총이익률(2018년 기준 약 51%)이 꾸준히 높아지면서 순이익은 점진적으로 증가하는 추세이다. 2013년 이후로 매출이 감소한 근본적인 이유 중 하나는 보유하고 있던 레스토랑들을 재 프랜차이즈화했었기 때문이다. 이에 따라 운용 비용이 대폭 감소하였고 주당순이익의 성장을 이어나갈 수 있었다.

2013년을 기준으로 회사는 저자산 및 저비용 회사가 되었고, 많은 레스토랑으로부터 프랜차이즈 비용을 징수하고 있다. 이 전략은 매우 성공적이었고, 여기에 자사주매입 효과로 주식 수는 10년 전 대비 30% 감소하여 주당순이익(EPS)은 지속해서 증가하고 있는 추세이다. 배당 페이아웃 비율은 약 61%로서 적정 수준을 보이며, 잉여현금흐름(FCF)도 점진적으로 증가하는 추세이기 때문에 앞으로도 꾸준히 배당성장을 이어나갈 수 있을 것으로 판단된다.

최근 분기 실적 발표(2019년 10월) 때에는 글로벌 매출이 5.9% 증가했다는 것을 발표함에 따라 최근 17분기 동안 연속적인 성장을 이어나갔다. 그리고 회사는 향후 매년 3~5% 정도의 매출 성장을 할 수 있을 것으로 예상한다.

**Ⅲ** 2008년 미국발 금융위기 전후 주가 흐름 및 재무데이터

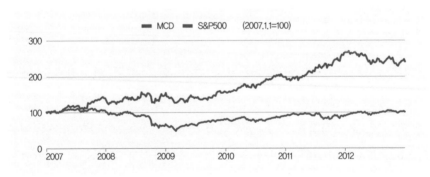

자료 : 구글 파이낸스(Google Finance)

잠든 사이 월급 버는 미국 주식 투자

| | 2007 | 2008 | 2009 | 2010 | 2011 | 2012 |
|---|---|---|---|---|---|---|
| 매출<br>└증감율(%) | 22,786.6<br>– | 23,522.4<br>+3.2 | 22,744.7<br>–3.3 | 24,074.6<br>+5.8 | 27,006.0<br>+12.2 | 27,567.0<br>+2.1 |
| 영업이익<br>└증감율(%) | 5,641.4<br>– | 6,448.9<br>+14.3 | 6,779.9<br>+5.1 | 7,502.2<br>+10.7 | 8,525.8<br>+13.6 | 8,612.6<br>+1 |
| 순이익<br>└증감율(%) | 2,395.1<br>– | 4,313.2<br>+80.1 | 4,452.5<br>+3.2 | 4,967.9<br>+11.6 | 5,500.6<br>+10.7 | 5,470.0<br>–0.6 |
| EPS<br>└증감율(%) | 2.99<br>– | 3.67<br>+22.7 | 4.02<br>+9.5 | 4.60<br>+14.4 | 5.27<br>+14.6 | 5.37<br>+1.9 |
| DPS | 1.50 | 1.63 | 2.05 | 2.26 | 2.53 | 2.87 |
| 배낭성향 | 48.8 | 43.4 | 49.4 | 48.5 | 47.4 | 53.0 |
| ROE | 15.6 | 30.1 | 32.5 | 34.7 | 37.9 | 36.9 |
| 부채비율 | 60.9 | 76.4 | 75.4 | 78.6 | 86.9 | 89.1 |

자료 : Edgar, 각사 IR/10-K, Ycharts

단위 : 100만$, %

## 불황에 강한 배당성장주 ETF

개별 배당성장주에 투자하는 것이 불안하다면 불황에 대비하여 오랜 기간 동안 꾸준히 배당성장을 해온 기업들로 구성된 ETF에 투자하는 대안이 있다. 예를 들어, 과거에 배당을 꾸준히 늘려온 기업들로 구성된 ETF로는 VIG(Vanguard Dividend Appreciation ETF)가 있다. 2019년 12월 31일 기준으로 VIG의 TOP10 구성종목에 마이크로소프트(MSFT), 프록터앤드갬블(PG), 비자(V), 월마트(WMT), 존슨 앤드 존슨(JNJ) 등의 기업들이 포함되어 있다. 불황의 시기에도 마이크로소프트의 소프트웨어, 프록터앤드갬블의 필수 소비재, 비자의 결제 플랫폼, 월마트의 마트 제품들, 존슨 앤드 존슨의 의약품 등은 사람들이 생활하면서 필수적으로 애용하게 되는 품목들이라고 할 수 있다.

대표적인 배당성장주 ETF들에는 DGRO, VIG, NOBL, REGL, SMDV, DGRW 등이 있다.

## 📊 미국 상장 배당성장 ETF

| 티커 | ETF명 | 운용자산 (억$) | 주가($) | 상장일 | 보수(%) | 배당수익률 (%) | 보유종목 수 |
|---|---|---|---|---|---|---|---|
| VIG | Vanguard Dividend Appreciation ETF | 411.1 | 120.16 | 2006-04-27 | 0.06 | 1.76 | 182 |
| DGRO | iShares Core Dividend Growth ETF | 102.3 | 39.28 | 2014-06-10 | 0.08 | 2.44 | 478 |
| NOBL | ProShares S&P500 Aristocrats | 62.4 | 70.1 | 2013-10-09 | 0.35 | 2.13 | 65 |
| DGRW | WisdomTree U.S. Dividend Growth Fund | 31.8 | 45.56 | 2013-05-22 | 0.28 | 2.42 | 299 |
| SMDV | ProShares Russell 2000 Dividend Growers ETF | 7.3 | 55.26 | 2015-02-05 | 0.40 | 2.33 | 64 |
| REGL | ProShares S&P MidCap 400 Dividend Aristocrats ETF | 7.2 | 54.99 | 2015-02-05 | 0.40 | 2.23 | 54 |

자료 : ETFdb.com
주 : 2020.3.3 기준

## Vanguard Dividend Appreciation ETF(VIG)

| | |
|---|---|
| 운용자산(1억$) : 411.1 | 배당주기 : 분기(3, 6, 9, 12월) |
| 편입종목(개) : 182 | 운용보수(%) : 0.06 |
| 배당수익률(%) : 1.76 | |

VIG는 미국 대형주(large-cap) 배당성장주들로 구성된 ETF로서 운용자산 411.1억 원, 원화 47.9조 원을 운용하는 미국 대표 배당성장 ETF 중 하나이다. 나스닥 미국 배당 어치버즈 실렉트 인덱스(NASDAQ US Dividend Achievers Select Index)를 추종한다. 10년 이상 배당성장 종목들을 편입하고 있으며, 배당성장 가능성이 작은 기업과 리츠주는 제외하고 있다.

# • VIG 업종별 비중 및 편입 비중 상위 10개 종목 / 2014년 이후 배당 내역

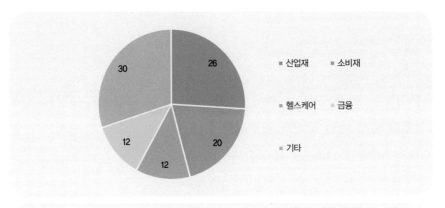

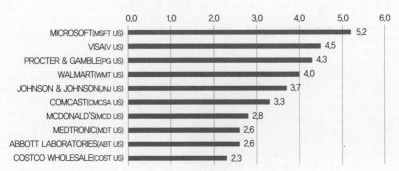

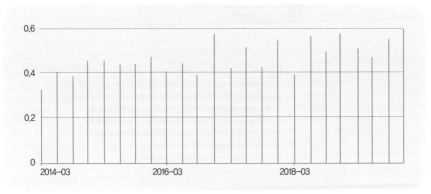

자료 : Vanguard, Dividend.com
주 : 섹터 비중 기준일 2020.1.31
비중 : %, 배당금 : $

# iShares Core Dividend Growth ETF(DGRO)

| | |
|---|---|
| 운용자산(1억$) : 102.3 | 배당주기 : 분기(3, 6, 9, 12월) |
| 편입종목(개) : 478 | 운용보수(%) : 0.08 |
| 배당수익률(%) : 2.44 | |

DGRO는 미국 주식 중 배당성장을 꾸준히 한 기업들로 구성된 ETF
다. 5년 이상 배당 증액과 배당성향 75% 이하의 종목들을 편입하고 있
으며, 고배당을 기준으로 종목을 편입하고 있다.

## • DGRO 업종별 비중 및 편입 비중 상위 10개 종목 / 2014년 이후 배당 내역

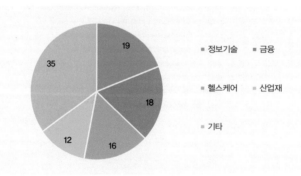

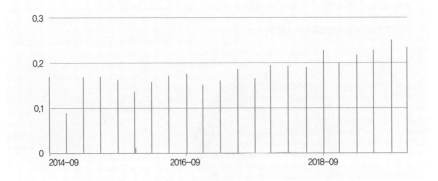

자료 : iShares, Dividend.com
주 : 섹터 비중 기준일 2020.3.5
비중 : %, 배당금 : $

## S&P500 DIVIDEND ARISTOCRATS ETF(NOBL)

| | |
|---|---|
| 운용자산(1억$) : 62.4 | 배당주기 : 분기(3, 6, 9, 12월) |
| 편입종목(개) : 65 | 운용보수(%) : 0.35 |
| 배당수익률(%) : 2.13 | |

　NOBL은 최소 25년 연속 배당성장을 한 S&P500 기업들로 구성된 S&P500 배당 귀족(S&P500 Dividend Aristocrats) 인덱스를 추종하는 ETF다. S&P500에 편입되어 있다는 점에서 미국 대표 기업에 포함되어 있다고 볼 수 있으며, 배당성장 역시 25년 이상으로 배당의 안정성에 중점을 두고 있는 지수이다.

## • NOBL 업종별 비중 및 편입 비중 상위 10개 종목 / 2014년 이후 배당 내역

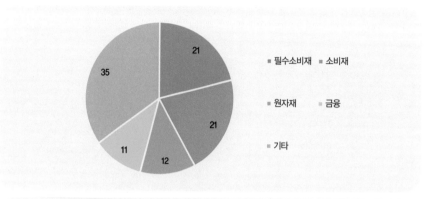

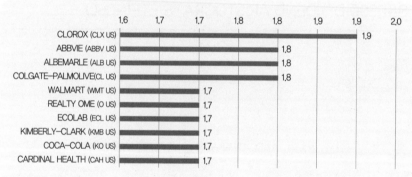

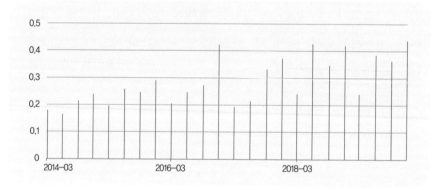

자료 : ProShares, Dividend.com
주 : 섹터 비중 기준일 2020.3.6
비중 : %, 배당금 : $

# 유틸리티, 헬스케어 섹터 배당주

## 유틸리티 섹터

유틸리티 섹터가 불황에 강한 이유는 그 어떤 경제 주기에서도 물과 전기에 대한 수요는 있기 때문이다. 또한, 유틸리티는 인프라에 투자한 후에 소비자에게 이에 상응하는 물값과 전기료를 청구하면 되기 때문에 사업을 이해하기 쉬운 섹터이기도 하다. 그러나 인프라 투자금액 대비 엄청나게 초과 수익을 내거나 그럴 수는 없다. 그것은 일반적으로 유틸리티 기업들이 정부의 규제를 받고 있기 때문이다.

규제받는 유틸리티 기업들은 매년 OOO달러만큼의 돈을 인프라 구축 및 시설관리 비용에 투자하고 그 투자금 OOO달러의 몇 %를 수익내겠다고 제출하면 정부가 승인해주는 방식으로 진행된다. 그런데 규제를 받는 것 또한 장점으로 작용한다. 규제를 받기 때문에 시장(market)을 보장받는다. 시장을 보장받는다는 의미는 경쟁이 덜하다는 의미이며, 일정한 현금흐름이 창출된다는 것과 일맥상통한다. 그리고 안정적인 현금흐름이야말로 좋은 배당주의 투자 조건이기 때문에 배당주 포트폴리오에 유틸리티 섹터 기업들을 2~3개 정도는 편입하는 것이 좋다고 할 수 있다.

한편, 유틸리티 기업들은 일반적으로 고성장 기업들이 아니라는 것을 염두에 둬야 한다. 보통 인구 증가에 비례하게 성장하고 현금흐름이 예측 가능한 데다 변동성 또한 작기 때문에 시장(S&P500)보다 초과 수익을 올리기는 쉽지 않다. 그러나 불황 시기에는 상대적으로 다른 섹터보다 강하기 때문에 눈여겨볼 필요가 있다.

아래의 그림은 지난 불황 시기(2007~2009년) 주요 유틸리티 ETF 주가 변화 추이이다. 2007년 고점 대비 2009년 저점까지 유틸리티 ETF 들은 각각 VPU 48%, XLU 48%, IDU 49% 하락했다는 것을 볼 수 있다.

📊 2008년 미국발 금융위기 구간 유틸리티 ETF 주가 변화 추이

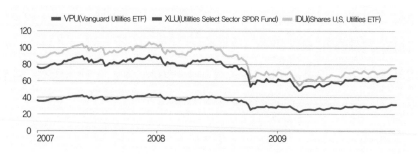

자료 : 구글 파이낸스(Google Finance)
주 : $

아래의 그림은 지난 불황 시기(2007~2009년) 주요 유틸리티 ETF 배당금액 변화 추이이다. 배당금액은 불황 시기에도 대체로 성장하는 모습을 보였다. 결과적으로 보면, 불황 시기는 유틸리티 ETF들을 보유 및 매수하기에 좋았던 시점이었던 셈이다.

📊 2008년 미국발 금융위기 구간 유틸리티 ETF 분배금 지급 추이

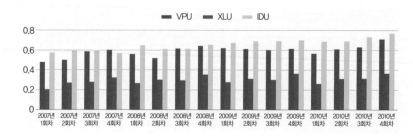

자료 : Dividend.com
주 : $

잠든 사이 월급 버는 미국 주식 투자

아래의 표는 주요 유틸리티 ETF의 비교표이다. 거래량, 시가배당률, 운용보수 수수료 등을 고려하였을 때, 상대적으로 VPU와 XLU 가 IDU 보다 나은 선택이라고 판단된다.

**⑪ 미국 상장 주요 유틸리티 ETF**

| 티커 | ETF명 | 운용자산<br>(억$) | 주가($) | 상장일 | 보수(%) | 배당수익률<br>(%) | 보유종목 수 |
|------|-------|------------------|---------|--------|---------|-------------------|-------------|
| VPU | Vanguard Utilities ETF | 44.1 | 144.1 | 2004-01-30 | 0.10 | 2.86 | 69 |
| XLU | Utilities Select Sector SPDR Fund | 125 | 65.84 | 1998-12-16 | 0.13 | 2.83 | 29 |
| IDU | iShares U.S. Utilities ETF | 11.6 | 163.74 | 2000-06-20 | 0.42 | 2.61 | 49 |

자료 : ETFdb.com
주 : 2020.3.3 기준

일반 주식으로 대표적인 유틸리티 배당주 티커들에는 AEP, AWK, D, DUK, ED, NEE, SO, WM, WTR 등이 있는데 흥미롭게도 모두 3월, 6월, 9월, 12월에 배당하는 기업들이라 유틸리티 기업만으로는 월세 받는 포트폴리오를 구성하기는 어렵다. 여기서부터는 이 기업 중에서도 유틸리티 섹터 TOP3로 뽑은 물, 전기, 쓰레기 관련 대표 유틸리티 기업들인 아메리칸 워터 웍스, 넥스트에라 에너지, 웨이스트 매니지먼트에 대한 소개와 주요 재무 지표 리뷰 내용을 중점적으로 다룬다.

## 아메리칸 워터 웍스(American Water Works Company, AWK)
: 1,400만 명이 넘는 고객들의 건강과 안전을 책임지고 있는 물 유틸리티 기업

### • 기업 개요

아메리칸 워터 웍스(American Water Works Company)      2020.2.28 종가 기준

| | |
|---|---|
| 시가총액(10억$) : 22.4 | 상장시장 : New York |
| 섹터 : 유틸리티 | 세부섹터 : 수도 공익 사업체 |
| 배당수익률(%) : 1.62 | 배당성향(%) : 51.7 |

아메리칸 워터 웍스(AWK)는 1886년에 설립된 회사로서 미국에서 물 및 폐수 관련 유틸리티 상장사 중에서 가장 크고 지리적으로 다각화된 유틸리티 기업이다. 51,000마일의 파이프, 621개의 수처리 발전소, 130개의 폐수 시설, 1,300개의 물 저장 시설 등을 자산으로 보유하고 있다 (2018년 기준). 회사는 미국 46개 주와 캐나다 온타리오 지역에서 1,400만 명이 넘는 고객들에게 식수, 폐수 및 기타 관련 서비스 등을 제공하고 있다. 본사는 뉴저지주의 캠던에 있으며, 약 7,100명의 직원을 두고 있다. 시가총액은 약 220억 달러이며, 2018년 연간 매출은 약 34억 달러를 기록하였다.

📷 아메리칸 워터 웍스 필라델피아 오피스 건물

자료 : 필자

회사의 사업 보고 부문 2가지와 매출 비중은 다음과 같다: 규제 대상 사업(Regulated Businesses) 87%, 시장 기반 사업(Market-Based

잠든 사이 월급 버는 미국 주식 투자

Businesses) 13%. 회사의 주요 사업은 '규제 대상 사업'으로서 주거, 상업, 산업, 공공 기관, 소방 서비스 및 재판매 고객들에게 물 및 폐수 서비스를 제공하는 유틸리티의 소유권과 관련이 있다. 회사는 물 자체를 소유하는 것이 아니라 물을 저장, 펌핑, 처리하여 고객에게 전달하고 폐수를 수집, 처리, 운송 및 재활용하는 데 사용되는 물리적 자산을 소유하고 있다.

회사의 유틸리티들은 미국 16개 주에 산재한 약 1,600개의 커뮤니티에서 운영되고 있다. 회사가 제공하는 서비스들은 일반적으로 공공시설 위원회로부터 규제를 받고 있기 때문에 유틸리티로부터 발생하는 실적을 규제 대상 사업 부문으로 보고하고 있다. 뉴저지, 펜실베이니아, 미주리, 일리노이, 캘리포니아주에서 발생하는 매출이 약 75%이며, 고객별 매출 비중은 주거 고객 56%, 상업 고객 21%, 공공 및 기타 7%, 소방 서비스 5%, 산업 4%, 폐수 5%, 기타 운영 2% 등으로 구성된다.

회사는 '시장 기반 사업' 부문을 통해 주거 및 소규모 상업 고객, 군사 시설 및 셰일 천연가스 탐사 및 생산 회사, 지방 자치 단체, 유틸리티 및 산업 고객 등을 대상으로 광범위한 물 및 폐수 서비스를 제공한다. 이 사업은 대규모의 투자 자본이 들어가지 않으며, 주 공공시설 위원회로부터 규제를 받지 않는다. 여기에는 주거 및 소규모 상업 고객에게 다양한 보증 보호 프로그램들을 제공하는 서비스(Homeowner Services Group), 미국 정부와 계약하는 군사 시설물 및 폐수 서비스(Military Services Group), 셰일 천연가스 탐사 및 생산 회사들을 위한 물 운송 서비스(Keystone Clearwater Solutions) 등이 포함된다. 시장 기반 사업은 규제 대상 사업과 달리 홈서브 USA(HomeServe USA), 아메리칸 스테이츠 워터 컴퍼니(American States Water Company) 등 다른 기업들과의 경쟁 상황에 놓여 있다.

미국의 노후화된 물과 폐수 인프라는 교체 및 현대화가 필요한 시점이다. 2020년에는 44%의 미국 파이프 인프라 시설들이 매우 안 좋은 상태로 분류될 것으로 예상된다. 그래서 회사는 미국 수도시스템 인프라의 업그레이드 수요 증가로 혜택을 받을 것으로 전망되며, 실제로 2019년부터 5년간 73억 달러를 물 및 폐수 인프라 개선 비용으로 사용하는 계획을 세워 수행 중이다. 회사는 정해진 서비스 지역에서 고객들에게 서비스를 제공할 의무가 있는 대신에 이렇게 수도 및 폐수 시스템에 자본을 투자하는 대가로 사업 수행 비용을 회수하고 합리적인 투자 수익률을 얻을 기회가 주어진다.

### • 주요 재무 지표 리뷰

아메리칸 워터 웍스 지난 불황 시기(2007~2009년) 중간쯤인 2008년 4월에 뉴욕증권거래소에 상장하였다. 좋은 시기가 아니었을뿐더러 화려한 기술주도 아닌 유틸리티 기업이기 때문에 초기에는 횡보 내지 하락을 하였으나 11~12년이 지난 지금 보면, 그동안 S&P500을 압도하는 수익률을 보였다. AWK 상장일에 1,000달러를 투자해서 배당재투자를 했다면 지금 약 8,000달러가 되었을 것이다.

아메리칸 워터 웍스는 최근 10년간 매출과 북밸류가 꾸준히 안정적으로 증가하는 추세이다. 2018년 조정된 주당순이익(adjusted EPS)은 약 9% 성장하였으며, 최근 5년간(2013~2018년) 배당금의 연평균성장률(CAGR)은

10%를 기록하였다. 회사는 향후 2020~2024년에는 연평균 7~10%의 주당순이익(EPS) 성장과 연평균 7~10%의 배당 성장을 할 수 있을 것으로 예상한다. 시가배당률은 약 1.7%다. 사업 특성상 기존 시장에서 일반적으로 직접적인 경쟁이 없고 진입장벽이 높기 때문에 계획대로 지속적인 성장을 이어나갈 수 있을 것으로 판단된다. 또한, 회사는 장기적으로 배당 페이아웃 비율 50~60% 사이를 유지하고자 하는 계획을 세우고 있기 때문에 이익이 증가함에 따라 배당도 연속적으로 성장할 것으로 예상된다.

📊 2008년 미국발 금융위기 전후 주가 흐름 및 재무데이터

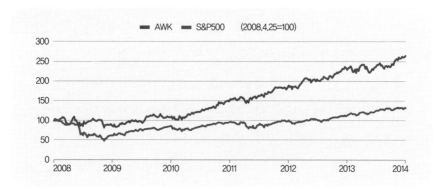

자료 : 구글 파이낸스(Google Finance)

| | 2008 | 2009 | 2010 | 2011 | 2012 | 2013 |
|---|---|---|---|---|---|---|
| 매출 | 2336.9 | 2440.7 | 2555.0 | 2666.2 | 2876.9 | 2878.9 |
| ㄴ증감율(%) | – | +4.4 | +4.7 | +4.4 | +7.9 | +0.1 |
| 영업이익 | 556.8 | 622.8 | 728.2 | 802.1 | 925.5 | 948.9 |
| ㄴ증감율(%) | – | +11.9 | +16.9 | +10.1 | +15.4 | +2.5 |
| 순이익 | (562.4) | 209.2 | 255.2 | 303.9 | 374.8 | 396.2 |
| ㄴ증감율(%) | – | 흑전 | +22 | +19.1 | +23.3 | +5.7 |
| EPS | 1.2 | 1.2 | 1.4 | 1.7 | 2.1 | 2.2 |
| ㄴ증감율(%) | – | +6 | +11.9 | +24.3 | +22.5 | +4.7 |
| DPS | 0.4 | 0.8 | 0.9 | 1.1 | 1.0 | 0.8 |
| 배당성향 | 34.2 | 65.7 | 58.9 | 65.2 | 46.2 | 37.7 |
| ROE | (13.0) | 5.2 | 6.3 | 7.3 | 8.6 | 8.6 |
| 부채비율 | 129.1 | 137.0 | 137.5 | 139.3 | 125.9 | 124.3 |

자료 : Edgar, 각사 IR/10-K, Ycharts
단위 : 100만$, %

## 넥스트에라 에너지(NextEra Energy Inc, NEE)
: 미국에서 가장 큰 전기 유틸리티 기업 & 전 세계 재생 에너지 생산 부문 1위

### • 기업 개요

| 넥스트에라 에너지 (NEXTERA ENERGY) | | 2020.2.28 종가 기준 |
| --- | --- | --- |
| 시가총액(10억$) : 123.6 | 상장시장 : New York | |
| 섹터 : 유틸리티 | 세부섹터 : 전기 공익 사업체 | |
| 배당수익률(%) : 2.04 | 배당성향(%) : 65.7 | |

   넥스트에라 에너지(NEE)는 1984년에 설립된 북미에서 가장 큰 전력 및 에너지 인프라 회사 중 하나로서 재생 에너지 산업의 선두 기업이다. 미국에서 소매 메가와트시(megawatt-hour, MWh) 판매 기준으로 가장 큰 전기 유틸리티 기업이다. 본사는 플로리다주의 유노 비치에 있으며 약 14,300명의 직원을 두고 있다. 시가총액은 약 1,180억 달러이며, 2018년 연간 매출액은 약 167억 달러를 기록하였다. 2019년 10월 기준으로 NEE는 전 세계 유틸리티 기업 중에서 시가총액 1위이다.

   회사는 여러 자회사로 사업 보고를 하고 있으며, 사업 보고 부문 3가지와 주당순이익 비중은 다음과 같다: 플로리다 파워 앤 라이트(Florida Power & Light, FPL) 61%, 넥스트에라 에너지 리소시즈(NextEra Energy Resources, NEER) 32%, 걸프 파워(Gulf Power) 7%. 플로리다 파워 앤 라이트(FPL)는 1925년에 설립된 회사로서 플로리다주에서 가장 큰 전기 유틸리티 회사이며, 500만 명이 넘는 고객들을 두고 있다. FPL은 요금 규제를 받는 전기 유틸리티이며, 생산, 전송 및 유통 시설 등에

투자하여 고객들에게 저비용, 높은 신뢰성, 탁월한 고객 서비스 및 청정 에너지 솔루션을 지속해서 제공하는 것에 중점을 둔다.

FPL은 약 120억 달러의 매출을 창출하며, 약 560억 달러 규모의 자산을 보유하고 있다. 또한, 회사는 기계학습 기반 스마트 미터와 드론 및 기계 학습 기반의 이미지 인식 기술로 송배전(Transmission & Distribution, T&D) 시스템의 상태를 평가하는 현대화된 스마트 에너지 그리드를 구축하였고 이에 따라 효율성이 개선될 것으로 예상된다.

넥스트에라 에너지 리소시즈(NEER)는 바람과 태양으로부터 재생 에너지를 생산하는 세계 최대 발전 회사다. NEER은 미국과 캐나다 지역 등에서 재생 에너지 생산 시설, 천연가스 파이프라인, 그리고 배터리 스토리지 프로젝트의 개발, 건설, 운영 등에 전략적으로 집중한다. NEER의 총 발전 용량은 24기가와트(GW)이며, 이 중에서 풍력발전이 64%, 핵발전이 13%, 태양광 발전이 11%, 천연가스 발전이 9%, 오일 발전이 3% 비중으로 구성된다. 그리고 46억 달러 규모의 자산을 보유하고 있다. 또한, 2019년 10월 기준으로 약 12기가와트의 재생에너지 수주잔고(backlog)가 있어서 앞으로도 총 발전 용량은 증가할 전망이다.

걸프 파워(Gulf Power)는 2019년 1월에 NEE가 인수완료한 사업 부문이다. 걸프 파워는 요금 규제를 받는 전기 유틸리티 회사로서 플로리다 북서부 지역에서 전기 에너지의 생산, 전송, 분배, 판매 등에 관여하며, 460,000명 이상의 고객들에게 전기 서비스를 제공한다. 걸프 파워는 약 15억 달러의 매출을 창출하며, 54억 달러 규모의 자산을 보유하고 있다.

📊 바람과 태양으로부터 재생 에너지를 생산하는 최대 발전 회사 NEE

자료 : 넥스트에라 에너지(NextEra Energy)

미국 정부는 재생가능한 에너지 프로젝트의 개발을 지원하기 위해서 다양한 인센티브를 주는 법안들을 두고 있다. 바람과 태양 프로젝트 시설들은 수명이 5년보다 훨씬 길지만 세금보고 시 5년이 지나면 완전히 감가상각된 것으로 처리되기 때문에 회사는 앞으로도 이에 대한 혜택을 받을 전망이다.

게다가 플로리다주의 경제 성장 지표들은 탄탄한 수준이다. 최근 10년간 실업률이 지속해서 감소하고 있으며, 소비자 심리 지수(Consumer Sentiment Index)와 건축 허가(Building Permit)의 수가 지속해서 증가하고 있는 추세이다. 고용 지표가 좋고 플로리다 인구가 증가함에 따라 건축 허가의 수도 증가하고 있는 것으로 볼 수 있으니 여러모로 회사에는 긍정적인 사업 환경이 조성된 상태이다.

## • 주요 재무 지표 리뷰

넥스트에라 에너지의 주가는 지난 불황 시기(2007~2009년)에 약 48% 정도 하락했었지만, 동종 업계 기업들 대비 배당성장률이 높으며, 독보적인 재생에너지 포트폴리오를 갖추고 있기 때문에 관심을 가지고 봐야 할 유틸리티 기업이다.

회사는 최근 15년간(2003~2018년) 주당순이익(EPS)의 연평균성장률(CAGR)은 약 7.8%이며, 주당 배당금(DPS)의 연평균성장률은 9.1%를 보일 정도로 꾸준히 성장하면서 주주들에게 이익을 환원하였다. 최근 1년, 3년, 5년, 10년 등 모든 시간 구간에서 주주수익률이 S&P500과 S&P500 유틸리티 인덱스를 상회할 정도로 좋은 성과를 보였다. 회사는 앞으로도 동종업계 기업들의 평균보다 높은 배당성장을 이어나갈 수 있을 것으로 예상한다. 현재 시가배당률은 약 2.1%다. 2018년에는 주당 배당금이 13% 증가하였으며, 최소한 2020년까지는 배당금이 연간 12~14% 정도 성장할 수 있을 것으로 내다보고 있다. 페이아웃 비율 또한 보수적으로 유지되고 있어서 지속적인 배당 성장을 기대할 만하다고 판단된다.

📊 2008년 미국발 금융위기 전후 주가 흐름 및 재무데이터

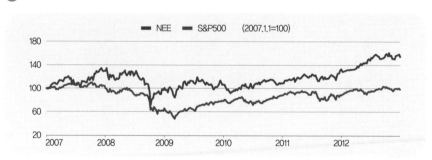

자료 : 구글 파이낸스(Google Finance)

| | 2007 | 2008 | 2009 | 2010 | 2011 | 2012 |
|---|---|---|---|---|---|---|
| 매출 | 15,263.0 | 16,410.0 | 15,643.0 | 15,317.0 | 15,341.0 | 14,256.0 |
| └ 증감율(%) | – | +7.5 | –4.7 | –2.1 | +0.2 | –7.1 |
| 영업이익 | 2,287.0 | 2,825.0 | 2,607.0 | 3,250.0 | 3,312.0 | 3,245.0 |
| └ 증감율(%) | – | +23.5 | –7.7 | +24.7 | +1.9 | –2 |
| 순이익 | 1,312.0 | 1,639.0 | 1,646.0 | 1,622.0 | 1,887.5 | 1,773.0 |
| └ 증감율(%) | – | +24.9 | +0.4 | –1.5 | +16.4 | –6.1 |
| EPS | 3.5 | 3.8 | 4.1 | 3.9 | 4.5 | 4.2 |
| └ 증감율(%) | – | +9.2 | +6.6 | –3 | +14.8 | –6.2 |
| DPS | 1.6 | 1.8 | 1.9 | 2.0 | 2.2 | 2.4 |
| 배당성향 | 46.8 | 46.6 | 46.4 | 50.7 | 48.7 | 56.4 |
| ROE | 12.7 | 14.7 | 13.5 | 11.9 | 12.9 | 11.4 |
| 부채비율 | 127.6 | 147.5 | 146.6 | 144.7 | 153.7 | 170.3 |

자료 : Edgar, 각사 IR/10-K, Ycharts
단위 : 100만$, %

## 웨이스트 매니지먼트(Waste Management, WM)

: 도시 고형폐기물 생성 1위 국가인 미국에서 쓰레기 처리 부문 시장 점유율 1위 기업

### • 기업 개요

| 웨이스트 매니지먼트 (Waste Management) | 2020.2.28 종가 기준 |
|---|---|
| 시가총액(10억$) : 47.1 | 상장시장 : New York |
| 섹터 : 산업재 | 세부섹터 : 상업 서비스 & 공급품 |
| 배당수익률(%) : 1.85 | 배당성향(%) : 46.6 |

웨이스트 매니지먼트(WM)는 1971년에 설립된 지주회사로서 북미에서 환경 서비스 및 솔루션을 제공하는 선도 기업이다. 회사는 자회사들을 통해 미국과 캐나다 지역에서 주거, 상업, 산업 및 지자체 고객들을 포함한 2,000만 명이 넘는 다양한 고객층을 대상으로 폐기물 수거, 운송,

재활용 및 폐기 서비스를 제공한다. 또한, 회사는 미국에서 매립가스 자원화 시설을 개발, 소유 및 운영한다. 본사는 텍사스주의 휴스턴에 있으며, 약 43,700명의 직원을 두고 있다. 시가총액은 약 480억 달러이며, 2018년 연간 매출은 약 149억 달러를 기록하였다.

▥ 마이애미 비치 지역에서 쓰레기 수거하고 있는 WM

자료 : 필자

 회사의 매출 발생처 5가지와 비중은 다음과 같다: 수거(Collection) 54%, 매립(Landfill) 20%, 운송(Transfer) 10%, 재활용(Recycling) 7%, 기타 9%. 고객 유형별 매출은 상업 41%, 산업 29%, 주거 26%, 기타 4%로 구성된다. 회사에는 600개가 넘는 수거 작업소가 있으며, 주로 장기 계약을 바탕으로 한다. 그리고 247곳의 매립 장소 및 130개의 재생에너지 발전소, 전략적으로 자리 잡고 있는 314개의 운송 스테이션, 재활용 시설이라고 할 수 있는 103개의 재료 회수 시설(Materials

Recovery Facility, MRF), 14,500개의 트럭을 보유하고 있다. 19,000명의 수거 운전기사들이 14,500대의 트럭을 활용하여 매일 20만 톤의 재료를 운송한다. 트럭 연료로는 요즘 점점 저렴해지고 있는 천연가스의 사용을 늘리면서 효율을 높이고 있다.

회사는 2019년 4월에 어드밴스트 디스포절 서비스(Advanced Disposal Services, ADS)를 인수한다고 발표하였고 2020년 1분기에 완료될 예정이다. 인수가 완료된 후에는 웨이스트 매니지먼트의 이익 실적과 현금흐름에 바로 반영될 예정이다. ADS의 인수로 인해 고객 수가 300만 명 신규로 늘어날 전망이다.

웨이스트 매니지먼트가 서비스를 제공하고 있는 지역 중, 텍사스주의 오스틴 대도시 지역은 인구가 미국 평균 인구 증가율보다 2배 높으며, 플로리다주의 마이애미 대도시 지역의 신규 주택 착공(housing starts) 성장률은 매우 높은 수준을 기록하고 있기 때문에 향후에도 몇 년간 회사에 긍정적인 사업 환경이 조성되고 있다. 경제 성장과 인구 성장 트렌드로 인해 근본적으로 지자체 고체 폐기물(Municipal Solid Waste, MSW)의 양이 꾸준히 증가하고 있기 때문에 회사는 이에 대한 혜택을 지속해서 받을 전망이다.

## • 주요 재무 지표 리뷰

웨이스트 매니지먼트의 주가는 지난 불황 시기(2007~2009년)에 약 41% 정도 하락했었다. 다양한 고객 기반이 있으므로 기본적으로 경제 침체기에 영향을 덜 받는 기업이며, 구독 서비스처럼 반복 수익(recurring revenue)이 발생하는 사업 모델을 보유하고 있으므로 불황을 대비하여 관심을 가져볼 만한 기업이다.

회사는 최근 10년간 매출과 이익이 성장하면서 배당도 성장하고 있는 아주 이상적인 배당성장주의 모습을 보인다. 자사주 매입 프로그램도 진행하고 있어서 주식 수는 감소하고 있으며, 이는 주당순이익(EPS)의 증가를 견인하고 있다. 매출총이익률 35~38%를 꾸준히 유지 중이며, 잉여현금흐름(FCF)이 꾸준히 증가하는 것이 인상적이다. 회사는 FCF 전환율(FCF Conversion)을 중요한 지표로 신경 쓰는 몇 안 되는 기업으로서 FCF 진환율이 부려 50%에 육박한다. 투하자본수익률(ROIC)은 무려 13.9%다.

회사는 탄탄한 FCF 전환율을 바탕으로 16년 연속 배당 성장했으며, 2019년 배당 성장률은 약 10%이었다. 현재 시가배당률은 약 1.8%다. 배당 성장을 하면서도 최근 몇 년간의 배당 페이아웃은 2012년 79%에서 2018년 38%로 꾸준히 감소하고 있다. 이는 주주들에게 이익을 환원하면서도 기업 운영 능력이 점진적으로 개선되고 있는 것이라고 해석할 수 있다. 회사는 앞으로도 잉여현금흐름(FCF)의 40~50%를 배당으로 지급하고자 하는 계획을 세우고 있다.

📊 2008년 미국발 금융위기 전후 주가 흐름 및 재무데이터

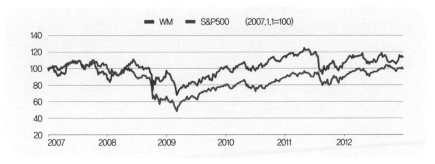

자료 : 구글 파이낸스(Google Finance)

|  | 2007 | 2008 | 2009 | 2010 | 2011 | 2012 |
|---|---|---|---|---|---|---|
| 매출 | 13310.0 | 13388.0 | 11791.0 | 12515.0 | 13378.0 | 13649.0 |
| └증감율(%) | – | +0.6 | −11.9 | +6.1 | +6.9 | +2 |
| 영업이익 | 2217.0 | 2207.0 | 2020.0 | 2122.0 | 2102.0 | 2140.0 |
| ⌐증감율(%) | – | −0.5 | −8.5 | +5 | −0.9 | +1.8 |
| 순이익 | 1163.0 | 1087.0 | 980.0 | 990.8 | 1006.9 | 982.9 |
| └증감율(%) | – | −6.5 | −9.8 | +1.1 | +1.6 | −2.4 |
| EPS | 2.1 | 2.2 | 2.0 | 2.1 | 2.1 | 2.1 |
| └증감율(%) | – | +6.8 | −10.4 | +4 | +3.9 | −0.9 |
| DPS | 1.0 | 1.1 | 1.2 | 1.3 | 1.4 | 1.4 |
| 배당성향 | 45.8 | 48.3 | 58.1 | 61.0 | 63.3 | 66.9 |
| ROE | 19.4 | 18.6 | 16.1 | 15.8 | 16.3 | 15.8 |
| 부채비율 | 136.6 | 134.6 | 134.6 | 135.1 | 152.7 | 148.6 |

자료 : Edgar, 각사 IR/10-K, Ycharts
단위 : 100만$, %

## 리세션에 강한 헬스케어 섹터

우리는 보통 헬스케어를 생각하면, 제약회사들을 떠올리게 된다. 하지만, 헬스케어 섹터는 크게 총 6개 하위 산업으로 나뉘며, 바이오테크놀로지(Biotechnology), 의료장비와 기구(Healthcare Equipment & Supplies), 의료보험(Healthcare Providers & Services), 헬스케어 테크놀로지(Healthcare Technology), 생명과학장비와 서비스(Life Sciences Tools & Services), 제약(Pharmaceuticals)으로 나눠진다. 산업별로 대표 회사들을 보면, 어떤 기준으로 나뉘어 있는지 이해가 빠를 것이다.

### 바이오테크놀로지(Biotechnology)

| 산업개요 | 상당히 폭넓은 학문이며, 유전공학을 통해 살아있는 유기체 혹은 그 일부를 상업적 목적을 위해 인위적으로 조작하는 것을 의미한다. 즉, 생명공학, 유전공학, 농업공학, 세포융합, 유전자편집 등을 포함해서 생물 혹은 생명 기능들을 생물학적 방법을 통해 인위적으로 조작하는 기술이다. 신약, 새로운 세균 주, 해충에 강한 농작물 등 이 바이오테크놀로지에 포함된다. 가장 유명한 분야는 유전자조작으로 생산되는 치료 단백질이고, 아래의 회사들이 이 분야에 포함된다. 더 구체적으로는 바이오제약(Biopharmaceutical)회사들이라고 할 수 있다. |
|---|---|
| 대표기업 | − 암젠(Amgen, AMGN) : 시가총액 $117.8B<br>− 애브비(Abbvie, ABBV) : 시가총액 $126.8B<br>− 길리어드 사이언스(Gilead Sciences, GILD) : 시가총액 $87.6B |

주 : 2020.2.28 종가 기준

# 의료장비와 기기(Healthcare Equipment & Supplies)

| | |
|---|---|
| 산업개요 | 환자 진찰, 진단, 치료 등을 위해 사용되는 모든 장비, 수술 도구, 관련 기구들을 의미한다. 예를 들면, 분석용 기계, 병원용품, 주사기, 초음파기계, 약물투입에 사용되는 펌프, 외과 수술용 칼과 메스(Scalpel), 핀셋, 수술용장갑, 약물 딜리버리 시스템, 심혈관과 정형외과 장치 등이 있다. |
| 대표기업 | − 애벗 래버러토리즈(Abbott Laboratories, ABT) : 시가총액 $135.8B<br>− 메드트로닉(Medtronic, MDT) : 시가총액 $134.9B<br>− 다나허(Danaher, DHR) : 시가총액 $100.7B<br>− 스트라이커(Stryker, SYK) : 시가총액 $71.4B<br>− 벡톤 디킨슨(Becton Dickinson, BDX) : 시가총액 $64.5B |

주 : 2020.2.28 종가 기준

# 보험과 의료서비스(Healthcare Providers & Services)

| | |
|---|---|
| 산업개요 | 건강 관리 서비스란 질병치료를 위해 약 처방, 의학적 또는 외과적 치료, 상호보완적 치료(카이로프랙틱, 마사지, 침술), 예방적 진료와 치료 등을 제공하는 것을 말한다. 이 하위 섹터를 흔히들 건강보험 섹터로 알고 있지만, 건강보험은 건강관리의 한 종류이기 때문에, 단순히 이 섹터가 건강보험회사를 의미하는 것이 아니다.<br>건강보험을 판매하는 미국 빅 5는 유나이티드헬스 그룹(UnitedHealth Group, UNH), 엔썸(Anthem, ANTM), 에트나(Aetna, CVS에 인수됨), 휴매나(Humana, HUM), 시그나(Cigna, CI)가 있다. 제약과 의료용품 등을 유통 및 도매 판매하는 회사들도 포함되며, 다른 섹터에 편입되지 않는 일반병원, 응급치료전문 병원 회사들이 대부분 이 섹터에 편입하게 된다. |
| 대표기업 | − 유나이티드 헬스 그룹(Unitedhealth group, UNH) : 시가총액 $241.8B<br>− CVS 헬스(CVS Health, CVS) : 시가총액 $77.2B<br>− 엔썸(Anthem, ANTM) : 시가총액 $64.9B<br>− 시그나(Cigna, CI) : 시가총액 68.1B<br>− HCA 헬스케어(HCA Healthcare, HCA) : 시가총액 $43.0B |

주 : 2020.2.28 종가 기준

# 의료관련 IT기술(Healthcare Technology)

| | |
|---|---|
| 산업개요 | 건강관리 기술이란 병원이나 개인의사오피스에서 생산성과 치료의 질을 높이기 위해 사용되는 정보기술(information technologies)을 의미하고, 건강관리 서비스 제공회사에서 사용하는 대부분의 기술이 여기에 포함된다. 예를 들어, 환자정보관리시스템, 서류관리기술, 전자의료기록, 모바일 진료, 환자 모니터링 시스템, 병원용 전사적지원관리(Enterprise resource planning, ERP) 시스템, 데이터관리 등을 제공하는 회사들이 해당한다. |
| 대표기업 | − 서너(Cerner, CERN) : 시가총액 $21.6B<br>− 비바(Veeva systems, VEEV) : 시가총액 $21.1B<br>− 메디데이터(Medidata solutions, MDSO) : *Dassault Systemes SE에 $5.8B에 인수<br>− 텔레독 헬스(Teladoc health, TDOC) : 시가총액 $9.1B |

주 : 2020.2.28 종가 기준

## 생명과학 기술 서비스(Life Sciences Tools & Services)

| 산업개요 | 임상시험, 분석적 툴, 장비 및 기구, 기전 연구개발, 리서치 등을 제약회사나 바이오테크놀로지 회사들에게 제공하는 회사들을 의미한다. 또한, 신약개발단계에서 생산성 향상을 위해 생산라인 분석을 하는 회사들도 존재한다. |
|---|---|
| 대표기업 | — 써모 피셔 사이언티픽(Thermo fisher scientific, TMO) : 시가총액 $116.0B<br>— 일루미나(Illumina, ILMN) : 시가총액 $39.1B<br>— 아이큐비아(IQVIA holdings, IQV) : 시가총액 $26.9B<br>— 애질런트 테크놀로지(Agilent technologies, A) : 시가총액 $23.9B |

주 : 2020.2.28 종가 기준

## 제약(Pharmaceuticals)

| 산업개요 | 인간과 가축의 질병을 치료하기 위한 광범위한 제약을 연구, 개발, 생산, 그리고 판매하는 회사들을 의미한다. 혈압약, 백신, 항암제, 항생제, 진통제 등이 제약산업의 큰 비중을 차지한다. |
|---|---|
| 대표기업 | — 존슨앤드존슨(Johnson & Johnson, JNJ) : 시가총액 $354.3B<br>— 로슈(Roche holding, RHHBY) : 시가총액 $275.9B<br>— 머크(Merck & co, MRK) : 시가총액 $194.2B<br>— 화이자(Pfizer, PFE) : 시가총액 $185.4B |

주 : 2020.2.28 종가 기준

### 왜 리세션에 헬스케어 섹터가 좋을까?

많은 사람이 헬스케어 섹터가 리세션 프루프냐고(불황에 주눅들지 않느냐고) 의문을 품기도 하고, 전체 경제상황을 잘 반영하는 섹터일까 궁금해한다. 단순하게 생각해보면, 경기가 안 좋아도 아픈 사람들은 약은 먹어야 한다. 이 논리도 맞는 소리이고, 경기를 가장 잘 나타내는 일자리 증감을 고려해보면 그 대답은 상당히 간단하다. 경제상황을 나타내는 지표 중 고용상황이 그 섹터의 상황을 가장 잘 나타낸다. 그 이유는 그 섹터에 대한 수요를 보여주기 때문이다. 2009년 10월 미국의 실업률은 약 10%까지 도달했었고, 약 40%의 가정이 실직, 부동산 폭락, 모기지 대출 체납, 거주지 압류, 은퇴자금 폭락 등으로 인해 곤경을 겪었다.

그러나, 헬스케어 섹터는 이 기간에 852,000개의 일자리가 생겼으며, 약 6.6%가 증가한 수치이다. 미국 경제 전반은 힘들지만, 헬스케어 섹터에 대한 수요는 꾸준히 증가했음을 나타낸다. 더 넓게 기간을 잡아서 보면, 2001년부터 2014년까지 비농업부문 고용자 수는 630만 명으로 5.7% 증가한 반면, 헬스케어 섹터는 350만 명으로 31.6% 증가했다. 즉, 위의 13년의 기간 동안 전체고용의 56.1%가 헬스케어 섹터에서 발생했다.

**⬚ 기간별 미국 총 고용 변동률 및 헬스케어 부문 고용 변동률**

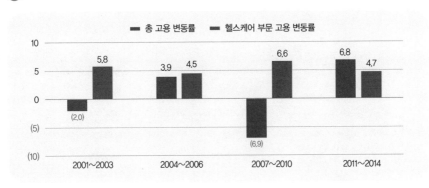

자료 : 미국 노동통계국(US Bureau of Labor Statistics)
주 : 해당 기간의 변동률을 연간화

**⬚ 연평균 고용 변동 추이**

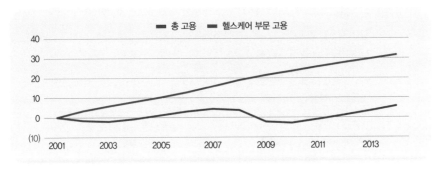

자료 : 미국 노동통계국(US Bureau of Labor Statistics)
주 : 해당 기간의 변동률을 연간화

미국 노동통계청에 의하면, 2018년부터 2028년의 고용예상을 보면, 헬스케어 섹터의 고용이 340만 명(1.6% 상승) 예상으로 전체 산업에서 그 성장률이 가장 높다. 그 이유는 전 세계 인구의 고령화 트렌드와 만성질병을 가진 인구증가 트렌드로부터 수요가 꾸준히 증가하고 있기 때문이다. 따라서, 경기가 좋으나 좋지 않으나 헬스케어 섹터의 수요는 꾸준히 증가할 것으로 판단된다.

📊 2018~2028년 산업별 고용 증감율 및 고용 증감 수 전망(연평균)

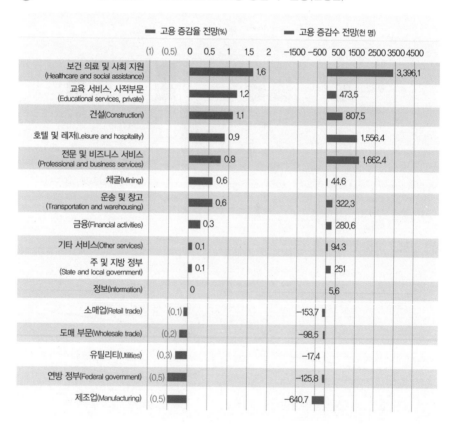

자료 : 미국 노동통계국(US Bureau of Labor Statistics)
주 : 해당 기간의 증감율/증감 수 전망을 연간화

자료 : 구글 파이낸스(Google Finance), 인베스팅(Investing.com)
주 : 2009.10.30=100

## 관심 가져볼 만한 산업 : 의료장비와 기기

6개의 하위산업 중 의료장비와 기기(Healthcare Equipment & Supplies) 산업을 고려해볼 만하다.

의사들이나 의료인들이 환자를 진단, 모니터링, 치료하는 데 사용되는 기기와 장비들을 개발, 생산, 판매하는 회사들이 이 산업에 포함된다. 예를 들어, 진단장비들은 의사들이 환자의 병을 진단하고 치료하기 위해서 예비 수술을 하지 않고, MRI(magnetic resonance imaging)나 CT(computed tomographic) 스캔 같은 진단을 하고 치료방향을 결정하는 데 사용되고, 모니터링 장비들은 혈압, 혈류 산소농도, 다른 중요한 신체신호 등을 측정하는 데 사용된다. 또한, 의사들이 치료 중인 환자의 상태를 파악하는 데 사용된다. 그리고, 의료용 소모품들은 수술용 마스크, 주사기, 생체검사용 기기, 지혈집게 등이 있다.

위에서 언급한 제품들은 병원에서 항상 구비하고 있어야 하며, 언제나 안전 재고를 유지해야 한다. 그래서, 수요가 경기의 영향을 크게 받지 않고 꾸준하고, 매출수요 예측이 비교적 수월하다.

📊 의료 기기 회사인 벡톤 디킨슨 본사

자료 : Bloomberglaw.com

## 벡톤 디킨슨(Becton, Dickinson and Company, BDX)
: 100년 넘게 헬스케어 섹터를 고객으로 삼고 있는 회사

### • 기업 개요

| 벡톤 디킨슨(BECTON DICKINSON AND CO) | | 2020.2.28 종가 기준 |
| --- | --- | --- |
| 시가총액(10억$) : 64.5 | 상장시장 : New York | |
| 섹터 : 건강관리 | 세부섹터 : 건강관리 장비 & 용품 | |
| 배당수익률(%) : 1.3 | 배당성향(%) : 29 | |

1897년 맥스웰 벡톤(Maxwell Becton)과 페얼리 디킨슨(Fairleigh Dickinson)이 설립한 회사이며, 본사는 뉴저지주의 프랭클린 레이크에 있다. 전 세계 190개국 이상에서 사업을 영위하고 있으며, 총 직원은 약 70,000명이며, 미국에는 약 24,000명이 근무하고 있다. 현재 시가총액은 754억 달러, 연간 매출은 2019년 기준으로 약 173억 달러($17.3B)다. 사업분야는 아래와 같이 총 3개로 구분된다. 참고로, 1988년 한국에 벡톤 디킨슨 코리아를 설립했다.

### • 사업분야와 매출비중

벡톤 디킨슨의 사업영역은 실험실 기기 및 장비, 의료용 소모품 및 기기, 당뇨병 치료 및 건강진단시스템, 다양한 의료장비와 기기를 연구, 개발, 판매하며, 글로벌 의료기기 및 기술을 선도하는 회사라고 보면 된다. 벡톤 디킨슨은 병원을 대상으로 하는 사업, 임상실험 관리 및 지원 시스템 같이 제약사 및 바이오테크놀로지 회사들을 대상으로 하는 사업, 생명과학 회사들을 대상으로 하는 사업, 시약 생산과 공급을 통해 다양한 임상실험 회사들을 대상으로 하는 사업, 일반 대중을 대상으로 하는 사업 등 헬스케어 섹터 전반적으로 폭넓은 사업영역을 가지고 있다. 리세션이 와도 질병은 계속 발생하고, 이 질병들을 치료하기 위해서 벡톤 디킨슨의 제품들은 꾸준히 필요할 수밖에 없는 시장에서 사업을 영위하고 있다고 보면 된다. 위의 다양한 사업부문들을 아래와 같이 크게 3개 부문으로 구분하고 있다.

첫 번째, 매출이 90억 6천4백만 달러(매출비중 52.60%)인 의료부문(Medical segment)에서 판매하는 제품들은 카테터(말초정맥, 급성 투석, 혈관 약물투여용 등), 주사액이 주입된 주사기 (pre-filled flush sytinge),

포도당수액, 피하주사기 및 바늘, 마취용 바늘, 약물 재고관리 시스템, 인슐린 펜 니들(pen needle) 및 주사기, 소독약, 드레싱 등을 판매한다. 주요 고객들은 대형 및 소형 병원, 전문병원, 개인병원, 소매약국, 정부, 비영리 공중보건단체, 제약회사 등이 있다.

📊 약물 딜리버리 시스템

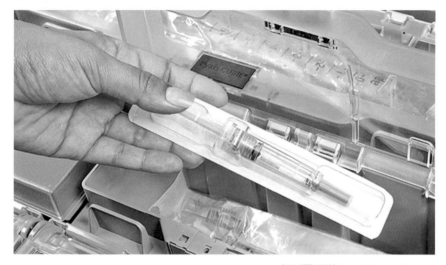

자료 : 벡톤 디킨슨(Becton, Dickinson and Company)

두 번째, 매출이 43억 달러 (매출비중 24.86%)인 생명과학(Life sciences segment)부문은 혈액이나 다른 진단용 표본들을 수집해서 운반하는 장비와 기기, 시약 관련된 장비와 기기, 세포연구용 기기, 진단용 장비와 기기, 사전검사 시스템들을 판매한다. 또한, 신약이나 백신 개발에 도움을 주는 세포연구 관련 리서치 서비스도 제공하며 질병진단이나 관리에 사용된다. 주요고객들은 병원, 실험실, 혈액은행, 개인병원, 소매약국, 대학연구기관, 정부기관, 제약회사, 바이오테크회사 등이 있다.

세 번째, 매출이 39억 2천6백만 달러(전체매출비중 22.54%)인 중재(Interventional segment)부문은 일회용과 임플란트용 혈관, 비뇨기, 특수 수술 기기 및 장치들을 판매한다. 주요 고객들은 병원, 개인병원, 재택치료 전문병원 등이 있다.

**■ 임상 실험 시스템**

자료 : 벡톤 디킨슨(Becton, Dickinson and Company)

• **지역별 매출**

미국에서의 매출은 97억3천만 달러(매출비중 56.28%)이고, 미국 외 지역에서의 매출은 75억 6천만 달러 (매출비중 43.72%)이다. 매출의 성장률을 보면, 2018년 대비8.2% 상승했고, 최근 10년 연평균성장률(compound annual growth rate,

**■ 체내 배액 카테터**

자료 : 벡톤 디킨슨(Becton, Dickinson and Company)

CAGR)은 9.27%이다. 2019년 매출 성장률이 살짝 낮은 것은 매출 절반 정도를 차지하는 해외 매출 비중이 달러강세에 의해 환율의 영향을 받았다고 할 수 있다. 하지만, 매출의 역성장이 아니므로 큰 흠으로 보이지는 않는다.

• **최근 리세션 시기 주가는?**

최근 리세션인 IT 버블시기 1998년 1월부터 2002년 9월과 서브프라임 시기 2007년 10월부터 2009년 3월까지 미국 대표 증시 S&P500은

각각 13%, 46% 하락했었고, 벡톤 디킨슨은 각각 18% 상승, 19% 하락
했다. 만약 2004년에 1,000달러 ($1,000)를 투자했다면, 연평균수익률
14.31%로 2019년 8,490달러 ($8,490)가 되었을 것이다.

📊 2008년 미국발 금융위기 전후 주가 흐름 및 재무데이터

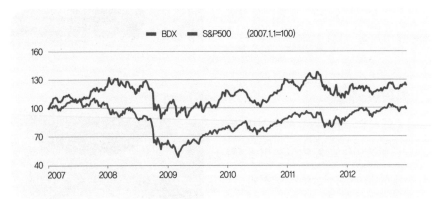

자료 : 구글 파이낸스(Google Finance)

| | 2007 | 2008 | 2009 | 2010 | 2011 | 2012 |
|---|---|---|---|---|---|---|
| 매출 | 6359.7 | 7155.9 | 7160.9 | 7124.4 | 7584.0 | 7708.0 |
| ㄴ증감율(%) | – | +12.5 | +0.1 | −0.5 | +6.5 | +1.6 |
| 영업이익 | 1325.3 | 1552.1 | 1695.4 | 1589.9 | 1676.0 | 1567.5 |
| ㄴ증감율(%) | – | +17.1 | +9.2 | −6.2 | +5.4 | −6.5 |
| 순이익 | 890.0 | 1127.0 | 1240.2 | 1117.1 | 1207.8 | 1116.1 |
| ㄴ증감율(%) | – | +26.6 | +10 | −9.9 | +8.1 | −7.6 |
| EPS | 3.8 | 4.5 | 5.0 | 4.7 | 5.3 | 5.3 |
| ㄴ증감율(%) | – | +16.1 | +12.8 | −7.6 | +14.8 | −0.2 |
| DPS | 1.0 | 1.1 | 1.3 | 1.5 | 1.6 | 1.8 |
| 배당성향 | 24.5 | 24.7 | 25.6 | 31.0 | 29.9 | 33.1 |
| ROE | 25.5 | 24.2 | 24.6 | 21.1 | 23.5 | 24.9 |
| 부채비율 | * 26.7 | 23.4 | 36.8 | 31.2 | 56.3 | 100.7 |

자료 : Edgar, 각사 IR/10-K, Ycharts
단위 : 100만$, %

- 스워트 SWOT 분석

(강점 Strengths, 약점 Weakness, 기회 Opportunities, 위협 Threats)

### S-강점

거의 매년 실적 가이던스를 상향하는 등 굉장히 안정적인 현금흐름을 보여준다. 따라서, 안정적인 현금을 바탕으로 신제품을 개발하고 성공적으로 시장에 안착시킨다. 연구개발비는 10억 달러($1B)로 매출 대비 약 6.3%를 지출하고 있다. 또한, 최소 25년간 배당을 인상한 회사들을 S&P500 배당 귀족주라고 하는데, 47년간 배당금을 인상시킨 배당 귀족주 중 하나이다. 인슐린 주사기와 펜 니들(pen needle)의 대표제조사로 당뇨질병 증가에 따라 매출상승 여력이 충분하다.

### W-약점

인슐린 펜 니들(pen needle)의 또 다른 제조사들인 노보 노르디스크(Novo Nordisk)와 일라리 릴리(Eli Lilly)의 시장 점유율이 증가 트렌드이다. 연구개발비의 비중이 새롭게 성장하는 회사 대비 높은 편이 아니다.

### O-기회

신흥국 시장의 매출 비중이 16%로, 아직 성장여력이 충분히 남아있다. 현재까지 총 23개의 회사를 인수 합병하면서 그 사업영역을 넓혀나가고 있으며, 최근의 인수 사례는 2015년 케어퓨전 (CareFusion): 122억 달러 인수, 2017년 CR바드(CR Bard): 240억 달러 인수로 말초혈관질병, 비뇨기과, 탈장, 암 등의 약물치료, 약물관리, 감염예방,

진단 및 사고 예방 등 그 사업영역을 확장 시키고 있다.

### T-위협

메디케어 포 올(Medicare for all) 같은 정치권에서의 약값 및 의료 진찰비 인하 압력이 존재한다. 매출의 44%가 해외에서 발생하기 때문에 환율 문제에서 벗어나지 못한다. 최근 소비자들의 온라인 구매비율이 높아지고 있는데, 아직 기존에 있는 판매모델에 의존하는 경향이 높다. 신제품개발보다는 인수합병을 통해 기존 영업망을 활용해서 인수된 회사의 제품판매를 하는 전략을 추구하고 있다.

......................................................................................................

### • 배당

어느 산업이나 경쟁이 점점 심화하고 있고, 메디컬 기술산업 또한 예외는 아니다. 최근 주가의 흐름은 살짝 고평가 영역에 있어 부담스러운 편이다. 최근 2019년 4분기, S&P500은 약 10% 상승하는 동안 벡톤 디킨슨은 약 7% 정도 상승했다. 최근 주가의 평가가 낮지 않은 것을 반증하는 것이긴 하다. 하지만 배당투자 관점에서 본다면, 배당 삭감에 대한 위협은 낮은 편으로 판단된다.

2019년 12월 기준으로 배당률은 약 1.15%이며, 해당연도에 1주당 3.10달러($3.10)를 지급했다. 또한, 47년간 배당 인상을 실시했다. 역사적 인플레이션 수치인 3%와 비교해보면, 지난 10년간 배당 연평균 성장률(Compound Annual Growth Rate, CAGR)은 6.78%로 배당투자의 그 목적을 충실히 달성하고 있다.

## 관심 가져볼 만한 산업 : 바이오테크놀로지

바이오테크놀로지(Biotechnology, 이하 바이오테크) 산업 또한 고려해 볼 만한 산업이다.

바이오테크회사와 제약회사의 경계가 모호해지고 있다. 그 차이가 있긴 하지만, 대형 제약회사들은 바이오테크도 함께 하므로 많이 헷갈릴 수밖에 없다. 의약품을 만드는 것은 같지만 바이오테크 회사들은 살아있는 유기체(세포)에서부터 추출 혹은 조작하는 것이고, 제약회사들은 일반적으로 화학적으로 제조한다. 그리고, 바이오제약(biopharmaceutical) 회사들은 바이오테크놀로지와 화학적 합성방법을 통해서 의약품을 연구개발하는 회사를 칭한다. 이렇게 같은 듯하지만 다른 점이 존재하기 때문에, 투자 위험요소도 매우 다를 수밖에 없다.

보통 바이오제약회사들은 연구개발과 임상에 많은 시간과 비용을 투자하므로 운영비용이 제약회사들에 비해 높다. 작용 기전에 따라 다르기도 하지만, 보통 10년 이상이 걸리기도 한다. 하지만, 개발에 성공하고 그 효과가 입증되면 제약회사 대비 매출의 증가 폭이 상당히 크다. 이렇게 연구개발에 많은 시간과 비용이 투입되는 만큼, 보통 제약회사들의 특허는 5년 정도지만 바이오제약회사들의 특허는 12년까지도 보장이 된다. 따라서, 주가의 등락이 제약회사에 비해서 상당히 큰 편임을 인지하고 투자를 해야 한다.

바이오제약 의약품들의 예를 들어보면, 애브비(Abbvie)의 휴미라(Humira), 로슈(Roche)의 리툭산(Rituxan), 길리어드 사이언스(Gilead

Science)의 빅타비(Biktarvy), 암젠(Amgen)과 화이자(Pfizer)의 엔브럴 (Enbrel) 등이 있다.

＊ 참고로, 바이오테크가 의약품만 개발할 수 있는 것은 아니다. 쉽게 이야기해서 살아있는 효모를 활용해서 만드는 맥주, 석유를 정제해서 만들어지는 플라스틱, 해충들에 저항을 가지는 농작물, 옥수수나 콩으로 만들어지는 에타놀 등이 모두 바이오테크놀로지에 포함되며, 의약품 제조만을 의미하는 것은 아니다.

## 길리어드 사이언스(Gilead Sciences, GILD)
: HIV 치료제의 독보적 글로벌 1등 회사

자료 : 뉴욕타임즈(NYT)

위에서 간단히 설명한 바이오테크, 특히 바이오제약의 특성을 설명한 이유는 주식에 투자하는 투자자라면 꼭 명심해야 할 부분이 있기 때문이다. 바로 보통 10년 이상 소요되는 연구개발이 성공한다는 보장도 없고, 그 기간에 적자가 발생할 수 있기 때문이다. 따라서, 그 주가의 변동성이 상당히 클 수밖에 없는 구조이다. 바이오제약회사 투자하기에 앞서 꼭 기억해야 하는 점이기도 하다.

## • 기업 개요

| 길리어드 사이언스(GILEAD SCIENCES INC) | 2020.2.28 종가 기준 |
|---|---|
| 시가총액(10억$) : 87.6 | 상장시장 : NASDAQ GS |
| 섹터 : 건강관리 | 세부섹터 : 생명공학 |
| 배당수익률(%) : 3.63 | 배당성향(%) : 47.5 |

길리어드 사이언스는 캘리포니아주의 포스터 시티(Forster city)시티에 있으며, 약 11,000명의 직원을 두고 있다. 시가총액은 871억 달러($87.1 Billion)이고, 총 임직원의 수는 약 11,000명이다. 35개국에서 인간면역결핍바이러스(Human Immunodeficiency Virus, HIV), B형(hepatitis B virus, HBV)과 C형(hepatitis C virus, HCV) 간염 등의 치료제들을 연구개발하는 회사이다. 1987년 캘리포니아주의 포스터 시티에서 올리고젠(Oligogen)이란 사명의 바이오벤처로 설립되었다. 초기에는 상보적인 RNA를 연구하는 안티센스(antisense) 유전자 쪽을 연구하다 나중에는 항바이러스 쪽으로 주력 사업을 변경했다.

그리고, 1992년 나스닥(Nasdaq)에 주식을 공개상장하면서 길리어드 사이언스로 사명을 변경하면서 인간면역결핍바이러스, B형과 C형간염 등 항바이러스 쪽으로 연구개발을 집중했고, 지금과 마찬가지로 효율적인 인수합병전략을 추구했다. 1995년에는 주식 공모를 통해 9,420달러를 조달해서, 같은 년도에 미국식품의약국(Food and Drug Administration, FDA)과 유럽의약청(European Medicines Agency)에 승인신청을 한 항바이러스제인 비스타이드(Vistide)의 마케팅을 준비했다.

그리고, 1996년 비스타이드는 판매승인을 받은 길리어드 사이언스의 첫 번째 의약품이 되었고, 승인까지 약 9년이란 시간이 소요되었다. 그리고, 이 시기에 2번의 추가 주식 공모를 통해 자금을 확보했다. 1999년 길리어드 사이언스보다 규모가 약 3배 정도 큰 넥스타(NeXstar)를 인수하며 한 단계 도약하는 계기가 된다. 넥스타는 연구개발에 집중하고, 길리어드 사이언스는 자금을 포함한 운영에 집중하는 형태였기 때문에 지금도 아주 좋은 인수합병의 예로 남아있다. 또한, 넥스타의 글로벌 영업조직으로 인해 길리어드 사이언스는 글로벌 바이오제약회사의 모습을 갖추게 된다고 볼 수 있는 계기였다. 1998년부터 2001년까지 매출의 증가율은 약 500%를 기록하며 엄청난 주가 상승을 보여주게 된다.

2000년 미국식품의약국의 승인받은 넥스타의 항진균제인 암비솜(AMbisome)이 길리어드 전체매출의 70%를 차지했고, 비스타이드 매출과 타미플루(Tamiflu) 특허사용료 또한 상승했다(지금의 암비솜은 지금의 길리어드 전체매출의 비중에서 약 2% 정도이다). 그리고 2001년 처음으로 흑자를 기록했지만, 투자자로서 기억해야 할 부분은 14년 동안 적자 회사였다는 사실이다. 그리고 같은 해 후천성면역결핍증 치료제인 바이리드(Viread)를 승인, 2008년 B형 간염 치료제로도 승인을 받았다. 이후에도 계속 인간면역결핍바이러스, 간염, CAR-T 치료제 등을 승인받았고,

자세한 포트폴리오는 아래와 같다.

- 인간면역결핍바이러스 치료제인 오데프세이(Odefsey), 빅타비(Biktarvy), 아트리플라(Atripla) 콤플레라/이비플레라(Complera/Eviplera), 데스코비(Descovy), 젠보야(Genvoya), 트루바다(Truvada), 젠보야(Genvoya) 등.
- 간염치료제 : B형간염 베믈리디(Vemlidy), 바이리드(Viread), C형간염 보세비(Vosevi), 엡클루사(Epclusa: 소포스부비르/벨파타스비어(Sofosbuvir/Velpatasvir)), 하보니(Harvoni: 레디파스비르/벨파타스비어(Ledipasvir/Velpatasvir)) 등.
- 혈액암 치료제 : 자이델릭(Zydelig), CAR-T(Chimeric Antigen Receptor T cell Therapy) 예스카타(Yescarta) 등.
- 만성 협심증 치료제 : 라넥사(Ranexa).
- 폐동맥 고혈압 치료제 : 레타이리스(Letairis).

\* DNA의 유전자배열과 같은 배열의 RNA를 센스(sense)라고 하며, 상보적인 RNA를 안티센스(anti-sense)라고 한다.

## • 인수합병 전략

지금까지 트라이앵글 제약(Triangle Pharmaceuticals), 코러스 제약(Corus Pharma), 마이오젠(Myogen), CV테라퓨틱스(CV Therapeutics), CGI 제약(CGI Pharmaceuticals), 어레스토 바이오사이언스(Arresto Biosciences), 캘리스토가 제약(Calistoga Pharmaceuticals), 파마셋(Pharmasset), YM 바이오사이언스(YM Biosciences), 카이트 제약(Kite Pharma) 등 많은 인수합병을 진행하며 포트폴리오의 부족한 부분들은

인수합병을 통해 강화하는 전략을 추구했다. 이러한 점은 길리어드 사이언스만의 독특한 점이라고 할 수 있다. 물론, 인수에 대한 기대치를 충족 못하는 경우들도 종종 있었지만, 잘하는 분야인 감염질환 분야에 철저히 집중하는 전략이 지난 리세션 기간 주가상승을 했던 큰 이유 중 하나라고 볼 수 있다.

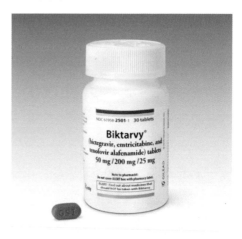

📊 2019년 기준 매출 42억 2,500만 달러인 빅타비

출처 : Contagionlive.com

## • 사업분야와 매출비중

바이오제약회사다 보니 사업분야는 당연히 제약 포트폴리오인데, 길리어드 사이언스의 경우 그 포트폴리오의 매출비중이 특정 치료제에 집중되어 있다. 2019년 전체 매출은 221억1천9백만 달러였고, 포트폴리오는 크게 4개 치료제로 구성된다. 인간면역결핍바이러스 치료제는 74.3%, 간염치료제는 16.3%, 기타(예스카다 2.1% 포함) 9.4%이다. 전체 매출 중 감염질환 관련 매출이 약 90%를 차지할 만큼 한 가지에 집중된 회사이며, 2019년 기준 매출총이익률은 78.9%에 영업이익률 49.3%로 바이오제약회사 중에서도 높은 수준이다. 연구개발 비중은 매출 대비 약 9%를 차지하고 있고, 2018년 대비 10%가 증가했다.

## • 최근 리세션 시기 주가는?

**⑪ 2008년 미국발 금융위기 전후 주가 흐름 및 재무데이터**

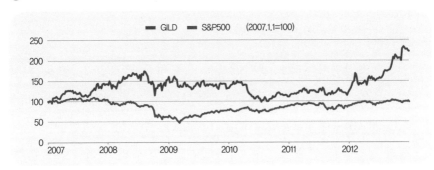

자료 : 구글 파이낸스(Google Finance)

| | 2007 | 2008 | 2009 | 2010 | 2011 | 2012 |
|---|---|---|---|---|---|---|
| 매출 | 4230.0 | 5335.8 | 7011.4 | 7949.4 | 8385.4 | 9702.5 |
| ㄴ증감율(%) | – | +26.1 | +31.4 | +13.4 | +5.5 | +15.7 |
| 영업이익 | 2164.5 | 2689.4 | 3589.5 | 4138.2 | 3863.9 | 4116.7 |
| ㄴ증감율(%) | – | +24.3 | +33.5 | +15.3 | -6.6 | +6.5 |
| 순이익 | 1615.3 | 2011.2 | 2677.1 | 3011.0 | 2829.5 | 2740.7 |
| ㄴ증감율(%) | – | +24.5 | +33.1 | +12.5 | -6 | -3.1 |
| EPS | 1.7 | 2.1 | 2.9 | 3.5 | 3.6 | 3.5 |
| ㄴ증감율(%) | – | +25.6 | +35.5 | +20.6 | +3.8 | -3.1 |
| DPS | 0.0 | 0.0 | 0.0 | 0.0 | 0.0 | 0.0 |
| 배당성향 | 0.0 | 0.0 | 0.0 | 0.0 | 0.0 | 0.0 |
| ROE | 61.2 | 52.0 | 50.3 | 49.2 | 44.9 | 34.2 |
| 부채비율 | 36.1 | 24.6 | 17.8 | 46.4 | 110.8 | 86.2 |

자료 : Edgar, 각사 IR/10-K, Ycharts
단위 : 100만$, %

최근 리세션인 IT 버블시기 1998년 1월부터 2002년 9월과 서브프라임 시기 2007년 10월부터 2009년 3월까지 미국 대표 증시 S&P500은 각각 13%, 46% 하락했었고, 길리어드 사이언스는 각각 222% 상승, 12% 상승한 회사이다. 만약 주식공개 상장한 1992년 1,000달러를 투자했다면, 연평균수익률 19.33%로 2019년 139,622달러가 되었을 것이다. 그리고, 2004년 1,000달러를 투자했다면, 연평균수익률 15.59%로 2019년 10,160달러가 되었을 것이다.

## • 스워트 SWOT 분석

(강점 Strengths, 약점 Weakness, 기회 Opportunities, 위협 Threats)

### S-강점

인간면역결핍바이러스 분야에서는 독보적인 글로벌 1등으로 시장 점유율은 약 73% 정도이며, 2011년부터 연평균 성장률(Compound Annual Growth Rate, CAGR)은 14%이다. 이러한 강력한 시장점유율과 성장률로 인해 2019년 기준으로 258억 달러의 현금을 보유 중이다. 바이오제약회사를 주가수익(Price/Earning, PE)으로만 판단을 해본다면, 현재 약 10으로 높은 밸류에이션은 아니다.

길리어스 사이언스가 속한 산업은 전체경기의 영향을 안 받을 수는 없지만, 다른 산업들처럼 경기가 좋지 않다고 치료를 멈출 수 있는 성격의 산업이 아니다. 따라서 주가의 하락이 있을 수도 있지만, 그 폭이 크지 않을 것으로 판단된다.

### W-약점

인간면역결핍바이러스 치료제가 전체 포트폴리오에서 차지하는 비중이 74.3%로 특허만료와 매출성장의 한계성이 존재한다. 최근 5년간 매출과 주당순이익(Earning Per Share, EPS)의 정체 추세가 확연히 나타나고 있다. 특히, 2019년 매출은 전년 대비 1.5% 상승으로 인플레이션을 고려해봤을 때, 살짝 감소했다고 봐도 무방하다. 다른 분야의 치료제들을 인수합병으로 강화하는 전략을 사용해왔는데, 최근 2017년 119억 달러의 금액으로 인수한 카이트 제약(Kite Pharma)의 부진으로 인해 총 16억2천만 달러를 감손처리한 점은 해당 회사 인수를 고평가한 것으로 보인다.

## O-기회

미국 매출 비중 약 75%, 유럽 16%, 나머지 국가들 9%로 아직 성장여력이 충분해 보인다. 전 세계 제약 및 바이오제약 회사들중에서도 시총대비 현금흐름은 상위권인데, 이런 현금을 활용해서 포트폴리오를 강화하기 위한 인수합병을 추진할 가능성이 높다. 또한, 예스카타의 매출이 2019년 기점으로 4억5천6백만 달러로 전체 매출의 2.1%로 낮지만, 2018년 대비 성장률이 약 54%로 아직 시작하지 않은 단계라고 볼 수 있다.

총 72개의 임상 파이프라인을 진행 중이다. 특히, 비알코올성지방간염 치료제의 실망스러운 결과발표로 인해서 기대감이 많이 크진 않은 상황이다. 하지만, 만약 좋은 결과가 나와준다면, 한 단계 더 도약하는 길리어드 사이언스가 될 것으로 판단한다.

## T-위협

C형 간염 치료제의 경우, 2014년부터 독보적이던 길리어드 사이언스는 2018년부터 엡비(AbbVie)의 C형 간염치료제인 마비렛(Mavyret)에게 시장을 잠식당하고 있다(해당 기간에 시장점유율 약 80%에서 약 60%로 하락). 실제로도 매출이 상당히 많이 감소했다. 가까운 미래까지는 이 둘이 이 시장을 양분하게 될 것으로 판단되며, 이 말은 길리어드 사이언스가 새로운 치료제를 개발하든지 인수합병을 해야만, 양분된 시장에서 살아남을 수 있다는 뜻이다. 뿐만 아니라 글락소스미스클라인과 화이자의 Viiv Healthcare도 계속 인간면

역결핍바이러스 치료제 시장에 도전하고 있다.

---

**• 배당**

바이오제약산업에서는 길고 긴 연구개발시간과 개발한 신약의 특허가 만료되기 전까지 얼마나 효율적으로 자본지출을 관리하는지가 관건이다. 즉, 10년 동안 막대한 시간과 연구개발비를 사용하고도 그 승인을 보장할 수 없기 때문이다. 만약, 신약의 특허만료가 다가오는 시점까지 새로운 신약을 개발하지 못한다면, 회사의 명운이 달라질 수 있기 때문이다. 바로 이런 점 때문에 많은 바이오제약산업의 회사들이 전망 좋은 다른 회사들을 인수하는 것이다.

길리어드의 경우, 전년 대비 현금이 315억 달러에서 258억 달러로 감소하였다. 하지만, 2019년 영업현금흐름은 91억 달러이며, 가까운 미래에 배당삭감을 할 가능성은 상당히 낮은 회사로 볼 수 있다. 2019년 12월 기준으로 배당률은 약 3.88%이며, 해당연도에 1주당 0.63달러를 지급했다. 2015년부터 배당지급을 했으며 4년간 배당인상을 실시했다. 역사적 인플레이션 수치인 3%와 비교해보면, 지난 5년간 배당 연평균 성장률(CAGR)은 7.94%로 배당투자의 그 목적을 충실히 달성하고 있다.

## 저변동성+상대적 고배당: 우선주

### 우선주 vs 일반주 (왜 우선주인가?)

주식보다 훨씬 낮은 움직임을 보이면서도 은행이자보다 높은 배당을 받는 투자 방법이 있다면? 앞서 살펴본 배당성장주(Dividend Growth Stock)가 매출과 함께 배당을 늘려나가는 기업에 투자한다는 점에서 주식의 상승까지 노리는 적극적인 투자 방법이었다면, 이 장에서 소개할 우선주(Preferred Stock)는 채권적 성격이라는 점에서 상대적으로 방어적인 월세 만들기 방법이다. 미국 4대 은행인 JP모건 체이스(JPM), 웰스파고(WFC)나, 미국 최대 손해보험사인 올스테이트(ALL), 데이터 센터 리츠를 운영하는 디지털 리얼티(DLR) 등 다양한 섹터의 중대형 기업들이 우선주를 발행, 안정적인 수익을 원하는 투자자들에게 투자처를 제공하고 있다.

미국의 우선주들, 특히 정해진 배당금을 지급하는 고정 배당 우선주(Fixed Coupon Preferred Stock)는 기본적으로 주가 상승을 목표로 하는 투자 방법은 아니다. 그럼에도 시장(S&P500) 대비 낮은 변동성, 4~8% 가량의 고정 배당, 본주 대비 배당의 우선권 등으로 인해 시세차익보다는 꾸준한 배당 수익을 추구하는 투자자들에게 적합하다고 할 수 있다.

## 우선주 개요
### • 개념 : 한국 우선주와는 다른 미국 우선주들(고정배당 우선주)

우선주(優先株)는 말 그대로 우선권을 가진 주식으로 그 대신 의결권은 없는 주식이다. 여기서 우선권은 회사의 이익이나 회사 청산 시 잔여재산 분배 등 재산상 내용에서 우선권을 의미한다. 즉 회사의 이익으로 배당금이 지급될 때도 주식보다 먼저 배당금이 지급되며(우선주에 배당금을 다 지급해야 본주에 배당금을 줄 수 있다), 회사가 파산해 자산을 분배할 때도 주식 대비 우선권이 인정된다. 한국에서 대표적인 우선주로는 삼성전자우(005935), 현대차2우B(005387) 등이 있다.

## * 우선주의 탄생

최초의 우선주는 1840년대 영국에서 시작된 것으로 알려져 있다. 당시 영국은 철도 산업이 빠르게 성장하고 있었는데, 영국의 철도회사들은 철도 수요를 충족시킬 만큼 충분한 자금을 확보하는 데 어려움을 겪고 있었다. 주식을 추가로 발행하자니 기존 주주들이 보유한 주식의 가치가 희석되고, 그렇다고 채권을 발행하기에는 부채비율이 지나치게 높아지는 문제가 있었던 것이다.

고민 끝에 탄생한 것이 우선주였다. 주식의 형태로 발행하되 의결권이 없다 보니 기존 주주 입장에서는 크게 나쁠 것이 없었다. 채권자 입장에서도 이자, 원금 상환에 있어서 우선권은 여전히 보유하고 있어 크게 반대할 이유가 없었으며, 경영권에는 관심 없이 기업의 성과에 따른 수익에만 관심 있는 투자자를 유인하는 효과도 있어 빠르게 대중화되기 시작했다.

한국의 우선주들은 일반적으로 주식의 성격을 가지고 있고, 그러다 보니 움직임(변동성)이 주식과 유사하다. 심지어 시장에서 거래되는 주식 수(유통물량)가 적다 보니 시장의 수급이 한 방향으로 쏠릴 때 오히려 변동성이 더 크게 나타나기도 한다. 최근 한진그룹 오너 일가의 경영권 분쟁이 다시 부각됐을 때 한진칼(180640)의 주가는 2019년 12월 19일 38,150원에서 12월 24일 고점 50,500원까지 32.4% 상승했지만, 우선주인 한진칼우(18064K)는 12월 19일 36,100원에서 12월 30일 고점 77,900원까지 115.8%나 급등하는 모습을 보였다. 모든 국내 우선주들이 다 이런 모습을 보이는 것은 아니지만, 뒤집어 보면 '안정적으로 상대적인 고배당 투자 방법'에는 부적합하다는 판단은 가능하다.

반면 미국 우선주들, 그중에서도 고정배당 우선주들은 주식보다는 오히려 채권의 성격에 가까워 안정적인 성향의 투자자들에게 적합하다. 아래 차트는 미국 4대 은행 중 하나인 웰스파고(WFC)가 발행한 우선주(WFC-V)와 본주(WFC), 그리고 우선주의 배당금 추이이다. 우선주의 움직임이 본주에 비해서 확연하게 낮다는 것을 알 수 있다. 또한, 연 1.5달러를 지급하고 있어 최근 주가 25.44달러와 비교해보면 대략 5.90%의 배당 수익을 올릴 수 있다.

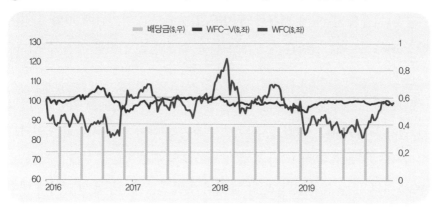

📊 2016년 이후 웰스파고(WFC) 본주, 우선주(WFC-V), 우선주 배당금 추이

자료 : 구글 파이낸스(Google Finance), Dividend.com
주 : 2016.1.1=100

그런 만큼 미국 고정배당 우선주는 주가 상승을 노리는 투자자들에게는 적합하지 않겠지만 주가 상승을 포기하고서라도 안정적인 배당을 노리는 투자자에게는 적합한 투자 대상이 될 수 있다. 지금부터는 왜 고정배당 우선주에서 위와 같은 특성이 나타나는지, 어떤 점에 유의해야 하는지를 살펴보자.

### • 특성; 채권

일반적인 우선주와 대비되는 고정배당 우선주의 가장 큰 특징으로는 고정배당(Fixed Coupon), 그리고 콜옵션(Call-Option)이라는 두 가지를 들 수 있다.

대다수 우선주의 경우 고정 배당금을 지급한다. 위에서 살펴본 웰스파고 우선주(WFC-V)의 경우 분기별로 0.375달러, 연간 기준 1.5달러를 고정적으로 지급하고 있으며, 고정 배당 우선주들의 경우 사전에 배당금을 확정해둔다. 고정 배당의 존재는 투자자가 향후 받을 배당금을 '예상 가능한 것'으로 만들기 때문에 투자에서의 안정성을 높일 수 있다. 또한 우선주를 발행한 기업은 우선주에 먼저 배당금을 지급해야만 본주에 배당금을 지급할 수 있기 때문에 투자자 입장에서는 단기간에 기업 실적이 감소하더라도 배당금만큼은 제대로 받을 수 있다는 신뢰를 가질 수 있다.

콜옵션(Call-Option)은 발행자가 일정 시점 이후 우선주를 회수할 수 있는 권리를 의미한다. 이때 회수는 당시 주가가 아닌 발행 시점의 액면가로 이뤄진다. 따라서 투자 시점에 따라 투자자는 콜옵션으로 인해 손해를 볼 수도, 수익을 볼 수도 있다. 만약 25달러에 발행된 우선주를 26달러에 매수했다면 콜옵션이 행사될 경우 한 주당 1달러, 즉 -3.85%의 손실이 생기며, 24달러에 매수했다면 주당 1달러(+4.17%)의 자본 차익을 볼 수 있게 된다.

아래는 개인 보관 서비스를 제공하는 퍼블릭 스토리지(PSA)가 발행한 우선주들의 개요이다. 각각의 내용은 아래와 같다.

| Symbol | Company Name | Security Type | Rating | Coupon Rate % | Current Yield % | Current Price | Call Price | Call Date | Maturity Date |
|---|---|---|---|---|---|---|---|---|---|
| [+] Scorecard | | | | | | | | | |
| PSA_FA | PUBLIC STORAGE | Public Storage 6.125% Dep Shares Cumulative Preferred Stock, Series A | Moody's Baa1 / S&P BBB+ | 6.125 | N/A | $24.99 | $25.00 | Mar-31-2009 | - |
| PSA_PC | PUBLIC STORAGE | Public Storage 6.60% Cumulative Preferred Stock, Series C | Moody's Baa1 / S&P BBB+ | 6.5 | N/A | $25.04 | $25.00 | Sep-13-2009 | - |
| PSA_PO | PUBLIC STORAGE | Public Storage, Inc. 6.18% Cumulative Preferred Stock, Series D | Moody's Baa1 / S&P BBB+ | 6.18 | N/A | $24.99 | $25.00 | Feb-28-2010 | - |
| PSA_PE | PUBLIC STORAGE | - | - | - | 4.85% | $25.25 | $ | - | - |
| PSA_PF | PUBLIC STORAGE | Public Storage 6.45% Cumulative Preferred Stock, Series F | Moody's Baa1 / S&P BBB+ | 6.45 | N/A | $25.08 | $25.00 | Aug-23-2010 | - |

자료 : Preferred-stock.com

| 항목 | 내용 |
|---|---|
| Symbol | 종목번호(티커) |
| Company Name | 회사명 |
| Security Type | 증권 유형<br>＊Cumulative : 누적 여부(배당금을 지급하지 못했을 경우 다음에 함께 지급하는지 여부) |
| Rating | 신용평가사가 부여한 신용등급 |
| Coupon Rate % | 발행 수익률(액면가 기준) |
| Current Yield % | 현재 수익률(주가 기준) |
| Current Price | 현재 주가(기준일) |
| Call Price | 상환 가격 |
| Call Date | 상환일<br>＊상환일에 반드시 상환하는 것은 아니며 이후 30~60일 전 공시 후 상환 |
| Maturity Date | 만기일 |

고정배당의 지급, 콜옵션의 존재로 인해 우선주는 채권의 형태에 매우 가까워진다. 콜옵션 행사 시점이 1년 남은 액면가 25달러(5% 배당 지급)의 우선주의 주가가 현재 26달러라고 하자. 액면가 25달러에 5%의 배당금을 지급하기 때문에 투자자는 26달러를 투자해 1.25달러(25달러*5%)의 배당을 1년 동안 받을 수 있다. 이때 수익률은 세전 4.81%다. 그러나 1년 뒤 콜옵션이 행사될 경우 투자한 26달러가 아닌 25달러를 되돌려 받기 때문에(1달러 손실) 최종적으로는 0.25달러만 수익으로 남게 된다. 우선주 주가가 본주 상승 시기에도 빠르게 올라가지 않는 요인이다.

반면 우선주가 하락하더라도 모기업이 부도가 날 이슈만 아니면 오히려 급격한 주가 하락을 막아주는 요인이 되기도 한다. 예를 들어 위의 경우에서 주가가 24달러인 경우 기업이 부도가 나지 않는다면 현시점에서의 투자는 24달러를 투자하여 1.25달러의 배당(5.21%)과 자본 차익

1달러(4.17%), 총 9.38%의 수익을 낼 수 있는 투자가 된다. 이 같은 우선주의 특성 때문에 우선주의 변동성은 주식 대비 낮아지게 되는 것이다.

### • 리스크

낮은 변동성으로 은행 이자의 2~3배나 되는 배당을 받는다? 이 점만 생각한다면 이만한 투자 수단이 없어 보인다. 그러나 천하무적처럼 보이는 우선주에도 리스크 사항은 존재하며, 투자 전에 이를 반드시 고려해야 한다. 참고로 고정배당 우선주의 경우 채권과 비슷한 성격이다 보니 리스크도 채권과 유사한 모습을 보인다.

첫 번째 리스크는 신용 리스크(Credit Risk)이다. 신용 리스크는 우선주를 발행한 회사가 부도가 나거나 부도가 날 위험에 처해 배당이나 원금을 돌려주지 못하는 경우를 의미한다. 회사가 부도가 나서 원리금 자체가 날아가 버리는 경우는 거의 존재하지는 않지만, 회사에 문제가 생기면 자칫 배당금을 받지 못하는 경우가 생길 수 있다. 또한 선순위 채권 대비 순위가 낮으므로 부도 시 상환 순위가 낮다는 단점도 있다.

**⑪ 채권별 상환 순위**

| 상환순서 | 채권 유형 |
|---|---|
| 1 | Senior Debt : 선순위채 |
| 2 | Subordinated Debt : 후순위채 |
| 3 | Hybrid Debt : 하이브리드채/신종자본증권 |
| 4 | Preferred Stock : 우선주 |
| 5 | Common Shares : 보통주 |

자료 : Investopedia.com

한 예로 캘리포니아주에 본사를 두고 있는 미구 서부 최대 전력 기업인 퍼시픽 가스 앤드 일렉트릭 컴퍼니(PCG)의 경우 2017, 2018년 대규모의 산불로 인해 주가가 2017년 고점인 71달러에서 13달러 근처까지 하락했다. 이 과정에서 회사는 2017년 12월에 2017년도 4분기부터 배당금을 지급하지 않기로 하였고, 2018년 1월부터는 우선주 배당도 중단했다.

📊 **퍼시픽 가스 앤드 일렉트릭 컴퍼니(PCG) 주가 및 배당금 추이**

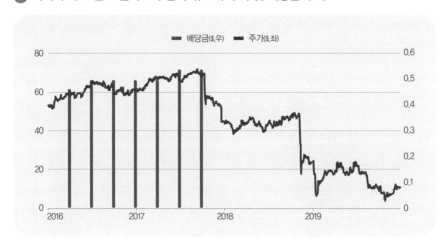

자료 : 구글 파이낸스(Google Finance), Dividend.com

두 번째 리스크는 금리와 관련된 위험들이다. 일반적으로 채권은 금리와 반대로 움직이는 모습을 보이며, 이는 고정배당 우선주들도 마찬가지다. 고정배당 우선주들도 시장 금리가 올라가는 국면에서 주가가 하락하는 모습을 보이며, 2011년 8월 S&P(Standard & Poor's)의 미국 신용등급 강등, 2013년 6월 버냉키 의장의 출구 전략 언급, 2016년 9월 미국 기준금리 추가 인상 우려, 2018년 12월 미-중 무역분쟁 본격화 우려 이슈 등 시장 금리가 급등하는 구간에서 우선주들도 급락하는 모습을 보였다.

마지막으로 재투자 위험(콜 위험)은 우선주 발행자의 콜옵션(조기 상환) 행사에 따라 강제로 새로운 투자 대상을 찾아야 하는 위험이다. 앞서 살펴본 것처럼 일반적으로 우선주들은 발행 후 5년이 지나면 발행한 회사가 이를 회수할 수 있는 권리인 콜옵션을 가지고 있다. 그러다 보니 투자자가 보유하고 있던 우선주가 상환이 이뤄질 경우 투자자는 새로운 우선주를 찾아 투자해야 한다. 그런데 우선주가 많이 상환될 때는 시장금리가 하락해있는 구간인 경우가 많다. 회사 입장에서는 기존 우선주를 상환하고 새롭게 우선주를 발행하면 이자부담을 낮출 수 있기 때문이다.

　이들 리스크를 고려해보면 우선주 투자 전략은 크게 두 가지로 정리할 수 있다. 우선주 개별주를 투자하기로 했다면 최대한 규모가 크고, 여유 자금 흐름이 넉넉한 대형주 위주로 투자하는 것이 좋다. 우선주 배당금 규모 대비 순이익, 잉여현금흐름(FCF) 규모 등이 기준이 될 수 있을 것이다. 두 번째 전략으로 개별 우선주 투자가 부담스러울 경우 우선주 ETF를 고려해볼 수 있을 것이다. 미국에 상장된 우선주/우선주 관련 ETF 16종목의 평균 보유 종목 수는 158개(최다 492개/PFF, 최저 37개/PREF)로 개별 우선주 위험을 피하고 월간 단위 배당을 만들 방법이 될 수 있다.

### 개별 우선주의 대안, 우선주 ETF

　앞서 살펴본 것처럼 고정배당 우선주는 주가 상승을 포기하는 대신 주식 대비 낮은 움직임과 상대적으로 높은 배당을 노릴 수 있는 투자 방법이다. 이러한 우선주 투자 콘셉트를 선호하지만 개별 종목 투자는 부담스럽다면, ETF는 분산 투자로 개별 우선주 위험을 피할 수 있는 유용한 수단이 될 수 있다.

## • 우선주 ETF 개요

ETFdb.com 기준 미국에 상장된 우선주/우선주 관련 ETF는 16종목으로, 이들 ETF가 운용하고 있는 총 자산규모는 353.7억 달러이다.

📊 미국 상장 우선주 ETF

| 티커 | ETF명 | 운용자산 (억$) | 주가($) | 상장일 | 보수(%) | 배당수익률 (%) | 보유종목 수 |
|------|-------|----------|--------|--------|--------|----------|--------|
| PFF | iShares Preferred and Income Securities ETF | 170 | 36.69 | 2007-03-30 | 0.46 | 5.35 | 492 |
| PGX | Invesco Preferred ETF | 61.1 | 14.69 | 2008-01-31 | 0.52 | 5.34 | 281 |
| FPE | First Trust Preferred Securities and Income ETF | 54.3 | 19.78 | 2013-02-11 | 0.85 | 5.74 | 55 |
| VRP | Invesco Variable Rate Preferred ETF | 16.9 | 25.13 | 2014-05-01 | 0.50 | 5.01 | 236 |
| PGF | Invesco Financial Preferred ETF | 16.0 | 18.46 | 2006-12-01 | 0.62 | 5.18 | 99 |
| PSK | SPDR Wells Fargo Preferred Stock ETF | 12.0 | 43.14 | 2009-09-16 | 0.45 | 5.51 | 168 |
| PFXF | VanEck Vectors Preferred Securities ex Financials ETF | 7.8 | 19.55 | 2012-07-16 | 0.41 | 5.37 | 131 |
| PFFD | Global X U.S. Preferred ETF | 7.3 | 24.52 | 2017-09-11 | 0.23 | 5.51 | 274 |
| FPEI | First Trust Institutional Preferred Securities and Income ETF | 2.9 | 19.92 | 2017-08-23 | 0.85 | 5.38 | 125 |
| SPFF | Global X SuperIncome Preferred ETF | 2.0 | 11.42 | 2012-07-16 | 0.58 | 6.03 | 45 |
| PFFA | Virtus InfraCap U.S. Preferred Stock ETF | 1.1 | 24.78 | 2018-05-15 | 2.13 | 10.38 | 102 |
| PREF | Principal Spectrum Preferred Securities Active ETF | 1.2 | 100.49 | 2017-07-10 | 0.55 | 4.55 | 37 |
| PFFR | InfraCap REIT Preferred ETF | 0.5 | 24.47 | 2017-02-07 | 0.45 | 6.84 | 70 |
| IPFF | iShares International Preferred Stock ETF | 0.4 | 14.04 | 2011-11-15 | 0.55 | 4.56 | 102 |
| EPRF | Innovator S&P High Quality Preferred ETF | 0.2 | 23.79 | 2016-05-24 | 0.47 | 5.15 | 105 |
| PFLD | AAM Low Duration Preferred & Income Securities ETF | 0.0 | 24.63 | 2019-11-19 | 0.45 | 1.15 | 212 |

자료 : ETFdb.com 기준 : 2020.3.3

배당 ETF라고 하더라도 배당성장, 고배당, 저변동(Low Volatility) 등으로 나뉘고, 배당성장 내에서도 배당성장 기간별, 현금흐름 우선 등으로 전략이 다양한 것처럼 우선주/우선주 관련 ETF도 전략별로 다양한 형태로 상장되어 있다. 예를 들어 iShares Preferred and Income Securities ETF(PFF)나 Invesco Preferred ETF(PGX)는 미국 우선주 시장 전반을 포괄하고 있으며, Invesco Variable Rate Preferred ETF(VRP)는 우선주 내에서도 시장 금리에 따라 배당률을 조정하는 변동금리부 우선주에 투자한다. VanEck Vectors Preferred Securities ex Financials ETF(PFXF)의 경우 금융 섹터 우선주를 제외한 나머지 섹터의 우선주만 선별, 편입하고 있어 금융 섹터를 선호하지 않는 투자자들이 투자할 수 있다.

여기서 소개된 ETF들은 주요 우선주/우선주 관련 ETF와 구성 방식을 소개하기 위한 것이지 특정 ETF에 대한 선호를 반영한 것은 아니라는 점에 유의해주기를 바란다. 편입 종목 및 섹터는 각 운용사의 데이터를 따랐으며, 되도록 운용자산 10억 달러 이상의 ETF 위주로 작성했다.

## iShares Preferred and Income Securities ETF(PFF)

| | |
|---|---|
| 운용자산(1억$) : 170.0 | 배당주기 : 월간 (2~11월, 12월 2회) |
| 편입종목(개) : 492 | 운용보수(%) : 0.46 |
| 배당수익률(%) : 5.35 | |

PFF는 미국 최대 규모의 우선주 ETF로 총 운용자산이 170.0억 달러, 원화로 19.8조 원에 달한다. S&P U.S. Preferred Stock 지수를 추종

하고 있으며, 신용등급에 상관없이 다양한 우선주들을 포괄적으로 편입하고 있다. 운용사인 iShares에 따르면 모기업 기준 보유 비중 상위 섹터는 금융(27%), 다각화 금융(20%), 유틸리티(14%), 리츠(11%) 순이었으며, 미국 비중이 95.2%가량이다. 2019년 9월 30일 기준으로 고정배당 우선주가 75.3%, 변동금리부 우선주가 24.3% 편입되어 있으며, 2007년 상장 이후 연평균 수익률은 4.36%이었다.

• PFF 업종별 비중(모기업 기준) 및 편입 비중 상위 10개 종목/ 2014년 이후 배당 내역

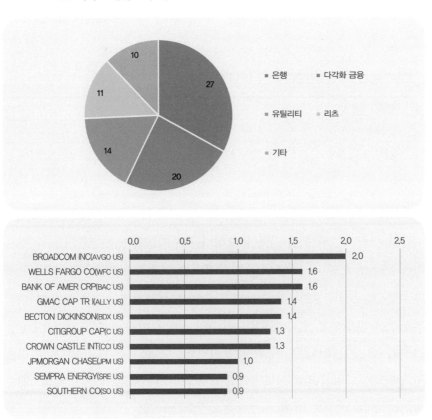

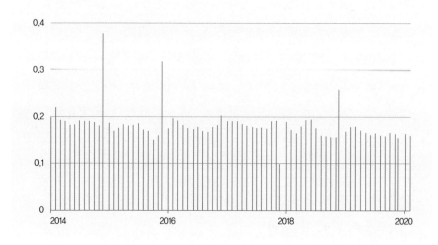

자료 : iShares, Dividend.com
주 : 섹터 비중 기준일 2020.1.31
비중 : %, 배당금 : $

## Invesco Preferred ETF(PGX)

| | |
|---|---|
| 운용자산(1억$) : 61.1 | 배당주기 : 월간 |
| 편입종목(개) : 281 | 운용보수(%) : 0.52 |
| 배당수익률(%) : 5.34 | |

PGX는 PFF에 이어 두 번째로 큰 규모의 우선주 ETF로 운용자산 61.1억 달러, 원화 7.1조 원 규모이다. The ICE BofAML Core Plus Fixed Rate Preferred Securities 지수를 추종하고 있으며, 3대 신용평가 기관(Moody's, S&P, Fitch) 평균 B3 이상의 신용등급을 보유한 미국 우선주를 편입하고 있다. 운용사인 Invesco에 따르면 모기업 기준 금융 섹터가 64%로 대부분을 차지하고 있으며, 그 외에 유틸리티(13%), 리츠(10%) 순으로 편입하고 있다. 월별로 리밸런싱이 이뤄지고 있으며, 배당 내력이 다른 ETF에 비해 상대적으로 고른 편이다.

• PGX 업종별 비중(모기업 기준) 및 편입 비중 상위 10개 종목/
2014년 이후 배당 내역

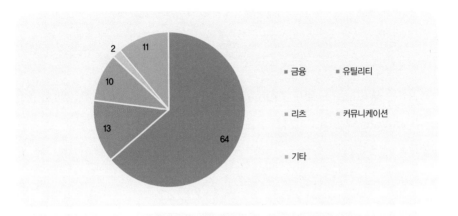

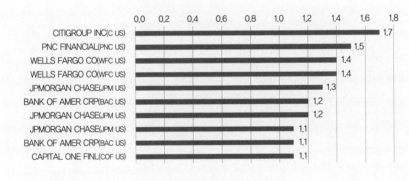

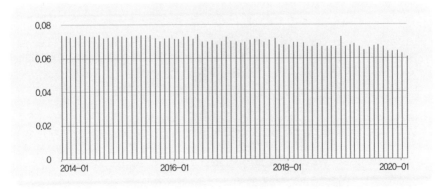

자료 : Invesco, Dividend.com
주 : 섹터 비중 기준일 2020.1.31
비중 : %, 배당금 : $

# Invesco Variable Rate Preferred ETF(VRP)

| | |
|---|---|
| 운용자산(1억$) : 16.9 | 배당주기 : 월간 |
| 편입종목(개) : 236 | 운용보수(%) : 0.50 |
| 배당수익률(%) : 5.01 | |

VRP는 Wells Fargo® Hybrid and Preferred Securities Floating and Variable Rate 지수를 추종하고 있으며, 하이브리드 증권, 변동금리부 우선주들을 편입하고 있다. 운용사인 Invesco에 따르면 모기업 기준 금융섹터 비중이 78%로 대부분을 차지하고 있으며, 에너지(10%), 유틸리티(5%), 산업재(4%) 순이다. 변동금리부 우선주는 배당금을 시중금리에 연계하여 지급하므로 금리 상승 시기에 상대적으로 방어력을 보인다. 예를 들어 웰스파고의 우선주 WFC-Q의 경우 일부 기간을 제외하고 LIBOR 3개월 금리+3.09%를 지급한다.

• VRP 업종별 비중(모기업 기준) 및 편입 비중 상위 10개 종목/ 2014년 이후 배당 내역

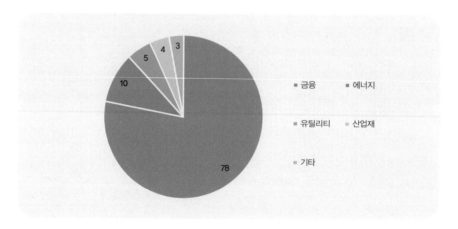

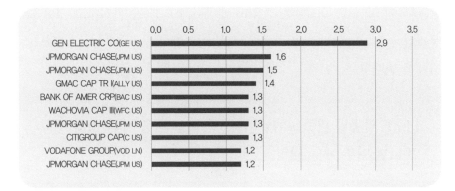

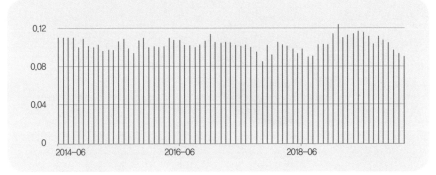

자료 : Invesco, Dividend.com
주 : 섹터 비중 기준일 2020.1.31
비중 : %, 배당금 : $

## VanEck Vectors Preferred Securities ex Financials ETF(PFXF)

| | |
|---|---|
| 운용자산(1억$) : 7.8 | 배당주기 : 월간 |
| 편입종목(개) : 131 | 운용보수(%) : 0.41 |
| 배당수익률(%) : 5.37 | |

PFXF는 Wells Fargo® Hybrid and Preferred Securities ex Financials 지수를 추종하고 있으며, 금융 섹터를 제외한 나머지 섹터의 우선주를 편입하고 있다. 모기업 기준 보유 비중 상위 섹터는 전력(33%), 리츠(22%), 커뮤니케이션(12%), 헬스케어(7%) 순이며, 국가별로

는 미국이 92.9%, 버뮤다가 3.4%, 캐나다가 2.1%를 차지하고 있다. 운용자산은 7.8억 달러로 10억 달러 미만이지만 금융 섹터 비중이 없다는 점에서 소개하는 ETF다.

- PFXF 업종별 비중(모기업 기준) 및 편입 비중 상위 10개 종목/ 2014년 이후 배당 내역

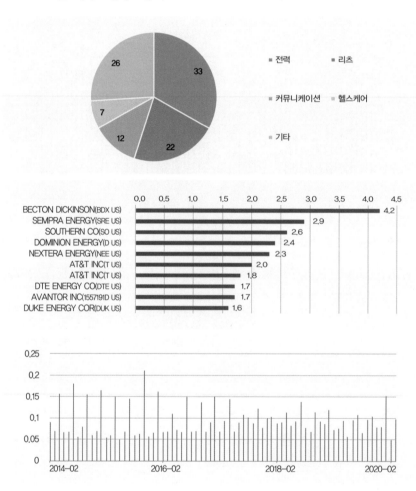

자료 : VanEck, Dividend.com
주 : 섹터 비중 기준일 2020.1.31
비중 : %, 배당금 : $

# 불황에 강한 섹터/종목 살펴보기:
# 불황을 이긴 주식들
# (Recession-proof stocks)

미국 증시는 항상 고점 논란이 있었고, 2008년 미국발 금융 위기 후 10년 동안에도 강세장과 함께 항상 고점 논란이 제기되어 왔다. 특히나 이번 코로나19로 인해 주요 증시가 급락하면서 많은 투자자가 행여나 닥칠지 모르는 리세션에 대한 두려움을 가지고 있는 것도 사실이다. 그러나 경기 순환주기상 하락국면은 한 번쯤 올 수밖에 없는 필연의 존재이며, 이에 어떻게 대응하고 어떻게 대비해야 하는지는 미국증시에 투자하는 입장에서 매우 중요하다고 볼 수 있다.

### 지속되는 리세션 시그널과 투자자들의 고민
10년 이상 상승 랠리를 지속하고 있는 미국 증시를 보면, 현기증이 날 정도로 고점을 매번 갱신해왔고, 경기 침체 시그널들이 끊임없이 발생해왔다. 최근 2019년 8월 발생했던 미국 국채 2년물과 10년물의 금리가 역전되면서 미국 언론에서는 리세션이 곧 임박한 것처럼 대서특필했었고, 9월에는 환매조건부 채권 거래 시장에서 금리가 갑자기 급등하는 시그널이 발생했었다. 또한, 30년 미국 국채 수익률은 사상 최저치를 기록하며 더욱더 투자자들의 불안을 가중하고 있다. 특히나 코로나19로 인해 주요 증시가 급락하며 본격적인 경기 침체가 오는 것은 아닌지에 대한 우려는 더욱 커지고 있다. 그럼, 미국 증시에서 모든 투자금을 회수해야 할까?

📊 미국 국채 2년물과 10년물의 금리 스프레드

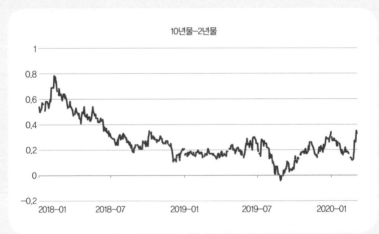

자료 : 세인트루이스 연준(Federal Reserve Bank of St. Louis, https://fred.stlouisfed.org/) 재가공
항목 : 10-Year Treasury Constant Maturity Minus 2-Year Treasury Constant Maturity (T10Y2Y)
주 : %p, 일간, 비계절조정

## 경기 침체에 대한 투자 대응방법은 존재할까?

사실 모든 개인투자자는 경기 침체가 언제 발생할지도 모른다는 불안감을 가지고 투자에 임하고 있다. 그리고, 미국 증시에서 언제 투자금을 회수해야 하는지에 대해 고민을 하는 투자자들도 있을 것이고, 경기 침체가 오더라도 보유한 회사 주식들은 끝까지 들고 갈 것이라 다짐을 하는 투자자들도 있을 것이다. 어떤 결정을 하던 틀린 것은 없고, 단지 다른 결정을 한 것뿐일 것이다. 아쉽게도 경기 침체가 정확히 언제 올지 알 방법은 존재하지 않는다. 운 좋게 1~2번은 피할 수 있을지 모르나, 장기간 투자를 진행하면서 투자자라면 누구나 여러 번은 겪고 지나가야 하는 성장통 같은 것으로 생각하면 좋다.

지금까지 수많은 경기 침체가 있었지만, 미국 증시 대표 인덱스 S&P500은 인내심을 가지고 기다린 사람들에게 항상 보답해왔고 앞으로도 그럴 확률이 높은 것은 역사적 사실로 어렵지 않게 확인할 수 있다. 사실, S&P500을 계속 보유하는 것도 나쁘지 않은 방법이 될 수 있다. 하지만, 조금 더 능동적인 투자자라면 조금은 다른 대응을 할 수도 있을 것이다. 예를 들어, 과거 경기 침체에서 하락 폭이 상대적으로 작았거나 혹은 오히려 주가가 상승했던 회사들 위주로 포트폴리오를 구성한다면, 피해를 최소화해줄 확률이 더 높을 것이라 볼 수 있지 않을까. 추가로, 경기 침체에 대비한 포트폴리오를 구성한 후, 장기적인 관

점에서 보유주식을 늘린다는 개념으로 주기적인 추가 매수를
한다면 가장 효율적인 대응책이 되지 않을까 생각한다.

그럼 어떻게 효율적인 포트폴리오를 구성할 수 있을까?
미국 증시의 11개 섹터를 살펴보면, 에너지나 소재 섹터의 경
우 경기 침체에 심한 주가 하락을 보여왔다. 따라서 투자 포트
폴리오에 편입하는 것은 많이 꺼려지는 것이 사실이다. 아무래
도, 전통적인 경기 침체에도 방어적인 섹터인 유틸리티, 헬스케
어, 필수 소비재 섹터들에 해당하는 회사들을 보유하고 있는 것
이 좋은 선택이 될 확률이 높다고 할 수 있다. 이 같은 관점에서
과거 불황 시기에도 꾸준한 매출을 유지해왔던 기업들을 살펴
본다.

### 리세션 프루프(Recession proof) 기업이란?

특히 우리가 중점적으로 살펴볼 기업들은 '리세션 프루프' 기
업으로 알려진 기업들이다. 사전적 정의로는 경기 후퇴 영향을
받지 않은 혹은 불경기에 끄떡없는 회사이다. 하지만, 미국 경
기와 증시가 하락국면에 접어든다면, 리세션 프루프라고 알려
진 기업들도 주가 하락에서 완전히 자유롭지는 않다. 그럼에도
대부분의 경우 꾸준히 실적을 내는 기업이기 때문에 시장이 회
복되는 국면에서 주가 회복도 굉장히 빠른 기업이기도 하다.

과거 경기 침체 시기에 많은 기업이 미국 증시를 대표하는 S&P500을 상회해 왔지만, 이미 시작됐을지도 모르는 경기 침체에서 해당 기업들의 주가가 반드시 상승하리라는 보장은 없다. 그렇지만, 이렇게 과거 경기 침체를 잘 극복해낸 기업들은 다음번의 경기 침체도 잘 극복할 수 있는 가능성이 상대적으로 높다고 할 수 있다. 이번 장에서는 불황에 강한 모습을 보였던 섹터 및 종목을 살펴본다.

## 역사를 통해 '진짜' 방어업종을 살펴보기

### 경기방어 업종/방어주가 뭐지?

'경기방어주' 또는 '방어주'라는 용어는 경기가 나빠져도 실적에 크게 영향을 받지 않으며 이로 인해 시장 대비 주가의 하락 폭이 상대적으로 낮은 주식을 말한다. 예를 들자면, 코카콜라(KO)나 펩시코(PEP)의 경우 대표적인 필수소비재 제품을 파는 기업으로, 경기가 나빠진다고 해서 매일 팔리던 생수, 음료가 안 팔리기는 힘들기 때문이다. 또 다른 예로 넥스트에라 에너지(NEE)와 같은 미국의 대표적인 지역 유틸리티 기업들의 경우 경기가 나빠진다고 해서 갑자기 꾸준히 쓰던 전기를 안 쓸 수는 없기 때문에 상대적으로 경기 영향을 덜 타는 모습을 보인다.

이렇게 상대적으로 경기에 민감한 다른 기업들에 비해 방어를 잘 해낸다는 뜻으로 '방어주'라 불리며, 방어 업종은 이들 주식이 속해 있는 업종을 말한다. 참고로 미국 주식 시장은 아래 표와 같이 대표적으로 11개 업종으로 분류됨을 알아두자.

## ✳ 미국 주식 시장 업종 분류

글로벌산업분류기준(Global Industry Classification Standard, GICS)에 따르면 미국시장은 11개 업종으로 분류되며, 그 분류는 아래와 같다(시가총액 순).

| 섹터명 | 시가총액(10억$) | 종목 수 |
|---|---|---|
| IT(Technology) | 6,174.6 | 71 |
| 헬스케어(Healthcare) | 3,506.9 | 60 |
| 금융(Financials) | 3,235.4 | 66 |
| 커뮤니케이션 서비스(Communication Services) | 2,770.6 | 26 |
| 자유소비재(임의소비재, Consumer Discretionary) | 2,646.7 | 64 |
| 산업재(Industrials) | 2,277.7 | 70 |
| 필수소비재(Consumer Staples) | 2,015.4 | 33 |
| 에너지(Energy) | 884.8 | 28 |
| 유틸리티(Utilities) | 849.8 | 28 |
| 리츠(Real Estate) | 762.8 | 31 |
| 원자재(Materials) | 626.8 | 28 |

자료 : S&P Dow Jones Indices
주 : 2020.2.28 기준

## 가까운 금융위기, 방어업종은 무엇이었을까?

2007년부터 2019년까지 약 13년간 S&P500지수가 마이너스를 기록한 해는 2008년과 2018년 단 2번뿐이다. 물론 과거의 성과가 미래를 보장할 수는 없지만, 과거 시장이 마이너스를 기록한 해 상대적으로 견조한 주가를 보인 업종과 종목을 살펴보고 그 공통점과 특징을 알아두는 것이 언젠가 다시 찾아올 위기, 불황에 도움이 될 것이다.

### 📊 시장 대비 상회 업종(2008년, 2018년)

| | 2008년 | | 2018년 | | 비고 |
|---|---|---|---|---|---|
| S&P500 | – | -37% | | -4.4% | |
| 1등 업종 | 필수소비재 | -15.4% | 헬스케어 | 6.5% | |
| 꼴찌 업종 | 금융 | -55.3% | 에너지 | -18.1% | |
| 시장 상회 | 필수소비재 | -15.4% | 헬스케어 | 6.5% | |
| | 헬스케어 | -22.8% | 유틸리티 | 4.1% | |
| | 유틸리티 | -29% | 임의소비재 | 0.8% | |
| | 통신(커뮤니케이션) | -30.5% | IT | -0.3% | |
| | 임의소비재 | -33.5% | 리츠 | -2.2% | |
| | 에너지 | -37.9% | | | |

자료 : NovelInvestor.com

위 표는 2008년과 2018년 각각 S&P500지수가 마이너스 수익률을 기록했을 때 상대적으로 시장보다 나은 성과를 기록한 업종을 정리한 자료다. 2008년 S&P500지수가 -44%를 기록했을 때 시장을 이긴 업종은 필수소비재, 헬스케어, 유틸리티, 통신(현재 커뮤니케이션), 임의소비재, 에너지 업종이다. 특히 필수소비재와 헬스케어는 시장 대비 10~20% 이상 우월한 성과를 보인 것이 특징이다. 앞서 언급한 바와 같이 필수소비재에 포함된 주요 기업은 아래와 같다.

### 📊 필수소비재 업종 대표종목 10선(시가총액순)

| 티커 | 기업명 |
|---|---|
| PG | Procter & Gamble Co |
| KO | Coca-Cola Co |
| PEP | PepsiCo Inc |
| WMT | Walmart Inc |
| COST | Costco Wholesale Corp |
| MDLZ | Mondelez International Inc |
| PM | Philip Morris International Inc |
| MO | Altria Group Inc |
| CL | Colgate-Palmolive Co |
| KMB | Kimberly-Clark Corp |

자료 : SPDR(State Street)

위 표에서 코카콜라(KO), 펩시코(PEP) 같은 경우 대표적인 음식료 기업이며 월마트(WMT), 코스트코(COST) 같은 경우 대표적인 할인유통마트, 프록터앤드갬블(PG), 콜게이츠 파모티브(CL), 킴벌리 클라크(KMB) 같은 경우 다양한 생활필수품을 만들어 파는 기업으로 대부분 경기와 무관하게 해당 기업들의 제품, 서비스를 이용해야 하는 경우가 많다. 경기가 나빠져도 킴벌리 클라크(KMB)의 크리넥스 휴지는 사용해야 하고, 콜게이츠 파모티브(CL)에서 만드는 치약을 갑자기 안 쓰긴 어렵기 때문이다. 이런 업의 특성상 2008년과 같은 큰 대외적 충격에도 상대적으로 견고한 주가 흐름을 보였으며, 앞으로도 대내외적인 이슈에 덜 흔들릴 가능성이 높다. 만약 필수소비재 업종 전체에 투자하고 싶다면 대표적인 ETF인 XLP를 포트폴리오에 추가하면 된다.

많은 독자가 위와 같은 필수소비재의 경우 앞서 말한 '방어업종'에 어느 정도 부합한다는 데 대부분 동의할 것이다. 그러나 두 번째로 시장을 상회한 헬스케어 업종 같은 경우 약간 의문이 들 수 있다. 특히 한국의 제약, 바이오 기업의 경우 엄청난 주가 변동성을 보이기 때문이다. 그러나 미국의 대표적인 헬스케어 기업들은 대부분 제약기업으로 필수소비재적 성격을 가진 경우가 많다. 예를 들면 존슨 앤드 존슨(JNJ)의 타이레놀과 같은 제품은 경기와 무관하게 꾸준하게 팔리며, 화이자(PFE), 머크(MRK) 등의 제약회사들 역시 환자들에게 꾸준히 제공되는 의약품을 개발해 특허 라이선스까지 받으며 꾸준한 현금흐름을 만든다.

즉, 경기가 나빠져도 갑자기 아프던 사람이 안 아플 수 없으며, 꾸준히 복용해야 하는 약이 갑자기 안 팔리기는 어렵기 때문에 미국의 헬스케어 업종 같은 경우 상대적으로 경기에 덜 민감한 모습을 보인다.

**Ⅲ 헬스케어 업종 대표종목 10선(시가총액순)**

| 티커 | 기업명 |
|------|--------|
| JNJ | Johnson & Johnson |
| UNH | UnitedHealth Group Inc |
| PFE | Pfizer Inc |
| MRK | Merck & Co Inc |
| MDT | Medtronic PLC |
| ABT | Abbott Laboratories |
| BMY | Bristol-Myers Squibb Co |
| AMGN | Amgen Inc |
| TMO | Thermo Fisher Scientific Inc |
| ABBV | Abbvie Inc |

자료 : SPDR(State Street)

위 표에서 존슨 앤드 존슨(JNJ), 화이자(PFE), 머크(MRK), 브리스톨 마이어스큅(BMY), 암젠(AMGN), 애브비(ABBV)의 경우 글로벌 제약사 Top 20에 들어가는 우량한 기업들이며, 유나이티드 헬스 그룹(UNH)의 경우 미국 최대 민간의료보험사, 메드트로닉(MDT), 애벗 래버러토리즈 (ABT)의 경우 미국의 대표적인 의료기기/장비 업체임을 알 수 있다. 위와 같이 헬스케어 업종에 속한 우량 기업들은 견고한 현금 흐름을 만들고 있어 투자자들이 방어주로 여기는 경우가 많다. 개별 헬스케어 기업도 좋지만 한번에 우량 헬스케어 관련 기업들을 모두 담을 수 있는 대표 ETF인 XLV에 투자하는 것도 좋은 방법이다.

2018년의 경우 S&P500이 44% 하락 마감할 때 상대적으로 나은 모습을 보인 대표 업종이 헬스케어, 유틸리티다. 공교롭게도 헬스케어 업종 같은 경우 2008년과 2018년 모두 시장을 상회하는 모습을 보여 과거의 데이터상으로는 방어주로서의 역할을 톡톡히 하는 것으로 보인다. 유틸리티 업종 같은 경우도 대표적인 방어업종에 속하는데, 아래의 표를 보면서 설명하도록 하겠다.

### 📊 유틸리티 업종 대표종목 10선(시가총액순)

| 티커 | 기업명 |
|------|--------|
| NEE | Nextera Energy Inc |
| SO | Southern Co |
| DUK | Duke Energy Corp |
| D | Dominion Energy Inc |
| AEP | American Electric Power Company Inc |
| EXC | Exelon Corp |
| SRE | Sempra Energy |
| XEL | Xcel Energy Inc |
| WEC | WEC Energy Group Inc |
| PEG | Public Service Enterprise Group Inc |

자료 : SPDR(State Street)

위 표는 유틸리티 업종에 속한 대표적인 기업을 정리한 자료다. 한국에 있는 투자자의 경우, 대부분 생소하겠지만 한국의 한국전력, 수력발전공사 등과 같은 에너지 발전 기업과 비교하면 비교적 이해가 쉬울 것이다. 다만, 미국은 상대적으로 땅이 넓고 주별로 관할구역과 규칙이 나뉘어 있어 그 구역을 담당하는 유틸리티 기업들이 훨씬 많다고 생각하면 된다. 전기를 만들어 지역가입자들에게 공급하고 꾸준히 사용료를 받기 때문에 위기뿐 아니라 평소에도 주가 변동성이 상대적으로 작은 편에 속한다. 갑자기 실적이 나빠지기도 어렵지만 반대로 실적이 갑자기 좋아지기도 어려운 기업들이 대부분이기 때문이다. 물론 새로운 성장동력으로 신재생 에너지 관련 투자에도 힘쓰고 있지만, 그 역시 여타 기업에 비하면 주가 급등락이 작은 편이다. 이런 접근방식으로 유틸리티 업종 전체에 투자하고 싶다면 XLU라는 대표적인 ETF에 투자하는 것이 가장 좋은 대안이 된다.

정리해보자면 가까운 과거의 사례(2008년, 2018년)를 통해 방어업종으로 볼 수 있는 대표 업종은 헬스케어, 필수소비재, 유틸리티가 뽑히게 된다. 역사가 비슷한 형태로 반복된다면, 향후에도 다르지 않을 확률이 높다. 그러므로 만약 위기에 대비하고 싶다면 포트폴리오 내 상기업종관련 종목들의 비중을 높이는 것이 좋은 전략이 될 수 있다.

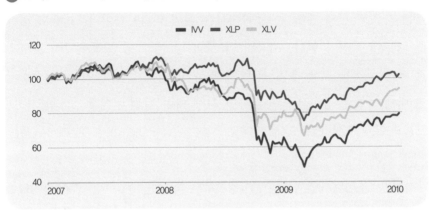

Ⅲ IVV(S&P500 ETF) vs XLP(필수소비재 ETF) vs XLV(헬스케어 ETF)

자료 : 구글 파이낸스(Google Finance)
주 : %, 2007.1.1=100

Ⅲ 시장방어업종 주가 흐름 상세(2007.1.1~2009.12.31)

| 구분 | 최초잔고 (달러) | 최종잔고 (달러) | CAGR (%) | 최고의 해(%) | 최악의 해(%) | MDD(%) | 상관관계 |
|---|---|---|---|---|---|---|---|
| S&P500(IVV) | 10,000 | 9,662 | -0.86 | 26.60 | -37.02 | -50.78 | 1 |
| 헬스케어(XLV) | 10,000 | 10,145 | 0.36 | 19.51 | -23.31 | -35.50 | 0.8 |
| 필수소비(XLP) | 10,000 | 12,451 | 5.63 | 14.28 | -15.02 | -28.12 | 0.87 |

자료 : 구글 파이낸스(Google Finance)

위 표는 2007년 1월 1일부터, 2009년 12월 31일 기간의 IVV, XLV, XLP 주가 흐름 및 데이터를 정리한 자료다. 위 표에서 중요한 부분은 MDD로 최고점 대비 최대 얼마나 하락했는지를 보여주는 좋은 자료다. 시장에 투자하는 IVV의 경우 -50.78%로 고점 대비 거의 반 토막이 난

*MDD란?
Max Draw Down, 최고점 대비 최대 낙폭을 나타내는 지표

것을 볼 수 있다. 반면 XLV, XLP는 각각 −35.5%, −28.12% 수준으로 시장 대비 방어를 잘 해낸 것을 볼 수 있다.

혹자는 이렇게 반문할 수 있다. 반 토막 나나 30% 빠지나, 비슷한 거 아니냐고 말이다. 하지만 이것은 업종, 즉 개별종목의 평균 수준을 나타내는 자료로 실제 개별 종목 내에서는 훨씬 더 큰 차이가 날 수도 있음을 염두에 두어야 한다. 시장이 반 토막 날 때 개별 종목은 70~80%까지 빠지는 것들도 셀 수 없이 많기 때문이다. 즉, 헬스케어 및 필수소비재 내에서 좋은 종목을 골라둔다면 시장 대비 훨씬 방어를 잘 해내는 포트폴리오를 구성할 수 있게 된다.

가까운 금융위기였던 2007년(정확히는 2007년 10월 8일~2009년 3월 2일 기간) 고점 대비 2009년 저점까지 시장 수익률을 상회한 종목들을 살펴보고, 어떤 특징과 공통점이 있는지 소개하고자 한다.

📊 3대 지수 ETF 시장수익률 차트(2007.10.12~2009.2.27)

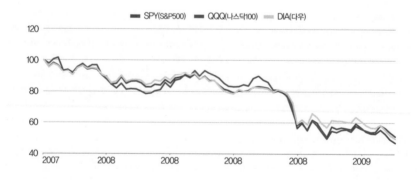

자료 : 구글 파이낸스(Google Finance)
주 : 주간, 2007.10.12=100

## 역사를 통해 '진짜' 방어주를 살펴보기

앞서 금융위기 기간에 시장을 상회한 업종에 대해서 살펴보았다면, 이제는 조금 더 범위를 좁혀 시장, 업종 수익률을 상회한 우량 종목에 대해 알아보고자 한다. 그러나, 단순히 그 기간에 S&P500보다 주가 흐름이 좋았다고 해서 시장을 잘 방어했다고 보기 어렵기 때문에 먼저 하나의 조건을 추가하기로 했다. 기업의 현금흐름을 가장 잘 책정해주는, 쉽지만 강력한 지표인 '배당금'을 유지하거나 늘린 종목들이 우선 선결 조건이 된다. 이런 조건을 추가할 경우, 현금흐름 및 실적과 무관하게 단순 이슈나 테마로 인해 급등하는 주식들이 쉽게 제외된다. 2008년 금융위기 당시 수많은 기업이 배당금을 삭감하거나 지급하지 않았기 때문이다.

### 2008년 시장 수익률을 상회하며, 배당금을 삭감하지 않은 우량 기업은?

S&P500에 속하며, 배당을 삭감하지 않고 시장 수익률을 상회한 종목 중에서 개별 이유성 급등락을 제외하고 나온 우량 종목은 단 2개에 불과하다. 바로 우리가 너무나 잘 알고 있는 맥도날드(MCD)와 월마트(WMT)다.

📊 IVV(S&P500 ETF) vs 월마트(WMT) vs 맥도날드(MCD)

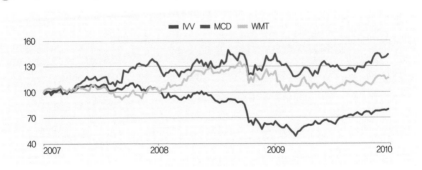

자료 : 구글 파이낸스(Google Finance)
주 : %, 2007.1.1=100

📊 IVV, 맥도날드(MCD), 월마트(WMT) 주가 흐름 상세(2007.1.1~2009.12.31)

| 구분 | 최초잔고 (달러) | 최종잔고 (달러) | CAGR | 최고의 해 | 최악의 해 | MDD | 상관관계 |
|---|---|---|---|---|---|---|---|
| S&P500(IVV) | 10,000 | 7,973 | -10.71% | 26.60% | -37.02% | -48.25% | 1 |
| MCD | 10,000 | 11,290 | 6.25% | 8.55% | 4.01% | -15.18% | 0.55 |
| WMT | 10,000 | 11,692 | 8.13% | 20.00% | -2.57% | -20.98% | 0.35 |

자료 : 구글 파이낸스(Google Finance)

    2007년 1월 1일부터 시장 최저점을 찍은 2019년 3월까지 IVV는 큰 반등 없이 계속해서 흘러내리는 모습을 보임에도 맥도날드(MCD)와 월마트(WMT)는 견조한 모습을 보인다. 심지어 시장과 반대로 더욱 오르기까지 했다. 위 표를 보면 더욱 놀랍다. 맥도날드(MCD)는 동기간 최악의 성과를 보인 해에도 4%의 수익을 올렸다. 최대 하락 폭(MDD) 역시 15.18%에 불과하다. 시장이 -48.25%의 성과를 낸 것에 비하면 60% 이상의 초과수익률을 거둔 셈이다. 그야말로 놀라운 성과다.

    맥도날드(MCD)에 밀렸지만, 월마트(WMT) 역시 절대 나쁘지 않은 성과를 보여줬다. 최악의 해에도 -2.57%로 견고한 흐름을 보였으며 최대 하락 폭 역시 20.98%로 시장 대비 20% 이상의 초과수익을 냈다. 그야말로 우량 방어주의 전형이다. 앞서 언급한 바와 같이 역사가 유사한 형태로 반복된다는 전제하에, 과거 위기를 잘 견뎌낸 기업은 앞으로도 높은 확률로 동일한 결과를 낼 수 있기 때문에 유심히 봐두자는 것이 필자의 논리다.

    IVV, 맥도날드(MCD), 월마트(WMT)의 시장수익률을 비교해보았다면 동기간 배당금 현황을 보고자 한다. 앞서 언급한 바와 같이 현금흐름을 보여주는 가장 강력한 증거이자 지표가 바로 배당금이기 때문이다. 대부

잠든 사이 월급 버는 미국 주식 투자

분의 기업이 위기에 견뎌내느라 배당금을 줄이거나 아예 지급하지 않기 바쁜데, 오히려 배당금을 늘렸다면 그 사실 자체만으로도 얼마나 강력한 경제적 해자垓字를 가졌는지 알 수 있기 때문이다.

📊 IVV 배당금 지급 현황(2007.1.1~2009.12.31)

| 년도 | 2007 | 2008 | 2009 |
|---|---|---|---|
| 총 지급 배당금(달러, 주당) | 2.79 | 2.66 | 2.16 |
| 증감율 | – | −4.65% | −1.8% |

자료 : Dividend.com

📊 월마트(WMT) 배당금 지급 현황(2007.1.1~2009.12.31)

| 년도 | 2007 | 2008 | 2009 |
|---|---|---|---|
| 총 지급 배당금(달러, 주당) | 0.88 | 0.95 | 1.09 |
| 증감율 | – | 7.95% | 14.7% |

자료 : Dividend.com

📊 맥도날드(MCD) 배당금 지급 현황(2007.1.1~2009.12.31)

| 년도 | 2007 | 2008 | 2009 |
|---|---|---|---|
| 총 지급 배당금(달러, 주당) | 1.5 | 1.63 | 2.05 |
| 증감율 | – | 8.6% | 25.7% |

자료 : Dividend.com

위 표에서 볼 수 있듯 IVV는 2008년 2009년 연속 배당금을 삭감했다. 반면 월마트(WMT)와 맥도날드(MCD)는 삭감은커녕 오히려 주당배당금을 늘린 것을 볼 수 있다. 심지어 2008년에는 한 자릿수 증가에 머물던 배당금을 2009년에는 두 종목 모두 두 자릿수 비율로 늘린 것을 볼 수 있다. 배당금 현황만 봐서는 그 누구도 이 시기가 금융위기였는지 알 수 없을 것이다. 그 정도로 대외위기에 영향을 받지 않는 탄탄한 현금흐름과 비즈니스 모델을 가지고 있음을 알 수 있다.

📊 맥도날드(MCD), 월마트(WMT) 특징 비교

| | 맥도날드(MCD) | 월마트(WMT) | IVV |
|---|---|---|---|
| 비즈니스모델 | 패스트푸드 체인 | 대형유통체인 | 시장 |
| 업종 | 임의소비재 | 필수소비재 | 벤치마크 |
| 2008년 배당증가율(전년 대비) | 8.6% | 7.95% | −4.65% |
| 공통특징 | 미국 및 전 세계 수만 개의 매장을 두고 대외 이슈에 영향을 크게 받지 않는 제품 및 서비스를 제공해 수익을 창출 | | |

### 맥도날드(MCD), 월마트(WMT)의 사례를 통해 우리가 알아야 할 것들

아마 맥도날드(MCD), 월마트(WMT)를 보고 이렇게 반문하는 독자가 있을 것이다. 10년 전에는 맥도날드(MCD), 월마트(WMT)가 지금보다 상대적으로 더욱 공격적인 확장과 성장을 할 때였고 지금은 똑같이 적용하기엔 두 기업 모두 늙어버린 것 아니냐고 말이다. 충분히 일리가 있는 말이다. 이 사례를 통해 필자가 하고 싶은 말은 다시 불황을 대비해 맥도날드(MCD), 월마트(WMT)를 담아놓자는 말이 아니다. 맥도날드(MCD)와 월마트(WMT)는 전혀 다른 제품을 팔지만, 소비자들이 꾸준히 찾는 제품을 취급했다는 공통점이 있었다.

결국 앞으로 언제 다시 찾아올 불황, 대외위기에도 내 포트폴리오를 지켜주는 자산은 이렇게 소비자들이 찾을 수밖에 없는 제품과 서비스를 제공하는 기업이 아닐까 한다. 그때는 지금보다 많은 것들이 바뀌어 있겠지만, 소비자들이 꾸준히 찾는 기업들이 돈을 더 벌고 방어력 또한 강하다는 것은 시대가 달라져도 변하지 않는 사실에 가까워 보인다.

# 주요 경기 방어 테마들

## 테마 1_ 메가트렌드, 양극화: 경기와 무관한 메가트렌드를 가진 기업 (양극화 시대)

### 부의 불평등을 보여주는 코끼리 곡선

부의 양극화, 즉 부의 쏠림에 대해 가장 잘 보여주는 자료 중 하나로 미국 경제학자 브랑코 밀라노비치의 코끼리 곡선이 있다. 아래 보이는 것처럼 차트의 모양이 마치 코끼리 모양을 닮았다고 해서 코끼리 곡선이라 불리는데, 세계화가 활발히 진행된 1988~2011년 전 세계인을 소득 수준에 따라 줄 세워봤을 때(100개 분위, 가로 측) 과연 어느 계층이 실질적으로 소득이 증가했냐(세로축)는 것을 보여주는 자료다. 요약해 말하자면, 세계 경제성장으로 신흥 중산층이 막대한 이익을 가져갔지만, 가난한 국가들은 혜택을 받지 못했고, 선진국 내에서도 근로자층은 소외당했다는 것이다.

📊 코끼리 곡선(Elephant graph)

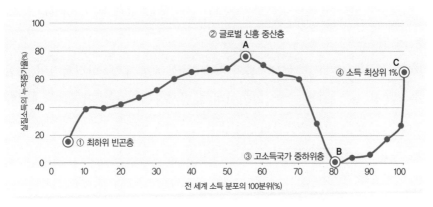

출처 : 라크너(Lakner)와 밀라노비치(Milanovic)의 2015년 연구

위 자료의 A 부분, 즉 신흥국 중산층들이 최대 수혜자이며, 최상위 계층인 C 역시 수혜를 봤지만 선진국 하위 계층인 B는 오히려 중산층보다도 수혜를 못 봤다는 것으로 해석된다. 이렇게 양극화가 심해지고 지속되는 상황에서 우리가 살펴볼 만한 기업은 무엇이 있는지 살펴보고자 한다.

## 양극화 수혜 기업들

### 달러 제너럴(Dollar General, DG)
: 불황에도 오히려 매출이 증가한 미국판 다이소

#### • 기업 개요

| 달러 제너럴(Dollar General) | 2020.2.28 종가 기준 |
|---|---|
| 시가총액(10억$) : 39.3 | 상장시장 : New York |
| 섹터 : 자유소비재 | 세부섹터 : 복합 소매 |
| 배당수익률(%) : 0.83 | 배당성향(%) : 19.3 |

일반적으로 많은 언론이나 매체에서 불황에도 강한 업종으로 명품 관련 기업들을 많이 소개해왔으나 아쉽게도 명품 관련 기업들, 예를 들어 루이비통을 소유한 LVMH그룹과 구찌를 소유한 케링, 화장품 1위 기업인 로레알 등 대부분 유럽 기업이며 유럽시장에 상장되어 있어 거래에 수반되는 각종 비용 및 불편한(상대적으로 비싼 수수료, 세금, 한국의 경우 오프라인 주문만 가능한 증권사도 다수) 점이 많다.

반면 양극화의 반대편에 서 있다고 할 수 있으며 가성비로 대표되는 할인유통기업들은 대부분 미국에서 활발히 거래되고 있으므로 직접 투자를 실행해볼 수 있다는 점에서 더 매력적이다. 게다가 명품업과는 또 다른 투자 매력이 있으니 함께 살펴보도록 하자.

📊 미국판 다이소라 불리는 대표적 달러스토어, 달러 제너럴(DG)

자료 : Drugstorenews.com

한국에서도 어느 순간 문방구들이 자취를 감추고 다이소가 자리를 차지하기 시작했다. 아마 이 책을 읽는 독자 중에서는 문방구라는 단어를 처음 들어본 분도 계실 것으로 생각한다. 저렴한 가격과 가격 대비 괜찮은 품질의 물건들 덕에 2015년부터 2018년까지 연평균 매출 성장이 무려 30% 수준에 달하며, 역대 최대 실적을 갱신하고 있다. 불황에 영향을 받지 않는 정도가 아니라 오히려 불황에 강한 모습을 보이는 가장 대표 업종이 바로 다이소로 대변되는 저가 유통업, 더 구체적으로는 '달러스토어'라는 비즈니스 모델이다. 흔히 우리에게는 다이소, 혹은 일본의 100엔 숍, 1,000엔 숍 등의 형태로 익숙한데 미국도 1달러, 3달러, 5달러 숍과 같은 가격 전략으로 성공해온 대표적인 기업들이 있다.

📊 주요 달러스토어 주가 상승률(2010.1.1 대비)

| | 달러 제너럴(DG) | 달러트리(DLTR) | 파이브빌로우(FIVE) | S&P500ETF(SPY) |
|---|---|---|---|---|
| 주가 상승률 | 6.35배 | 4.84배 | 6.52배 | 2.52배 |

출처 : EDGAR 재구성
주 : 기간 : 2010.1.1~2019.12.31, 배당재투자 고려하지 않은 단순 주가 상승률만 계산

위 표에서 볼 수 있듯 2010년 1월 1일부터 2019년 12월 31일까지의 주가상승률(배당 및 기타 제비용 고려 제외)만 봐도 이 달러스토어가 얼마나 크게 시장을 압도해왔는지 알 수 있다. 미국 시장을 대표하는 S&P500 ETF인 SPY가 2.52배 오를 동안 대표적인 달러스토어 3사는 평균 5배 이상 오르며 시장을 2배 이상 상회하는 성과를 거뒀다. 2008년 금융위기와 함께 대부분의 소매유통점이 문을 닫거나 큰 위기를 겪었고 오히려 이 틈을 파고들어 성장한 것이 이 달러스토어 비즈니스 모델이라 볼 수 있다.

게다가 아마존의 등장으로 '아마존 공포종목 지수(Death by Amazon Index, 아마존에 의해 피해를 보게 되는 종목들을 정리하여 발표한 지수)'라는 것이 생겨날 정도로 기존 유통업들의 상황이 어려웠음에도 차별화된 전략으로 양극화 시대의 승리자로 자리매김하고 있다. 이번 장에서는 여러 개의 달러스토어 기업 중에서도 가장 대표적인 달러 제너럴을 소개해보고자 한다.

■ 달러스토어 최초의 매장, 1955년 미국 스프링필드주

자료 : 달러 제너럴(Dollar General)

엄밀히 말하면 우리가 100엔 숍의 형태로 잘 알고 있는 일본의 다이소는 창업일이 1977년이며, 달러 제너럴의 경우 1955년 1달러 숍 형태의 매장을 처음 오픈했으므로 달러 제너럴이 해당 비즈니스모델을 더 먼저 실전에서 사용했음을 알 수 있다. 위 사진처럼 달러 제너럴은 대부분의 물품을 1달러 이하의 가격(현재 가치로 한화 약 1만 원 이하)으로 팔며 많은 주목을 받았다. 그리고 꾸준히 인수합병을 하며 몸집을 불려왔을 뿐 아니라 건물을 매입하는 방식이 아닌 임대 방식으로 진입해 매장 운영을 상당히 민첩한 방식으로 해온 것이 특징이다.

예를 들어 월마트나 대형 마트의 경우 매장 크기가 달러 제너럴보다 수십 배 크기 때문에 임대로 들어가기보다는 직접 부지를 매입하고 마트를 짓기 때문에 해당 투자가 실패한다면 기회비용 및 손실비용을 만회하는 데 상당한 시간이 걸릴 수밖에 없지만, 달러 제너럴은 임대료를 내고 매장을 꾸린 뒤 계속해서 매장별 매출 현황을 체크 후 과감하게 매장운영 여부를 결정한다. 이에 따라 유행 및 트렌드 변화에 상당히 기민하게 대응할 수 있어 많은 호응을 받고 있다.

▥ 달러 제너럴 10년 매출, 순이익 현황

| | 2010 | 2011 | 2012 | 2013 | 2014 | 2015 | 2016 | 2017 | 2018 | 2019 |
|---|---|---|---|---|---|---|---|---|---|---|
| 매출액(백만$) | 11,796.4 | 13,035.0 | 14,807.2 | 16,022.1 | 17,504.2 | 18,909.6 | 20,368.6 | 21,986.6 | 23,471.0 | 25,625.0 |
| 영업이익(백만$) | 958.3 | 1,275.8 | 1,504.9 | 1,658.0 | 1,745.2 | 1,785.3 | 1,946.2 | 2,069.7 | 2,015.6 | 2,120.4 |
| 영업이익률(%) | 8.1 | 9.8 | 10.2 | 10.4 | 10.0 | 9.4 | 9.6 | 9.4 | 8.6 | 8.3 |

자료 : EDGAR, 필자

위 자료에서 볼 수 있듯 대표적인 소매할인 유통업체인 달러 제너럴은 금융위기 이후 단 한 번의 매출, 영업이익 역성장도 없었으며 8~10% 수준의 영업이익률을 유지하고 있다는 점이 매우 인상적이다. 오프라인 유통할인점의 경우 대부분 마진을 크게 남기기 힘들어 한 자릿수 초반, 잘해봐야 한 자릿수 중반 수준의 마진을 남기기 때문이다. 앞서 언급한 바와 같이, 아마존과 월마트가 들어오지 못하거나 관심이 없었던 부분을 집중적으로 노리는 전략을 사용하며 성공적인 확장을 지속해올 수 있었던 것으로 보인다.

예를 들면 월마트 역시 미국 내 5천여 개 이상의 매장을 가지고 있어도 워낙 땅이 넓어 차를 타고 가지 않으면 안 되지만, 달러 제너럴은 더욱더 접근성을 강화해 우리가 흔히 생각하는 편의점 같은 개념으로 지역민들에게 다가갔다(2019년 1분기 실적발표 기준 44개 주에서 15,370개의 매장을 운영 중). 게다가 우리나라 편의점은 할인점 대비 물품 가격이 싸다고 보기는 어렵지만 달러 제너럴은 최초의 콘셉트처럼 가성비로 시장을 파고들었기 때문에 큰 호응을 받을 수 있었다.

📊 달러 제너럴 매장 숫자 현황

자료 : 달러 제너럴(Dollar General)

📊 달러 제너럴 금융위기 직후 4개년 주요 지표

|  | 2008년 | 2009년 | 2010년 | 2011년 |
|---|---|---|---|---|
| 동일매장 매출성장<br>(Same-store-sales growth) | 2.1% | 9.0% | 9.5% | 4.9% |
| 평당매출<br>(Sales per sqaure foot) | $165 | $180 | $195 | $201 |

자료 : 달러 제너럴(Dollar General)

유통업 또는 오프라인 매장을 많이 가지고 있는 기업을 분석할 때 가장 많이 활용되는 지표 중 하나가 위 표에 나와 있는 동일매장 매출성장률(Same-store-sales growth)이다. 말 그대로 매장당 매출이 얼마나 성장했는지 판단하는 것으로 비교적 쉽게 기업의 성장현황을 파악할 수 있다. 달러 제너럴의 특이한 점은 금융위기가 정점에 달한 2009년, 2010 년 해당지표가 급성장했다는 것이다. 이는 달러 제너럴이 불황을 잘 견디는 수준이 아니라 불황에 특히 유리한 업종에 속함을 보여주는 대표적인 증거가 될 수 있다.

📊 지역주민들의 건강을 해친다는 비판을 받는 달러스토어

자료 : Kut.org

앞서 달러 제너럴의 과거와 현재를 바탕으로 매력과 장점 위주의 소개를 해봤다면 지금부터는 달러 제너럴 및 달러스토어 전반에 닥칠 현재의 위협과 잠재적 위협에 대해 소개해보고자 한다. 산업의 성장이 꺾이거나, 심하면 산업자체가 도태되는 것은 이러한 잠재적 위협으로부터 시작되는 경우가 많기 때문에 투자를 결정하기 전에 반드시 알아두어야 하며, 향후에도 지속적인 확인이 필요하다. 먼저 요약하자면 달러스토어에

잠든 사이 월급 버는 미국 주식 투자

대한 현재의 위협은 윤리적 비판(정부의 보조금 삭감 포함) 및 아마존과 같은 전자상거래의 지역침투 두 가지가 있다.

먼저 달러스토어가 처한 윤리적 비판에 대해 살펴보자. 달러 제너럴의 경우 앞서 언급한 바와 같이 집중적으로 매장을 늘린 지역이 빈민가나 노인 비율이 높은 시골, 농촌 지역이며 매장의 50% 이상이 연 가구소득 2~3만 달러 이하 계층이 있는 곳에 있다. 저렴한 물품들을 제공하며 인기를 끌었지만 오히려 최근 지역 주민의 삶을 망친다는 비판이 점점 커지고 있다. 일단 가격에 대한 암묵적인 상한선이 존재하기 때문에 유통기한이 긴 신선식품을 취급할 수 없다. 재고, 미판매분에 대한 손실 부담이 상당하기 때문이다.

그래서 냉동식품, 통조림 등의 가공식품 위주로 취급할 수밖에 없는데 이러한 이유로 지역 주민들의 건강을 해친다는 도덕적 비판을 받는 것이다. 이를 반대로 말하자면 그만큼 달러스토어가 지역사회에 끼치는 영향이 커졌다고도 해석해볼 수 있다. 정부에서도 저소득층에게 지급한 보조금으로 성장한 달러스토어에게 압박을 주고 있어 이에 대한 대응으로 신선식품 비중을 늘리거나 기존 매장과 다른 조금 더 높은 가격대의 매장을 출점 계획하고 있다.

다음으로 아마존으로 대표되는 전자상거래의 지역 침투 위협이 있는데, 기존 달러스토어가 성장할 수 있었던 큰 배경 중 하나는 바로 전자상거래가 침투하지 못하는 영역을 노렸다는 것이다. 그런데 아마존이 계속해서 진출 영역을 넓히며 이제는 드론배송 등을 통해 좀 더 깊숙한 곳까지 침투할 가능성이 커지고 있다. 이는 달러스토어 매장들의 실적에 직접적인 위협이 될 수 있기 때문에 꾸준히 체크해줘야 할 주요 이슈가 될 것으로 보인다.

그뿐만 아니라 아마존은 무인점포를 편의점에서, 2020년 식료품으로까지 확대하고 있으므로 전방위적인 압박이 예상된다. 결국 불황에 강한 대표 비즈니스 업종인 달러스토어, 그중에서도 대표 기업인 달러 제너럴 역시 완벽할 수는 없으므로 이러한 잠재적 위협은 알고 투자하는 것이 바람직해 보인다.

📊 2008년 미국발 금융위기 전후 주가 흐름 및 재무데이터

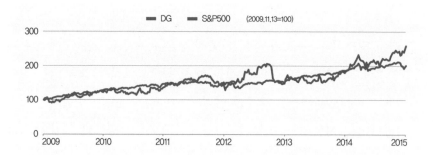

자료 : 구글 파이낸스(Google Finance)

|  | 2009 | 2010 | 2011 | 2012 | 2013 | 2014 |
|---|---|---|---|---|---|---|
| 매출 | 10457.7 | 11796.4 | 13035.0 | 14807.2 | 16022.1 | 17504.2 |
| ㄴ증감율(%) | – | +12.8 | +10.5 | +13.6 | +8.2 | +9.2 |
| 영업이익 | 649.3 | 1022.7 | 1277.1 | 1504.8 | 1656.7 | 1745.2 |
| ㄴ증감율(%) | – | +57.5 | +24.9 | +17.8 | +10.1 | +5.3 |
| 순이익 | 153.6 | 405.7 | 638.2 | 811.8 | 969.4 | 1043.3 |
| ㄴ증감율(%) | – | +164.1 | +57.3 | +27.2 | +19.4 | +7.6 |
| EPS | 0.5 | 1.2 | 1.8 | 2.4 | 2.9 | 3.2 |
| ㄴ증감율(%) | – | +157.5 | +48.7 | +27.1 | +23.4 | +11.2 |
| DPS | 0.0 | 0.8 | 0.0 | 0.0 | 0.0 | 0.0 |
| 배당성향 | 0.0 | 59.1 | 0.0 | 0.0 | 0.0 | 0.0 |
| ROE | 5.6 | 13.0 | 17.1 | 18.6 | 20.1 | 20.1 |
| 부채비율 | 146.1 | 100.4 | 81.1 | 56.0 | 55.6 | 52.2 |

자료 : Edgar, 각사 IR/10-K, Ycharts
단위 : 100만$, %

## 로스 스토어(Ross Stores, ROST)
: 다른 리테일회사들이 파산할때, 가격경쟁력이 좋아지는 회사

### • 기업 개요

로스 스토어(Ross Stores)                                                      2020.2.28 종가 기준

| 시가총액(10억$) : 39.0 | 상장시장 : NASDAQ GS |
|---|---|
| 섹터 : 자유소비재 | 세부섹터 : 전문 소매 |
| 배당수익률(%) : 0.94 | 배당성향(%) : 21 |

소비자들에게 보물찾기의 기분을 느끼게 하는 할인판매점인 로스 스토어(Ross Dress For Less)는 잡화 할인판매점이다. 상당히 다양한 제품들을 판매하며, 옷, 신발, 가방, 향수, 홈 패션, 화장품, 생활용품, 공구, 주방용품, 식품 등을 정가에서 20%~60% 할인된 가격으로 판매하는 곳이다. 또한, 미국 내 잡화 할인 판매점 중 가장 큰 규모로 사업을 영위하고 있다.

자료 : 로스 스토어 (Ross Stores)

로스 스토어는 디디즈 디스카운트(dd's DISCOUNT)라는 또 다른 잡화
할인 판매점을 운영하고 있으며, 로스 드레스 포 레스보다 더 저렴한 브
랜드들을 정가에서 20%~70%의 할인률을 적용해서 판매하고 있다. 최
근 리세션인 IT 버블 시기인 1998년 1월부터 2002년 9월과 서브프라임
시기인 2007년 10월부터 2009년 3월까지 미국대표증시 S&P500은 각
각 약 13%, 46% 하락했었지만, 로스 스토어는 각각 약 103%, 약 34%
주가상승을 한 회사로 기억하면 좋다.

📊 로스 스토어 상점 분포

자료 : 로스 스토어(Ross Stores)

로스 스토어의 시작은 1957년 캘리포니아주의 샌프란시스코시의 로스
백화점 설립으로 그 뿌리를 찾을 수 있다. 하지만, 1982년 6개의 백화

잠든 사이 월급 버는 미국 주식 투자

점이 운영되던 것을 머빈스 체인(Mervyn's chain)의 설립자인 머빈 모리스 (Mervin Morris)를 포함한 투자자그룹에 의해서 인수되면서 본격적으로 지금의 사업모델을 시작했다고 보면 된다. 스튜어트 몰다우 (Stuart Moldaw)와 돈 로울릿(Don Rowlett)의 주도로 기존백화점을 현재의 사업구조인 잡화 할인판매점으로 사업을 변경하면서 사업이 급속도로 성장하게 되었다. 3년 뒤인 1985년에는 매장 수 107개, 1980년대 말에는 156개, 1990년대 중반에는 약 300개 그중 134개가 캘리포니아주에서 운영되었다.

2018년 기준으로 연매출은 150억 달러(+6% YoY)이고, 캘리포니아주 더블린시에 본사가 있다. 사업분야는 할인판매점이고, 2019년 기준으로 운영하는 매장은 총 1,810개다. 로스 드레스 포 레스는 미국의 수도인 워싱턴시가 있는 콜롬비아 특별행정구 (District of Columbia)와 괌(Guam)을 포함해서 총 39개 주에 1,550개의 매장이 있다. 디디즈 디스카운트는 19개 주에서 260개의 매장으로 운영되고 있고, 로스 스토어보다 판매가격을 낮춰 저소득과 중간소득층을 타깃으로 하는 브랜드이다. 로스 스토어는 장기적으로 약 3,000개(로스 드레스 포 레스 2,400개, 디디즈 디스카운트 600개)의 매장을 운영하려고 계획하고 있는데, 중서부를 포함해서 아직 확장할 수 있는 지역은 많이 열려 있는 것으로 보인다.

로스 스토어는 어떤 회사일까?
한국에는 이런 종류의 대형 회사들이나 매장이 없기 때문에, 생소하게 들릴 수도 있다. 로스 스토어는 통상적으로 티제이맥스(TJ Maxx), 홈 굿즈(Home goods), 마셜(Marchall), 벌링턴 코트 팩토리(Burlington Coat

Factory) 등과 비슷한 개념의 할인점이라고 보면 편하다. 즉, 우리가 일상 생활에서 접하는 브랜드의 상품들을 할인 가격으로 판매하는 곳이다.

로스 스토어에서 판매되는 제품들이 티제이맥스보다 조금 더 저렴한 브랜드의 비율이 높지만, 큰 차이는 없다고 봐도 무방하다. 투자자 관점 으로 위의 언급된 회사들을 바라보면, 각각의 회사들이 타깃으로 하는 소비층이 약간 다르고 어디가 좋고 나쁘다고 말하기 어려운 점이 존재한 다. 하지만 그들이 추구하는 사업영역인 할인 판매점이라는 것은 같으므 로, 이런 할인 판매회사에 관심이 간다면 로스 스토어 이외에도 위에 언 급한 회사들에 관심을 가져보는 것도 좋다.

로스 스토어가 다양한 브랜드의 상품들을 할인해서 판매하는 구조는 단 순한 편이다. 폐점한 상점의 상품들, 공장의 과잉 생산품이나 납기를 못 맞췄지만 생산한 제품들 등을 대량으로 받아서 판매하기 때문이다. 또한, 미국에서 티제이맥스보다는 매장 수가 적지만, 벌링턴 코트 팩토리보다 더 많은 매장들을 운영 중이다. 따라서, 구매력(buying power)이 상당히 높은 편이기에 다른 중소형 할인판매점들보다 더 낮은 가격으로 상품들을 공급 받을 수 있는 것은 큰 장점 중 하나이다.

최근, 온라인 구매 트렌드가 증가 중인 상황에서 오프라인 상점들의 폐 업 숫자가 증가하고 있는데, 이들이 폐업해서 생기는 재고품들은 로스 스 토어가 가격 경쟁력을 계속 유지할 수 있는 강한 이유 중 하나가 될 것이 다. 특히, 리세션 시기에는 물건 매입을 더 낮은 가격으로 할 수 있기 때문 에, 이익이 오히려 증가하는 사업구조이다. 이미 여러 번의 리세션을 겪으면서 꾸준히 매출을 증가시킨 업력 또한 무시할 수 없는 장점이기도 하다.

### • 온라인 소비증가 트렌드에 대한 저항력과 경쟁력

미국 상무부의 인구조사국 (Census Bureau of the Department of Commerce)에 의하면, 2019년 3분기 온라인 매출은 1,545억 달러로 2019년 전 분기 대비 5% 상승하고 전년 동기 대비 16.9% 상승했다(계절 변동 적용). 반면에, 2019년 3분기 전체 소매 판매는 전년 동기 대비 4% 상승했다. 이렇듯 소비자들이 직접 방문해서 구매하는 오프라인보다는 시간과 장소에 제한되지 않는 온라인 구매가 계속 증가하는 추세이다.

📊 판매품 믹스

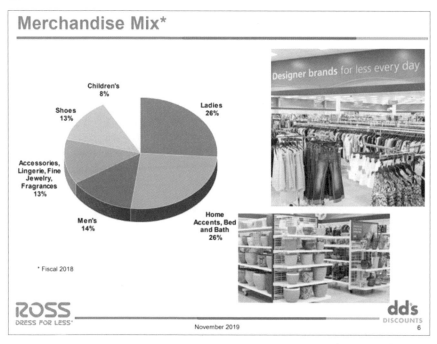

자료 : 로스 스토어(Ross Stores)

그러나, 로스 스토어는 이런 온라인 구매 증가 추세에서 영향을 크게 받지 않는 판매 정책인 것을 알아야 한다. 아무래도 폐점, 폐업, 과잉생산 등으로 인한 제품을 판매하기 때문에 다품종의 상품들이 소량으로 각 지점으로 입고되고, 정가에서 20~70% 할인된 가격으로 판매된다. 따라서, 온라인으로 수많은 모든 제품을 온라인상 관리하는 것은 무척 어렵다고 볼 수 있고, 이런 판매정책은 온라인 업체들이 따라 하기 힘들다.

많은 소매판매점이 매출 부진을 겪거나 파산 신청을 한 2019년 9개월간 매출은 2018년 동기간 대비 7% 상승, 비교매장매출(comparable-store sales) 성장률은 3%, 연간 주당순이익 성장률은 최근 5년 약 17%, 10년 약 22%로 꾸준히 성장 중이다. 또한, 온라인 쇼핑이 증가할수록 그에 따른 반품률도 같이 올라가게 되는데, 로스 스토어는 여기에서도 혜택을 받게 된다.

Ⓜ 전체 소매 매출 중 E-커머스 매출 비중 추이

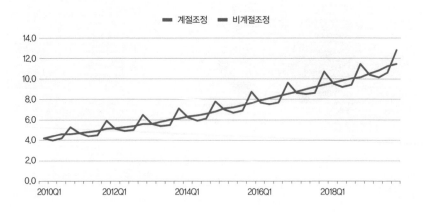

자료 : 미국 인구조사국(Census.gov)
주 : %

잠든 사이 월급 버는 미국 주식 투자

약 40년 동안 잡화 할인 판매를 해 온 로스 스토어는 재고 관리도 상당히 효율적으로 하는 편이다. 최근 10년간 재고를 약 40% 감소시키는 전략을 추구하며 매출 총이익(gross margin) 성장에 집중하고 있다. 최근 12개월의 매출총이익은 30.32%로 로스 스토어의 전략이 긍정적으로 반영되고 있음을 확인할 수 있다. 하지만 SWOT 분석에서 다룰 내용처럼 재고가 로스 스토어의 가장 큰 취약점으로, 실적발표에서 얼마나 재고관리를 잘하고 있는지를 꾸준히 확인해야 할 것으로 판단한다.

미국은 50개 주와 그 안에 있는 지역(county)별로 소비 스타일이 매우 다르다. 그래서, 로스 스토어는 작은 지역별로 구매 및 판매전략을 달리 한다. 이런 판매망과 재고관리 때문에 사업구조는 단순하지만, 이미 대형회사 몇 개가 시장 점유율을 높게 차지하는 산업이기에 새로운 신규사업자가 진입하기는 까다로운 분야이다. 예를 들어, 아무리 온라인에서 두각을 나타내고 있는 아마존(Amazon)이라도 이런 특화된 소매판매산업에서 신규사업으로 진출하기보다는 인수합병을 통해서 해당 산업 진입을 고려하는 것이 더 효율적일 수 있다. 이 산업을 온라인으로 하려면 높은 반품률을 감당하기 어려운 점도 존재한다.

이러한 이유로 신규 사업자의 진입이 쉬운 편은 아니라고 보인다. 또한, 할인 폭이 큰 제품을 찾는 보물찾기 같은 쇼핑경험을 온라인은 결코 제공할 수 없다. 바로 이런 장점들이 소위 '아마존 프루프(Amazon proof)'다. 아마존과 로스 스토어에서 쇼핑을 하는 가정 평균소득을 보면, 각각 85,000달러, 63,000달러로 로스 스토어가 리세션 시기에 강점을 가졌다고 볼 수 있다.

또한, 최근 심화하고 있는 양극화 트렌드에서 로스 스토어의 판매 타깃인 중간소득 가정 이하의 비중이 높아졌는데, 이는 로스 스토어에게 유리한 상황이라고 볼 수 있다. 이와 연결돼서 또 하나의 강점은 주 구매소비자들의 현금과 체크카드의 사용(약 66%)이 신용카드 사용(약 34%)보다 높아 신용카드 회사로 지급하는 수수료가 낮다는 점이다. 이 또한 로스 스토어가 강점을 갖게 되는 요인 중 하나이다.

## • 스워트 SWOT 분석
### (강점 Strengths, 약점 Weakness, 기회 Opportunities, 위협 Threats)

### S-강점

2019년 기준 지난 25년간 배당을 인상했으며, 2018년 대비 13% 배당증액(2017년 대비 41%)을 하는 동시에 1993년부터 자사주 매입을 꾸준히 증액하면서 실시했다. 최근, 2019년 3월에는 2년간 자사주 매입 금액을 25.5억 달러로 2018년 금액인 19.5억 달러에서 증액시켰다. 이 점은 로스 스토어의 주주 친화 정책을 잘 나타내며, 견고한 현금흐름 없이는 불가능한 수치이다.

### W-약점

할인판매산업의 특성상 순이익률(profit margin)이 9.64%로 낮은 편이고, 로스 스토어는 산업평균치 이하이다. 아무래도, 다양한 상품들을 소량입고 판매하다 보니, 최근 분기의 입고된 상품들이 판매되기까지 걸리는 시간(Days Sales Of Inventor, DSI)이 약 61.67로 10년 평균인 61.67보다 살짝 높은 편이다. 최근 폐점하는 매장의 증가가 반영되었거나, 12월 쇼핑 시즌 대비 재고 비축 혹은 판매감소로 해석될 수 있다. 하지만, 경쟁사인 티제이맥스의 66.5, 벌링턴 스토어의 84.08 대비 재고 관리가 나쁜 편은 아니다.

### O-기회

로스 스토어는 온라인 판매를 전혀 운영하지 않는다. 만약, 자체브랜드 혹은 지속해서 판매가 잘되는 상품들만을 위한 온라인판매를 추가한다면, 매출 증가의 기회가 높아질 가능성이 존재한다.

### T-위협

시간당 임금이 상승하고 있는데, 이는 로스 스토어에게 좋은 소식이 아니다. 그 이유는 순이익이 높은 편이 아니기 때문이다. 최근, 쓰레드업(ThreadUP)과 포시마크(poshmark) 같은 중고물품거래를 위한 온라인 플랫폼들이 큰 인기를 얻고 있는데, 타깃으로 하는 소비자층이 많이 겹치게 된다. 이런 온라인 판매 혹은 기존 구매자들의 데이터를 활용한 프로모션이나 행사를 기획하지 않는다면, 온라인 플랫폼 사업자들에게 기존 사업이 잠식당할 가능성이 존재한다.

## 테마 2_강달러에 좋은 기업들: 내수 특화 기업들

기축통화인 달러는 대표적인 안전자산으로 통한다. 따라서 갑작스러운 이슈 및 악재 발생에 가장 먼저 반응하는 모습을 자주 목격할 수 있다. 예를 들면 미-중 무역분쟁에 대한 우려, 전염병에 대한 우려 등과 같이 전 세계적으로 영향을 끼칠 때뿐 아니라 비교적 국소적인 지역 간의 갈등 발생 시에도 달러가 오르는 모습을 자주 목격할 수 있다. 많은 이유가 있지만 현재 전 세계는 실물뿐 아니라 금융시장에서도 더 세밀하게 연동되어 있어, 작은 갈등에도 큰 악영향을 끼칠 수 있다는 우려가 과거에 비해 크게 반영되는 것으로 보인다.

물론 이머징과 유럽의 주도로 경기 반등이 이어진다면, 스마트 머니는 달러에서 빠져나와 이머징 국가와 유럽으로 유입되어 달러 약세를 보일 수 있다. 하지만 2008년 금융위기 이후 약 10여 년 동안 그래왔듯, 미국 외 경기가 회복되기보다는 미국 주도의 경기 회복 및 부양책이 이어진다면 계속해서 강달러 현상은 지속할 수 있다. 따라서 독자들은 강달러가 이어질 경우와 그렇지 않을 경우의 시나리오에 모두 대응할 수 있게 대비를 해두는 것이 현명할 것이다. 이번 장에서는 지속해서 강달러 현상이 보일 경우 어떤 종목들을 눈여겨보는 것이 좋을지, 어떤 이유에서 그런지 살펴보고자 한다.

### 미국 내 매출 순도 100%인 기업

강달러 현상, 즉 다른 나라 통화 대비 달러가 강한 경우, 일반적으로 국외에서 물건을 수입해 파는 미국 내수 기업들이 유리해진다. 예를 들어 예전엔 1달러로 브라질산 콩을 100g 살 수 있었다면, 달러가 강해진 뒤에서는 1달러로 더 많은 양의 콩을 살 수 있게 되기 때문에 미국 내수 유통 기업 또는 내수 매출 비중이 높은 기업들의 비용이 절감되는 효과가 있다.

아래에 상세히 소개하겠지만, 미국의 대표적인 식음료 유통업체인 크로거의 경우 미국 내수 매출 비중이 100%에 달한다. 즉, 미국인들은 달

러가 오르든, 내리든 상관없이 꾸준히 식음료를 소비할 것이고 조금이라
도 더 값싸게 수입산 물품들을 사들인 크로거는 상대적으로 더 많은 이
익을 남기게 되기 때문이다. 그러므로 강달러가 지속되리라 생각된다면,
미국 내 매출이 높은 종목들에 집중해보는 것이 한 방법이 될 수 있다.

**ⓜ 미국 내 매출 100% 비중인 기업 10선**

| 순서 | 티커 | 기업명 | 시가총액(십억$) | 내수매출비중 |
|:---:|:---:|:---:|:---:|:---:|
| 1 | CVS | CVS 헬스케어 | 77.2 | 100% |
| 2 | ANTM | 앤섬 | 64.9 | 100% |
| 3 | SO | 서던 컴퍼니 | 63.3 | 100% |
| 4 | ROST | 로스 스토어 | 39.0 | 100% |
| 5 | DG | 달러 제너럴 | 38.3 | 100% |
| 6 | PSA | 퍼블릭 스토리지 | 36.5 | 100% |
| 7 | CNC | 센텐 코퍼레이션 | 31.1 | 100% |
| 8 | PAYX | 페이첵스 | 27.8 | 100% |
| 9 | AZO | 오토존 | 24.4 | 100% |
| 10 | KR | 크로거 | 22.5 | 100% |

자료 : 각사 재무제표, Edgar, Goldman sachs, CNBC
주 : 2020.2.28 기준, 시가총액 순 나열

위 표에 나열된 10개의 종목은 시가총액 100억 달러 이상(원화 약 12조
원)의 우량주 중에서 미국 내 매출 100%에 해당하는 종목들을 걸러내어
정성적 평가를 더해 선정하였다. 일부 금융주들의 경우 역시 미국 내에
서 매출을 전부 발생시키지만, 금융업 특성상 다양한 경기 변수에 크게
영향을 미치는 경우가 많아 리스트에서 제외했다. 물론 종목 자체도 중
요하겠지만, 어떠한 이유와 논리로 이런 종목들에 집중해야 하는지 알아
두면 스스로 관련 종목을 찾아내는 데 도움이 되리라 생각한다.

**미국 내 매출 비중 100% 기업의 공통적인 특징과 차이점**

앞서 소개한 10개 기업을 업종별로 묶어 공통된 특징을 간단히 살펴보고 이를 통해 투자 아이디어를 얻어보자.

• **경기와 환율에 영향을 덜 받는 헬스케어 업종**(CVS, ANTM, CNC)

## CVS 헬스(CVS Health Corp, CVS)
: 미국 최대 유통체인

📊 CVS 헬스(CVS) 매장

자료 : Freep.com

먼저 CVS 헬스는 미국의 최대 약국 체인 업체로 업의 특성상 수출 형태의 매출은 일어나지 않고 미국 내수시장에 집중된 비즈니스 형태를 보인다. 그러므로 달러의 강약에 크게 무관하며, 심지어 경기에도 크게 무관한 비즈니스 모델로 말 그대로 불황에도 강한 대표적인 기업이다. 물론 정부의 헬스케어 관련 다양한 정책들과 시장 경쟁 등의 이슈는 존재하지만 이러한 요소들은 어느 업종에나 존재하는 것이므로 논외로 하겠다. 이와 유사한 헬스케어 업종에 속하는 기업이 미국의 대형 건강관리 보험업체인 앤섬(ANTM)과 센텐 코퍼레이션(CNC)이다.

- 내수 위주의 유통 업종(DG, KR, ROST)

| 달러 제너럴(Dollar General, DG)

📊 미국판 다이소라 불리는 달러 제너럴(DG)

자료 : Kkyr.com

앞에서도 다룬 바 있는 달러 제너럴(DG)의 경우 한국의 다이소를 떠올리면 된다. 할인 수준이 아니라 아예 물건 가격의 상한선을 일정 수준 정해놓고 팔기 때문에 소비자들은 가격에 대한 부담이 아주 작아 경기와 무관하게 지속적인 성장을 보인다. 예를 들면 매장 내 모든 물건이 $5를 넘기지 않는다는 룰을 정해놓기 때문에 편안한 마음으로 쇼핑이 가능하다.

이러한 형태의 매장을 '달러스토어'라 칭하는데 미국의 3대 달러스토어는 '달러 제너럴', '패밀리 달러', '달러 트리'가 해당한다. 아이러니하게도 달러스토어 시장은 2008년 금융위기를 겪으며 가파르게 커졌는데, 경기불황으로 인해 소비자들의 방문이 늘어났기 때문이다. 즉 지금과 같은 양극화가 이어지거나 더 심화한다는 생각이 들면 이러한 달러스토어 주식들에 관심을 가져보는 것 또한 좋은 방법일 수 있다.

📊 주요 달러스토어 주식(비상장기업 제외) 리스트

| 순서 | 티커 | 기업명 | 시가총액(백만$) | 비고 |
|------|------|--------|------|------|
| 1 | DG | 달러 제너럴 | 38.3 | 업계 1위 |
| 2 | DLTR | 달러트리 | 19.7 | 업계 2위 |
| 3 | FIVE | 파이브빌로우 | 5.4 | 미국판 핫트랙스 |

자료 : 각사 재무제표, Edgar, 인베스테인먼트<br>주 : 2020.2.28 기준

## | 크로거(Kroger, KR)

대형 유통 체인업체인 크로거(KR)의 경우, 월마트보다 한국인들에게 인지도가 많이 떨어지는 것이 사실이다. 식료품 소매 및 슈퍼마켓만 따로 본다면 미국 최대의 규모임에도 우리가 잘 모를 수밖에 없는 이유는 앞서 언

급한 것과 같이 미국 내수에 집중된 사업구조인 이유가 크다. 월마트의 경우 2019년 기준 매출 3,316.7억 달러를 미국에서, 1,208.2억 달러를 미국 외 지역에서 발생시켰다. 그렇기 때문에 자연스럽게 달러의 강약에 영향을 받을 수밖에 없게 되고 세계 무역과 경기에 노출될 수밖에 없다. 반면 미국 내수 매출 비중이 100%에 달하는 크로거는 상대적으로 외부 변수에 덜 노출된 것이 특징이며 이는 곧 불황에도 잘 견딜 수 있는 포인트가 된다.

📊 크로거 매장 전경

자료 : Storebrands.com

📊 식음료 분야 대형 유통체인 월마트와 크로거

| 순서 | 티커 | 기업명 | 시가총액(십억$) | 매출 비중 |
|------|------|--------|----------------|-----------|
| 1 | WMT | 월마트 | 305.5 | 미국 73%* |
| 2 | KR | 크로거 | 22.5 | 미국 100% |

자료 : 각사 재무제표, Edgar, 인베스테인먼트
주 : 2020.2.28 기준, 월마트 매출 중 Sam's Club 제외 후 계산

## | 로스 스토어(Ross Stores, ROST)

앞에서도 다룬 로스 스토어(ROST)는 미국 최대 오프라인 의류 할인판매업체라고 보면 된다. 한국의 여러 아울렛처럼 백화점 대비 20~60% 할인 가격에 의류를 판매하는 형태로 수익을 낸다. 특이한 점은 온라인 전자상거래업체인 아마존의 등장으로 수많은 오프라인 업체들의 수익이 감소하고 심지어 파산을 선언한 업체도 있는데 로스 스토어는 아주 꾸준히 성장하고 있다는 것이다. 2019년 5월, 미국의 5대 의류업체인 포에버21은 파산신청을 하는 데 반해 같은 해 4월, 로스 스토어는 매장 수를 공격적으로 늘리며 업계를 놀라게 했다.

📊 미국 최대 오프라인 의류할인판매업체 로스 스토어(ROST)

자료 : Businessinsider.com

### • 기타(SO, PSA, PAYX, AZO)

## | 서던 컴퍼니(Southern Company, SO)

미국의 대표적인 유틸리티 기업인 서던 컴퍼니(SO)는 한국의 한국전력과 같이 전력을 공급하고 요금을 받는 형태로 수익을 창출하는 비즈니스 모델을 가지고 있다. 따라서 경기 사이클이나 달러 강약의 유무에 크게 영향을 받지 않는 편에 속한다. 경기가 조금 안 좋다고 갑자기 전기를 끊기는 어렵기 때문이다. 따라서 이러한 유틸리티 업종은 대표적인 경기 방어 업종에 속하며 장기 불황이 이어지더라도 크게 영향을 받지 않으며 오히려 주가는 꾸준히 우상향할 수 있으므로 관심을 가져보면 좋다.

🏔 미국 대표 유틸리업체인 서던 컴퍼니(SO)의 사업 종류와 영역

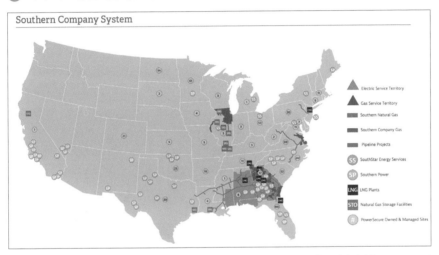

자료 : 서던 컴퍼니(Southern Company)

🏔 주요 유틸리티 기업 리스트(시가총액 상위 5선)

| 순서 | 티커 | 기업명 | 시가총액(십억$) | 시가배당률(%) |
|------|------|--------|-----------------|---------------|
| 1 | NEE | 넥스트에라 에너지 | 123.6 | 2.04 |
| 2 | DUK | 듀크 에너지 | 67.2 | 3.70 |
| 3 | D | 도미니언 에너지 | 65.5 | 4.19 |
| 4 | SO | 서던 컴퍼니 | 63.3 | 3.66 |
| 5 | AEP | 아메리칸 일렉트릭 컴퍼니 | 44.1 | 2.80 |

자료 : 각사 재무제표, Edgar
주 : 2020.2.28 기준

앞의 표는 한국전력과 같이 전력 및 다양한 자원을 통해 전기/가스 등을 공급하고 수익을 발생시키는 업체들을 규모 순으로 나열하여 5개를 선정한 것이다. 이러한 유틸리티 업체들은 비교적 안정적이 현금흐름을 창출하기 때문에 배당금 또한 꾸준히 지급하고 배당률도 높은 편에 속하므로 배당투자자들에게 매력적인 투자대상으로 꼽힌다.

## | 퍼블릭 스토리지(Public Storage, PSA)

미국 대표 셀프 스토리지 기업인 퍼블릭 스토리지(PSA)의 저장고 모습

자료 : Businessinsider.com

퍼블릭 스토리지(PSA)는 미국 최대 물류 보관저장 업체인데, 특이한 점은 말 그대로 '셀프 보관'이라는 점이다. 흔히 알고 있는 대형 물류창고와는 달리 개인이 직접 물건을 맡기고 보관료를 내는 것으로 수익을 내는데, 창업자가 값싼 땅을 그냥 놀리는 게 아까워 창고를 짓고 사업을 시작하며 급성장했다. 특히 집안에 물건을 모두 보관하기 어렵거나 보관하는 것 자체를 선호하지 않는 사람들이 돈을 지불하고서라도 단기, 중

기, 장기로 이 서비스를 이용하기 때문에 계속해서 매장 수는 미국 내에서 늘어나고 있으며 꾸준한 이익 또한 발생시키고 있다.

**📊 주요 셀프 스토리지 기업 리스트**

| 순서 | 티커 | 기업명 | 시가총액(십억$) | 시가배당률(%) |
|------|------|--------|----------------|----------------|
| 1 | PSA | 퍼블릭 스토리지 | 36.5 | 3.53 |
| 2 | EXR | 엑스트라스페이스 | 13.0 | 3.31 |
| 3 | CUBE | 큐브스마트 | 5.9 | 4.06 |
| 4 | LSI | 라이프 스토리지 | 5.0 | 3.62 |
| 5 | NSA | 네이셔널 스토리지 | 3.0 | 3.58 |

자료 : 각사 재무제표, Edgar, 인베스테인먼트
주 : 2020.2.28 기준, 시가총액 순

위 표는 앞서 소개한 셀프 스토리지형 비즈니스 모델을 가진 기업들을 시가총액 순으로 나열하여 상위 5개를 선별한 것이다. 비교적 높은 배당률은 이 비즈니스모델이 얼마나 안정적으로 현금흐름을 잘 만들어내는지를 가늠할 수 있게 해준다.

## | 페이첵스(Paychex, PAYX)

페이첵스(PAYX)의 경우 인사관리/급여 및 복리후생 아웃소싱 업체로 급성장 중이다. 대기업들이 뛰어들지 않은 빈틈, 니치마켓을 성공적으로 공략한 케이스라고 볼 수 있다. 특히 중소기업 및 개인사업자들에게 저렴한 서비스를 제공하며 지속적인 사업 확장을 하고 있는데 이 업체의 경우 역시 애초에 저렴한 가격을 무기로 니치마켓에 뛰어들었기 때문에 외부 변수나 이슈에 덜 민감한 편에 속한다. 한번 급여관리를 맡기면 다른 업체로 바꾸거나 서비스 이용을 취소하기 매우 번거롭기 때문에 고정적인 현금이 발생하는 비즈니스 모델이다.

📊 미국의 인사급여관리 서비스 업체인 페이첵스(PAYX)의 서비스 화면 모습

## | 오토존(AutoZone, Inc., AZO)

📊 미국의 대표적인 자동차 부품 판매 및 수리 업체인 오토존(AZO)

　오토존(AZO)의 경우 미국의 대표적인 자동차 부품 판매 및 수리 업체로 달러의 움직임뿐 아니라 경기에도 영향을 덜 받는 편이다. 경기의 등

락과 무관하게 자동차 노후화에 따른 수리, 부품 교체 수요는 꾸준하기 때문이다. 오히려 경기가 좋지 않을 경우 신규 자동차 구매를 꺼리고 기존 자동차를 수리해 쓰는 경우가 늘기 때문에 수혜를 볼 수도 있는 업종에 속한다. 물론 업종 내 경쟁사와의 가격 경쟁이나, 신규 진입자의 등장 등의 변수는 존재할 수 있으므로 유의해야 한다.

정리해보자면 앞서 소개한 종목들은 돈을 벌어들이는 분야도 방식도 다르지만 공통으로 달러의 등락뿐만 아니라 경기의 등락에 크게 영향을 받지 않는다는 특징이 있다. 결국 또다시 장기 불황이 찾아오더라도 이렇게 꾸준히 성장하는 종목들은 분명히 존재하기 때문에 불황에도 이길 수 있는 비즈니스 모델과 업종, 종목에 꾸준히 관심을 가질 필요가 있다.

특히 다음 페이지의 표와 같이 이러한 종목들은 시장과의 상관관계가 낮다는 특징이 있다. 상관관계가 1에 가까울수록 시장과 동일하게 움직인다는 뜻이며, -1에 가까울수록 시장과 반대로 움직이는 경향을 보인다. S&P500 인덱스를 추종하는 ETF인 SPY의 경우 1의 상관관계가 나오며, 반대인 인버스 ETF의 경우 -1에 가깝게 결괏값이 나온다. 그리고 0에 가까울수록 중립, 즉 시장의 방향과 무관하게 따로 움직이는 모습을 보이는데, 필자의 생각으로는 이것이야말로 진정한 분산이다.

아래 종목들을 보면 공교롭게도 시장과의 상관관계가 아주 낮은 결과를 보인다. 즉 경기의 등락, 달러의 강약과 무관하게 주가가 등락하며 우상향해온 것이 숫자로도 증명되는 셈이다. 불황에 견디는, 불황을 이기는 포트폴리오는 이렇게 상관관계가 낮은 종목(자산)으로 구성하는 것이 하나의 중요한 팁이라 할 수 있다.

## 📊 내수 위주 주요 종목과 미국시장 상관관계

| 순서 | 티커 | 기업명 | 상관관계 |
|---|---|---|---|
| 1 | CVS | CVS헬스케어 | 0.55 |
| 2 | SO | 서던 컴퍼니 | 0.25 |
| 3 | PSA | 퍼블릭 스토리지 | 0.44 |
| 4 | AZO | 오토존 | 0.33 |
| 5 | KR | 크로거 | 0.34 |
| 벤치마크 | SPY | S&P500 인덱스 ETF | 1 |

조건 : 2007.1.1~2019.12.31 기간 사이 주가 상관관계(배당재투자 미고려, 주가변동만 고려)
출처 : Seekingalpha, Stockcharts

# 내수 특화 기업 깊이 보기 : 플라워스 푸드

## 플라워스 푸드(Flowers Foods, FLO)
: 미국인들의 필수식품을 만드는 회사

### • 기업 개요

| 플라워스 푸즈(Flowers Foods) | | 2020.2.28 종가 기준 |
|---|---|---|
| 시가총액(10억$) : 4.6 | | 상장시장 : New York |
| 섹터 : 필수소비재 | | 세부섹터 : 식품 |
| 배당수익률(%) : 3.53 | | 배당성향(%) : 77.6 |

1919년, 조지아(Georgia)주의 토머스빌(Thomasville)에서 윌리엄 하워드 플라워스(William Howard Flowers)와 조셉 햄튼 플라워스(Joseph Hampton Flowers)가 공동창업으로 하루 3,000개의 빵을 굽는 베이커리를 시작했고, 1937년 플로리다주의 작은 베이커리를 인수하면서부터 회사의 규모가 성장하기 시작했고, 1968년, 장외시장(over the counter, OTC)에 기업 공개(IPO)한 후 1년 후인 1969년, FLO라는 티커로 뉴욕증시 상장을 했다. 그 후, 지속적인 인수합병을 통해서 지금의 미국 2번째 규모와 총 47개의 제빵공장을 소유한 미국 대표 제빵회사가 되었다. 최근 켈로그(Kellogg)가 페레로(Ferrero)에 매각한 키블러(Keebler)는 2001년 플라워스(Flowers Foods)로부터 인수했던 것이다.

현재 본사는 조지아주 토머스빌에 있으며, 총 9,200명의 직원이 근무하고 있다. 판매하는 제품군은 너무나도 당연하지만, 식빵, 롤빵, 햄버거용 빵, 토르티야, 스낵형 케이크 등이 있다. 일반 슈퍼마켓, 편의점, 창고형 마트 등의 일반 소비자용 채널(B2C)과 식당, 회사 구내식당 등 푸드 서비스 채널(B2B)을 동시에 운영하고 있다. 그림과 같이 회사가 조지아주에서 시작을 했고, 본사와의 접근성 때문인지 주로 남쪽 지역에 물류센터가 집중된 것을 볼 수 있다. 또한, 남부지역에서의 시장점유율은 28.2%로 1위를 하고 있다.

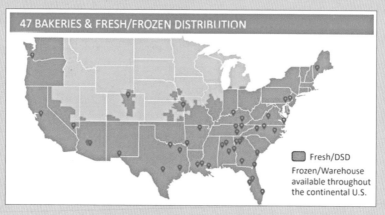

자료 : 플라워스 푸드(FlowersFoods)

많은 사람이 자주 먹지만 그 브랜드를 생산하는 회사의 이름에는 익숙하지 않은 경우들이 많은데, 아마도 플라워스 푸드가 이런 사례에 해당할 것이다.

또한, 시가총액이 47억 달러로 중형주 규모로 S&P500 인덱스에 포함된 회사와 비교하면 규모가 작은 편이긴 하지만, S&P400 중형주 인덱스에 포함되어 있다.

📊 1921년 출시된 대표 브랜드들 하나인 더 식빵(Wonder bread), 약 680g, 가격 2.19 달러($2.19)

자료 : Wonderbread.com

또한, 역사가 약 100년 된 회사로 그동안 있었던 수많은 리세션을 겪으며 지속해서 성장해온 점은 주목할 만하다. 중형 규모의 회사로 100년의 세월 동안 살아남았다는 것은 미국 내에서 한 분야에 특화되어서 어느 정도의 경쟁력을 보유한 경우가 많다. 물론, 빵을 만드는 플라워스 푸드도 예외는 아니며, 왜 리세션용 포트폴리오에 편입을 고려할 만한지 알아보자.

📊 플라워스 푸드가 판매 중인 브랜드들

자료 : 플라워스 푸드(FlowersFoods)

### 과거 리세션 시 주가는?

플라워스 푸드는 미국에서 두 번째로 큰 제빵회사로 총 18개의 주에서 47개의 제빵공장을 운영하고 있다. 최근 리세션인 IT 버블 시기 1998년 1월부터 2002년 9월과 서브프라임 시기 2007년 10월부터 2009년 3월까지 미국 대표증시 S&P500은 각각 약 13%, 46% 하락했었고, 플라워스 푸드는 각각 약 61%, 약 10% 주가 상승을 보였다. 만약 2004년 1,000달러를 투자했다면, 연평균수익률 14.85%로 2019년 9,152달러가 되었을 것이다. 우리가 종종 먹는 빵을 만들어 판매하는 회사가 어떻게 최근 리세션 시기에 주가 상승이 가능했을까?

## 어떻게 리세션 시기에 꾸준히 성장을 할 수 있었을까?

특별하지 않기에 오히려 리세션이 오면 특별해지는 회사다. 그 이유는 많은 미국 가정집에서는 빵을 필수품으로 여길 만큼 항상 사다 놓고, 많은 미국인이 아침이나 점심에 간단하게 샌드위치를 만들어 먹거나 땅콩버터와 과일잼을 발라 먹는다. 예를 들어서, 연봉 인상이 되거나 보너스를 받았다고 기존에 1개 사던 식빵을 2개 사지는 않지만, 주머니 사정이 넉넉지 않은 시기에도 저렴하게 배를 채울 수 있는 식빵 1개는 산다고 생각하면 이해하기 편하다. 가격 대비 포만감을 충분히 주기 때문에 그렇다.

📊 미국 코스트코에서 판매 중인 플라워스 푸드의 식빵들

자료 : 필자

또한, 홍수, 폭설, 태풍 등 자연재해가 발생한다는 소식을 접하면, 비상식품을 집에 비축해 놓는다. 그중에서 식빵은 항상 대표로 목록에 들어가는 품목이다. 결론적으로 보면, 경기의 영향에 큰 영향 없이 꾸준히 팔리는 제품 중에서 항상 상위 순위에 오르는 것이 빵이다.

📊 미국 신선 포장 빵 시장과 플라워스 푸드의 시장 점유율

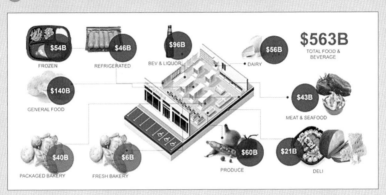

자료 : 미국 제과협회 (American bakers association)

미국 제과협회에서 발간된 보고서에 의하면, 미국 신선 포장 빵(fresh packaged breads, 포장되어 팔리는 빵류) 시장은 총 5,630억 달러 규모인 미국 음식료 시장에서 4백억 달러 규모로 약 7.1%를 차지한다. 그리고, 2017년 대비 시장규모는 4억 2,800만 달러가 성장했고, 비율로 보면 1.1%로 폭발적인 성장이 기대되는 시장은 아니다.

한편, 최근 건강에 대한 관심이 높아지고 있고 신선 포장 빵 섹터에도 글루틴 프리, 저탄수화물, 통밀, 유기농, 유전자 조작 되지 않는 곡물(non-GMO), 비건(vegan) 등에 대한 수요가 증가하고 있다. 하지만 미국 소비자들은 구운 제품들(baked goods), 케이크, 도넛 같은 제품들에 대해서는 조금은 관대한 편이다. 아무래도 지인 집에 초대받아 가게 되면 많은 경우 디저트류를 사고, 다이어트를 하는 도중 가끔 일탈 삼아 조금 먹기도 하므로 살짝 관대한 면도 있다.

**＊팰리오 식단(paleo diet) 이란?**

구석기 시대의 원시인들 식이요법을 근거로 가공품이나 유전자 조작이 되지 않은 식품들을 먹는 식단이다. 즉, 공장에서 생산된 가공품, 화학 및 유전자 조작과 관계없는 자연계에서 얻은 것만을 먹는 것이 인간의 신체에 적합하다는 것이 팰리오 다이어트의 이론이다.

예전에는 식빵 같은 특정 제품들이 주로 팔리고, 도넛, 파이(pie), 케이크(cake)에 대한 수요가 크지 않았지만, 최근에는 다양한 제품들에 대한 수요가 골고루 분산되고 있다. 또한 더 좋은 재료가 들어간 빵류를 사기 위해, 많은 경우 프리미엄을 지불한다. 플라워스 푸드는 프리미엄 브랜드인 데이브의 킬러 브레드와 캐년 베이크하우스로, 디저트와 군것질용 케이크를 파는 테이스티 케이크 등을 각개 약진시켜, 변화하는 소비 트렌드에 대응하고 있다.

자료 : Tastykake.com

플라워스 푸드가 속해 있는 미국 신선 포장 빵 시장의 기업별 시장 점유율은 빔보 베이커리 (Bimbo Bakeries) 29.3%, 플라워스 푸드 17.2%, 마켓 자체 브랜드 22.9%, 캠벨 수프(Campbell Soup)의 페퍼리지 팜(Pepperidge Farm) 6.1%, 기타 24.5% 정도이

미국 신선 포장 빵 시장 점유율

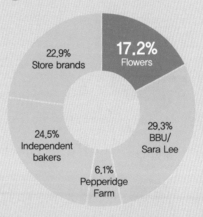

자료 : 플라워스 푸드(FlowersFoods)

다. 플라워스 푸드는 미국 식빵(loaf) 시장에서는 약 24%를 점유하고 있고, 대표 브랜드로는 신선 포장 식빵 섹터에서 1등인 네이처스 오운(Nature's own), 유기농 빵 섹터 1등인 데이브의 킬러 브레드 (Dave's killer bread), 글루틴 프리 빵 섹터에서 1등인 캐

년 베이크하우스(Canyon bakehouse), 1914년 출시된 역사가 있는 테이스티케이크(Tastykake), 미국의 약 98%가 인지하는 원더(Wonder), 미시즈 프레실리(Mrs. Freshley's) 등을 보유하고 있다.

대표 브랜드 중 네이처스 오운은 1977년에 미국 남부 쪽에서 판매를 시작했고, 인공색소, 인공향료, 방부제, 액상과당을 첨부하지 않는 자연주의 콘셉트로 소비자들에게 어필하고 있다. 데이브의 킬러 브레드는 미국 유기농 식빵 브랜드에서 1등으로 시장점유율은 약 64%로, 연 매출은 6억 5,100만 달러 규모이다.

📊 브랜드별 특징

| | |
|---|---|
|  | #1 loaf bread brand |
|  | #1 organic bread brand |
|  | #2 and FASTEST GROWING gluten-free bread brand in U.S. |
|  | 98% consumer awareness |
|  | Iconic snack cakes since 1914 |

자료 : 플라워스 푸드(FlowersFoods)

2018년 매출은 약 39억 5천만 달러이며, 일반 소비자용 판매채널(direct-store distribution, DSD)을 통해서 미국 전체 인구 중 약 85%에게 판매가 가능하다. 매출 비중은 자체 브랜드 59%, 식당과 같은 푸드 서비스 25%, 주문자상표 제품생산자(Original equipment manufacturer, OEM) 16%로 보유 브랜드들에서 발생하는 매출 비중이 높은 편이다.

**⑪ 2008년 미국발 금융위기 전후 주가 흐름 및 재무 데이터**

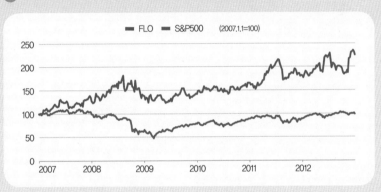

자료 : 구글 파이낸스(Google Finance)

| | 2007 | 2008 | 2009 | 2010 | 2011 | 2012 |
|---|---|---|---|---|---|---|
| 매출 | 2036.7 | 2414.9 | 2600.8 | 2573.8 | 2773.4 | 3046.5 |
| ㄴ증감율(%) | – | +18.6 | +7.7 | -1 | +7.8 | +9.8 |
| 영업이익 | 143.7 | 182.8 | 203.3 | 205.9 | 199.6 | 228.1 |
| ㄴ증감율(%) | – | +27.2 | +11.2 | +1.3 | -3.1 | +14.3 |
| 순이익 | 94.6 | 119.2 | 128.4 | 137.0 | 130.3 | 142.3 |
| ㄴ증감율(%) | – | +26 | +7.7 | +6.7 | -4.9 | +9.2 |
| EPS | 1.0 | 1.3 | 1.4 | 1.5 | 1.0 | 1.0 |
| ㄴ증감율(%) | – | +27.7 | +7.8 | +7.2 | -36.2 | +7.4 |
| DPS | 0.5 | 0.6 | 0.7 | 0.8 | 0.6 | 0.6 |
| 배당성향 | 44.3 | 44.1 | 48.4 | 51.7 | 60.7 | 60.6 |
| ROE | 15.5 | 18.5 | 19.0 | 18.1 | 16.8 | 17.6 |
| 부채비율 | 4.4 | 44.5 | 34.6 | 16.0 | 43.0 | 70.7 |

자료 : Edgar, 각사 IR/10-K, Ycharts
단위 : 100만$, %

## • 스워트 SWOT 분석
(강점 Strengths, 약점 Weakness, 기회 Opportunities, 위협 Threats)

### S-강점

내수에 특화된 회사로 불경기가 와도 미국인들은 빵을 우리가 쌀을 먹는 것처럼 먹기 때문에, 매출 둔화의 가능성이 크지 않다. 또한 리세션이 와서 달러의 가치가 올라간다면 내수에 특화된 플라워스 푸드의 생산비용이 내려갈 가능성이 높기에, 리세션의 혜택을 받을 수 있다. 온라인 쇼핑 증가 트렌드에 맞춰 온라인 투자도 활발히 하고 있으며, 온라인 매출은 5억 1,900만 달러로 전년 대비 59% 상승했다. 대량생산의 노하우로 균일한 품질관리가 가능해서 작은 로컬 베이커리 대비 신뢰성이 높다.

### W-약점

많은 인수합병을 하며 성장한 회사다 보니, 일관된 조직체계 혹은 하나의 문화가 살짝 부족한 편이다. 따라서, 인수합병된 회사끼리 기대치만큼의 시너지 효과가 나타나질 않고 있다. 예를 들면, 비용 절감의 가시적인 효과가 눈에 띄지 않는 것이다. 조금 더 자세히 살펴보면, 임직원들 역할이 서로 겹치는 부분들이 상당히 존재하고, 임직원들의 역량 평가하는 기준이 일정하지 않은 점도 있다. 그래서, 같은 브랜드를 생산하는 다른 공장에서 생산성이 다르게 나오거나 낮게 나오는 경우들이 존재한다.

## O-기회

시장 점유율이 남부를 제외한 지역 중에서 서부 3.7%, 북서부 7.2%, 중서부 4.7%로 아직 개척해야 할 시장이 충분하다. 그리고, 미국 전체 리테일과 푸드 서비스를 포함한 전체 베이커리 시장 규모는 316억 달러인데 시장점유율은 아직 13% 정도여서 성장 여력이 충분하다.

## T-위협

다른 식품 브랜드 회사들과 마찬가지로 슈퍼마켓 자체 상품 (Private label)의 위협을 받고 있다. 이 자체 상품 빵의 시장점유율은 총 24%며, 금액으로 보면 36%를 차지하고 있다. 그리고, 경쟁사가 신제품 출시를 하면 따라서 만드는 모습을 보여주고 있고, 그 출시도 불규칙적이다. 신제품 출시 후, 제품 공급이 일정하지 못해서 현금흐름이 일정하지 못하다.

## • 배당

해당 산업의 성장성이 큰 편은 아니라는 것을 투자하기 전에 인지해야 하는데, 최근 주가의 흐름이 살짝 고평가 영역에 있는 것은 부담스러운 편이다. 2019년 4분기, S&P500은 약 10% 상승하는 동안 플라워스 푸드는 약 9% 정도 하락했다. 최근 주가의 밸류에이션이 낮지 않은 것을 반증하는 것이긴 하다. 하지만, 배당투자의 관점으로 본다면, 배당 삭감에 대한 위협은 낮은 편으로 판단된다.

2019년 12월 기준으로 배당률은 약 3.5%이며, 해당 연도에 1주당 0.75 달러를 지급했다. 또한, 18년간 배당 인상을 했다. 역사적 인플레이션 수치인 3%와 비교해보면, 지난 10년간 배당 연평균 성장률(CAGR)은 9.6%로 배당 투자 대상의 역할을 충실히 수행하고 있다.

## 테마 3_불황기에도 강한 실적을 보이는 중형주

### 중형주(mid-cap)란?

피델리티 인베스트먼트의 '시가총액의 이해(Understanding market capitalization)'에서는 미국 주식시장의 중형주를 시가총액의 범위가 20억 달러에서 100억 달러인 기업들로 정의하고 있다. 참고로 대형주는 시가총액 100억 달러 이상인 기업, 그리고 소형주는 대개 시가총액 3억 달러에서 20억 달러 사이의 기업들을 일컫는 구분이다.

대부분의 중형주는 성장한 소형주의 형태이면서 동시에 대형주로 가기 이전의 상태이지만, 일반적으로 중형주를 꺼리는 투자자들의 마음속에는 대형주보다 위험하고, 소형주보다 수익성이 떨어지는 것으로 인식

되고 있다.

사실 이러한 편견은 중형주가 소형주의 성장률과 대형주의 안정성을 제공하기 때문에, 소형주보다 안전하고 대형주보다 수익성이 좋다고도 해석이 가능하다는 점을 간과하는 것이다. 심지어 어떤 중형주는 소형주보다 높은 성장률을 보이면서도 낮은 변동성과 위험을 보인다.

이와 같은 장점에도 불구하고, 중형주는 소형주의 고성장률, 대형주의 안정성에 가려져 단점만 부각되어 투자자에게 상당 부분 외면을 받아온 것이 사실이다. 필자는 중형주의 정의를 시가총액이 대형주와 소형주의 '중간'이라기 보다는 소형주에서 대형주로 성장하는 '중간과정'이라고 정의하고 싶다.

### 미국 내 주식거래소의 상장유지 조건
"5달러 이하의 주식은 기관투자자들이 투자할 수 있다, 없다?"

흔히 잘못 알고 있는 것처럼, 주식 거래소가 특정 가격 기준 이하의 기업에 기관투자를 금지하는 규칙 같은 것은 존재하지 않는다. 대신 주식 거래소에서 거래되는 상장 주식으로 남아있기 위해서 각각의 기업들이 따라야 할 최소 상장 주식 수, 상장 주식의 최소 시가총액, 최소 주주 수, 최저 매수호가 등의 여러 가지 조건들이 있다. 여기서는 가장 보편적으로 사용되는 '주당

가격'의 조건을 설명해보겠다.

만약 해당 기업의 주가가 너무 낮은 상태를 계속 유지할 경우에는 주가가 조금만 변해도 주가 변동의 비율은 아주 커질 수 있다. 예를 들어, 주당 10달러인 주식이 0.10달러 변동하는 경우 변동 폭은 1%이지만, 주당 1.00달러인 주식의 경우에는 0.10달러만 변해도 그 변동 폭은 10%가 되어버리는 문제가 발생한다. 여기서 발생할 수 있는 잠재적인 리스크는 이러한 점을 악용하는 작전 세력 등에 의해 주가조작이 가능할 수도 있다는 점이다.

따라서 각 거래소는 이러한 행위를 미연에 방지하기 위해 주가가 일정 기간 연속해서 기준 이하의 주가를 유지한다면 상장유지를 위한 기본조건을 위반한 것으로 간주하게 되고, 이후 주가를 정해진 기일까지 회복시키지 못한 기업의 주식을 거래 중지(suspension) 처분 혹은 상장폐지(delisting)까지도 강제할 수 있다.

실제로 뉴욕 주식거래소(NYSE)나 나스닥(NASDAQ) 규정에는 연속 30일 동안 주가가 계속 1.00달러 이하로 내려가 있으면 상장유지 기본조건을 위반하게 되어 상장폐지의 사유가 될 수 있다. 물론 주가가 30일 연속 1.00달러 이하라고 해서 당장 다음 날로 상장폐지가 되지는 않지만, 이 경우 각 주식 거래소에서는 위반 사항에 대한 경고문을 발송하게 되고 이 사실만으로 해당

기업의 향후 성장과 신뢰도에 부정적인 영향을 미치고 다시 이
사실이 주가에 악영향을 끼치게 되는 악순환이 반복되게 된다.

  일반적으로 중형주는 상대적으로 긴 시간 동안 기업을 운영
해온 숙련된 경영진을 보유하고 있어 효과적인 주가 방어가 가
능해 거래소들이 요구하는 상장 유지 조건을 만족시킬 확률이
더 높다고 할 수 있다.


## 중형주에 관심을 가져봐야 할 이유

### 1) 소형주 대비 안정성

주가 상승은 기관투자자의 해당 기업에 대한 관심도와 밀접한 관계가
있다. 그렇다면 과연 어떤 기업들이 기관투자자의 관심을 받게 되는 것
일까?

  2018년 8월 영국 주식중개 기업 하이브리단(Hybridan)의 연구소장 데
런 네이썬(Derren Nathan)의 〈소형주 투자에 대한 편견(How small caps
can tackle investor prejudice, (IR Magazine, 2018.08.09))〉에 따르면,
기관투자자들이 소형주를 기피하는 이유는 결국 해당 기업의 시가총액
(market cap), 유동성(liquidity), 기업 지배구조(Corporate Governance)
와 중요성(materiality)이라고 밝히고 있다.

  당연히 소형주 대비 큰 시가총액을 가지고 상대적으로 오랜 기간 영업

활동을 해온 중형주는 재정 상태가 더욱더 안정적이어서 기업가치 분석에 필요한 좀 더 다양한 정보를 제공할 수 있다. 그리고 중형주 중에는 해당 산업 분야에서 의미 있는 시장점유율을 차지할 정도로 특화된 기업이 많다는 점 또한 기관투자의 관심을 유도하기 용이하다.

### 2) 양호한 실적

대형주의 경우, 실적상승이 둔화하고 배당이 주식수익률의 큰 부분을 차지하게 되는 데 반해서 중형주는 여전히 실적상승의 확률이 높다는 것에는 이견이 없다. 마찬가지로 대부분의 소형주 실적은 중형주를 능가한다고만 생각하고 있다.

하지만 위즈덤트리(WisdomTree)의 보고서에 따르면, 지난 10년간의 수익률을 따져봤을 때, 중형주의 수익률은 대형주는 물론 심지어 소형주의 수익률까지도 추월하는 것으로 나타났다.

◩ S&P500, S&P 중형주 400, 러셀 2000 수익률 추이

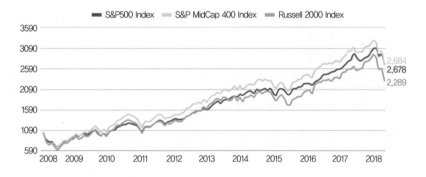

자료 : 중형주 실적, "Potential of Mid-Caps", WisdomTree

잠든 사이 월급 버는 미국 주식 투자

## S&P500, S&P 중형주 400, 러셀 2000

### • S&P500

미국 상장 대형주 505종목이 편입된 지수로, 나스닥, 다우 지수와 함께 미국 3대 지수로 꼽힌다. 2020년 2월 28일 기준 시가총액 규모는 25조 7,516조 달러에 달한다.

### • S&P MidCap 400

미국 상장 중형주 400종목을 편입하고 있는 지수로 도미노피자(DPZ), 타일러 테크놀로지(TYL) 등이 편입되어 있다. 2020년 2월 28일 기준 시가총액 규모는 1조 6,932조 달러이다.

### • Russell 2000

미국 상장 소형주 지수로 Russell 3000에 속한 소형주 2,970개 중 시가총액이 낮은 1,975개를 편입하고 있다. 2020년 2월 29일 기준 편입 종목의 평균 시가총액은 23.2억 달러이다.

자료 : S&P Dow Jones Indices, Ftse Russell

이 보고서에 따르면, 2008년 각각 1,000달러씩을 투자했을 때 10년 후 S&P 미드캡 지수(S&P MidCap Index)는 2,684달러의 이익을 얻은 반면, 소형주 위주인 러셀2000 지수(Russell 2000® Index)는 2,289달러, 그리고 대부분이 대형주인 S&P500 지수는 2,678달러를 기록했다.

### 3) 대형주로의 성장 가능성

중형주 기업 간 경쟁사의 인수/합병, 또는 시장의 트렌드를 리드하는 신제품의 출시 등으로 대형주로의 성장이 가능할 수도 있다는 점은 중형주 투자의 가장 고전적인 매력이다. 이 외에도 검증된 제품군과 시장 잠재성을 토대로 대기업의 인수/합병을 통해 바로 대형주로 편입이 될 수도 있다는 점 또한 아마도 중형주 투자자가 바라는 가장 바람직한 성장이 아닐까 생각된다. 많은 경우에 인수/합병으로 인해 기존 주주들이 얻는 혜택은 생각 외로 거대하다.

예를 들어 우리가 잘 알고 있는 가정용 탄산수 제조기 회사 소다스트림(SodaStream Inc.)을 예로 들어보자.

1903년 영국 런던에서 설립된 이후, 여러 번에 걸쳐 소유주가 바뀌다가 1998년 이스라엘 기업 소다클럽(Soda-Club)이 인수 후 2010년 11월에 소다스트림 인터내셔널(SodaStream International Ltd.)으로 나스닥 상장을 하였다. 상장 후 2011년 8월 시가 총액은 3억 6,700만 달러에서 14억 6천만 달러로 증가하게 되고, 2018년 펩시(Pepsi)에 의해 32억 달러에 인수되었다.

자료 : 소다스트림(Sodastream)

또 다른 예로 첨단 운전자 보조 장치(advanced driver-assistance systems(ADAS))와 영상기반 자율주행 기술 개발사인 모빌아이도 비슷한 수순을 걸었다.

1999년 창립된 모빌아이는 BMW, GM, 볼보(Volvo)를 첫 고객으로
첨단기술을 선보이며 2014년
NYSE에 화려하게 데뷔하게 된
다. 이때의 시가총액은 53억 달
러. 2017년 인텔에 의해 인수될
당시의 가격은 153억 달러였다.

자료 : 인텔(Intel)

물론 소다스트림은 상장 후에도 시가총액이 소형주의 기준을 넘어서
지는 못했지만, 여기서 필자가 강조하고자 하는 것은 중형주 기업의 기
술력과 창의적인 제품을 기반으로 대기업의 인수를 통해 대형주로의 편
입에 대한 기대감이다.

### 중형주 투자의 리스크

중형주는 대형주보다 자본확충이 어렵기에 경기상황에 훨씬 더 민감
하게 반응할 수 있어 특히 경기침체기에는 주가의 등락폭이 넓어질 수
있다는 점과, 일반적으로 중형주에 속하는 기업이 생산하는 제품군이 한
정적이어서 해당 시장의 수요에 따라 실적에 민감하게 반응할 수밖에 없
다는 문제점이 있다. 만약 해당 제품이 속한 시장이 대중으로부터 외면
을 받게 된다면, 해당 기업의 실적 악화는 명약관화다.

중형주 모두가 대형주로 성장하지는 못한다는 점은 중형주 투자의 가
장 큰 리스크라는 점을 유념해야 할 것이다. 기업의 제품과 서비스에 따

라 성장의 한계가 있을 수도 있고, 변화하는 글로벌 트렌드로 인해 아주 오랜 기간 혹은 영원히 중형주로 남게 된다거나, 경영진과 대주주들이 대형주로의 성장을 원치 않을 수도 있다. 이런 경우 중형주 투자자의 입장에서는 기회비용의 손실로 이어질 수 있다.

### 4) 중형주 스크리닝

좋은 중형주를 찾기 위한 여러 가지 방법 중 하나는 실적의 성장과 함께 향후에도 그 실적을 유지할 수 있느냐에 대한 고찰이 바로 중형주가 대형주로 진화해 나가는 키포인트라고 할 수 있다. 그 조건으로 양호한 실적, 높은 매출총이익(gross margins), 높은 영업이익(operating margins), 그리고 낮은 재고와 높은 현금흐름(cash-flow) 등을 들 수 있다.

중점을 둘만 한 스크리닝 조건은 아래와 같다.

1. 시가총액은 20억 달러~100억 달러인 중형주 기업 중에서,
2. 주가수익비율(PER)이 속해 있는 산업군의 평균 PER을 상회하고,
3. 희석주당순이익(diluted earnings per share)이 최소한 지난 4분기 이상 연속해서 성장하며,
4. 지난 1년간의 매출 증가율이 지난 3년간의 매출 증가율을 상회하고,
5. 영업현금흐름이 지난 2년 이상 증가한 기업 중,
6. 금융섹터와 리츠 관련, 유틸리티 관련주를 제외한 기업 중에서,
7. 기업의 지난 경기침체기에 얼마나 안정된 모습을 보였는가?

조건을 만들어 그에 부합하는 기업들을 찾아내는 것은 그리 쉬운 일은 아니다. 하지만, 이런 스크리닝을 통해서 가장 좋은 기업을 찾아내기란 더더욱 어려운 일이다. 그럼에도 스크리닝은 나쁜 기업을 걸러내는 좋은 방법임에는 분명하다.

## 어플라이드 인더스트리얼 테크(Applied Industrial Technologie, AIT)
### : 산업기기 부품 업계의 아마존

### • 기업 개요

| 어플라이드 인더스트리얼 테크(Applied Industrial Technologie) | 2020.2.28 종가 기준 |
|---|---|
| 시가총액(10억$) : 2.3 | 상장시장 : New York |
| 섹터 : 산업재 | 세부 섹터 : 무역 회사 & 판매업체 |
| 배당수익률(%) : 2.12 | 배당 성향(%) : 27.5 |

어플라이드 인더스트리얼 테크는 1923년에 오하이오주 클리블랜드에서 설립되어 북미, 호주, 뉴질랜드, 싱가포르 등에 진출한 산업용 제품 전문 유통업체로, 다양한 기업과 정부 기관에 농업 및 식품 가공, 시멘트, 일반화학 및 석유화학, 금속가공, 임산품, 산업용 기계 및 장비, 광업, 석유 및 가스 시추, 운송 및 유틸리티 등에 관련된 서비스를 제공하고 있다. 현재 어플라이드 인더스트리얼 테크는 다양한 산업에서 유지, 보수 및 운영(Maintenance, Repair and Operations: MRO)과 OEM(Original Equipment Manufacturing) 서비스를 제공하고 있는데, 제품은 기본적으로 베어링, 송전 제품, 유체 동력 부품 및 시스템, 특수 유량 제어 솔루션, 산업용 고무 제품, 선형 운동 부품, 공구, 안전 공구,

유전 소모품 및 기타 산업 및 유지 관리 용품 등을 들 수 있다. 또한 감속제(speed reducer), 펌프, 밸브, 실린더, 전기 및 유압 모터와 주문형 제품을 생산 및 수리 서비스 등과 함께 컨베이어 벨트의 개조/수리에 사용되는 가공 고무공장과 산업 현장에 컨베이어 벨트와 고무 라이닝 등을 설치하고 수리하는 서비스도 제공하고 있다.

실적 둔화로 생산량이 감소한다 해도 기업이 보유한 기기/시설의 유지 보수는 필요한데, 이때 설비 제조사가 제공하는 고가의 서비스보다는 2차 시장(after-market) 서비스를 선호하는 것이 일반적이다. 산업용 기기와 부품 관련 분야에서 산업 분야 아마존이라고 불리는 어플라이드 인더스트리얼 테크는 불황의 시기에도 지속적인 고객의 유입을 기대할 수 있을 것으로 전망된다.

📊 2008년 미국발 금융위기 전후 주가 흐름 및 재무 데이터

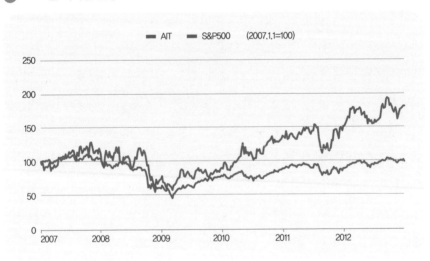

자료 : 구글 파이낸스(Google Finance)

| | 2007 | 2008 | 2009 | 2010 | 2011 | 2012 |
|---|---|---|---|---|---|---|
| 매출 | 2,014.1 | 2,089.5 | 1,923.1 | 1,893.2 | 2,212.8 | 2,375.4 |
| ㄴ증감율(%) | – | +3.7 | –8 | –1.6 | +16.9 | +7.3 |
| 영업이익 | 135.0 | 152.8 | 109.1 | 110.1 | 149.0 | 168.4 |
| ㄴ증감율(%) | – | +13.2 | –28.6 | +0.9 | +35.3 | +13 |
| 순이익 | 86.0 | 95.5 | 65.3 | 65.9 | 95.6 | 108.8 |
| ㄴ증감율(%) | – | +11 | –31.6 | +0.9 | +45.1 | +13.8 |
| EPS | 1.93 | 2.19 | 1.53 | 1.54 | 2.21 | 2.54 |
| ㄴ증감율(%) | – | +13.5 | –30.1 | +0.7 | +43.5 | +14.9 |
| DPS | 0.48 | 0.60 | 0.60 | 0.60 | 0.70 | 0.80 |
| 배당성향 | 24.4 | 27.0 | 38.9 | 38.6 | 31.1 | 31.0 |
| ROE | 19.9 | 20.0 | 12.9 | 12.4 | 16.1 | 16.7 |
| 부채비율 | 16.7 | 5.0 | 15.7 | 13.5 | 0.0 | 0.0 |

자료 : Edgar, 각사 IR/10–K, Ycharts
단위 : 100만$, %

## ASGN(ASGN Inc, ASGN)

: 미 정부 IT 관련 계약비중이 높아질 확률이 높은 이공계 인력충원 전문기업

### • 기업 개요

ASGN(ASGN INC)                                              2020.2.28 종가 기준

| | |
|---|---|
| 시가총액(10억$) : 2.7 | 상장시장 : New York |
| 섹터 : 산업재 | 세부 섹터 : 전문 서비스 |
| 배당수익률(%) : – | 배당 성향(%) : – |

ASGN은 미국 및 국제적으로 기술, 디지털 및 의료 기술 솔루션, 엔지니어링, 생명과학 및 정부 부문의 정보 기술(IT)과 전문 서비스를 제공하는 기업이다. 영업 부문은 에이펙스(Apex), 옥스퍼드(Oxford), ECS 세부문으로 나누어진다. 에이펙스 부문은 미국과 캐나다에 걸쳐 Fortune 1000 기업을 포함한 다양한 고객에게 채용 계약 등의 각종 계약을 위한

기술, 과학, 디지털 서비스와 솔루션을 제공한다. 옥스퍼드 부문은 다양한 기술, 디지털, 공학 및 생명과학 자원 분야에서 지역적 특성을 고려한 인력충원 및 채용 서비스를 제공한다. ECS 세그먼트는 연방정부 활동에 중점을 두고 클라우드, 사이버 보안, 인공지능, 머신러닝, 소프트웨어 개발, IT 현대화, 이공계 분야의 고급 솔루션을 제공한다. 1985년 미국 캘리포니아 칼라바사스(Calabasas)에 온 어사인먼트(On Assignment, Inc.)로 설립되었다가 2018년 4월에 ASGN으로 사명을 바꾸었다.

2018년 1월부터 본격적으로 미국 정부 기관들로부터 인적/지적/물적 자산 납품 계약을 획득하기 시작했다. 오히려 불황의 시기에는 공개시장의 영향을 가장 적게 받을 수 있는 위치가 정부 협력사업이라 판단하여 향후 불황의 시기에도 무난히 성장할 것으로 예상한다.

📊 2008년 미국발 금융위기 전후 주가 흐름 및 재무 데이터

자료 : 구글 파이낸스(Google Finance)

잠든 사이 월급 버는 미국 주식 투자

| | 2007 | 2008 | 2009 | 2010 | 2011 | 2012 |
|---|---|---|---|---|---|---|
| 매출 | 567.2 | 618.1 | 416.6 | 438.1 | 597.3 | 1,138.0 |
| └ 증감율(%) | – | +9 | −32.6 | +5.2 | +36.3 | +90.5 |
| 영업이익 | 27.6 | 43.5 | 15.2 | 19.2 | 45.5 | 92.5 |
| └ 증감율(%) | – | +57.6 | −65.1 | +26.3 | +137 | +103.3 |
| 순이익 | 9.3 | 19.0 | 3.8 | 5.9 | 25.0 | 43.0 |
| └ 증감율(%) | – | +104.3 | −80 | +55.3 | +323.7 | +72 |
| EPS | 0.27 | 0.53 | 0.11 | 0.16 | 0.66 | 0.90 |
| └ 증감율(%) | – | +96.3 | −79.2 | +45.5 | +312.5 | +36.4 |
| DPS | – | – | – | – | – | – |
| 배당성향 | – | – | – | – | – | – |
| ROE | 5.2 | 9.2 | 1.7 | 2.6 | 10.7 | 11.0 |
| 부채비율 | 70.4 | 57.6 | 34.4 | 30.4 | 35.2 | 80.1 |

자료 : Edgar, 각사 IR/10-K, Ycharts
단위 : 100만$, %

## 다비타(Davita Inc, DVA)
: 전 세계 신장투석 서비스 업계를 양분하는 독보적 미국계 기업

### • 기업 개요

| 다비타(Davita Inc) | 2020.2.28 종가 기준 |
|---|---|
| 시가총액(10억$) : 9.7 | 상장시장 : New York |
| 섹터 : 건강관리 | 세부 섹터 : 건강관리 업체 & 서비스 |
| 배당수익률(%) : – | 배당 성향(%) : – |

1994년에 미국 콜로라도주 덴버시에 창립되었던 다비타 헬스케어 파트너스(DaVita HealthCare Partners Inc.)는 이후 2016년 9월에 사명을 다비타(DaVita)로 변경하였다. 다비타사는 만성 신부전증이나 말기 신장질환(ESRD) 환자들을 위해 신장투석 센터를 운영하며, 외래환자 투석센터에서 관련 검사 서비스를 제공한다. 또한 외래 환자, 병원 입원 환자

및 자택 출장 혈액투석 서비스를 제공한다.

ESRD 환자 대상 정규검사 및 특별처방 검사가 가능한 임상 실험실 소유, 외래 환자 신장투석 센터를 관리 영업하고 있다. 이 외에도, 질병 관리 서비스, 임상 연구 프로그램, 종합진료 서비스를 제공하고 있다. 2018년 12월 31일 기준, 미국 내 네트워크를 통해 2,664곳의 지점에서 20만 2,700명의 환자에게 신장투석 서비스를 제공하고 있으며, 미국 이외 9개국 241개 지점에서 2만 5천 명의 환자에게 서비스를 제공하고 있다. 미국 내 900여 곳의 병원과 검사 관련 기관에 응급환자 투석 서비스를 제공하고 있다.

이미 2015년 기준으로 미국인의 주요 사망원인 7번째에 해당하는 당뇨병의 가장 심각한 합병증인 말기 신장질환 투석은 매우 고가의 치료가 필수이지만, 미국에서 신장투석 비용은 전액 미국 정부에서 부담하고 있다. 해당 시장점유율 업계 1, 2위를 다투는 다비타의 높은 성장률은 시장의 방향과는 무관하게 발전할 수 있을 것으로 예상된다.

📊 2008년 미국발 금융위기 전후 주가 흐름 및 재무 데이터

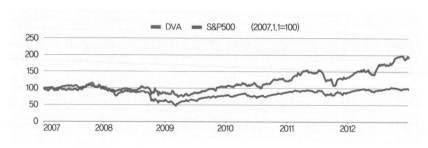

자료 : 구글 파이낸스(Google Finance)

잠든 사이 월급 버는 미국 주식 투자

|  | 2007 | 2008 | 2009 | 2010 | 2011 | 2012 |
|---|---|---|---|---|---|---|
| 매출 | 5,264.2 | 5,660.2 | 6,100.6 | 6,219.6 | 6,731.8 | 8,186.3 |
| ㄴ증감율(%) | – | +7.5 | +7.8 | +2 | +8.2 | +21.6 |
| 영업이익 | 852.4 | 868.3 | 939.6 | 993.8 | 1,200.4 | 1,413.7 |
| ㄴ증감율(%) | – | +1.9 | +8.2 | +5.8 | +20.8 | +17.8 |
| 순이익 | 381.8 | 374.2 | 422.1 | 449.3 | 524.4 | 612.6 |
| ㄴ증감율(%) | – | –2 | +12.8 | +6.4 | +16.7 | +16.8 |
| EPS | 2.62 | 3.53 | 4.05 | 4.36 | 5.43 | 6.25 |
| ㄴ증감율(%) | – | +34.7 | +14.7 | +7.7 | +24.5 | +15.1 |
| DPS | – | – | – | – | – | – |
| 배당성향 | – | – | – | – | – | – |
| ROE | 25.6 | 21.4 | 21.6 | 21.8 | 25.5 | 20.8 |
| 부채비율 | 196.9 | 174.4 | 143.8 | 178.0 | 164.0 | 189.7 |

자료 : Edgar, 각사 IR/10-K, Ycharts
단위 : 100만$, %

## 시넥스(SYNNEX Corporation, SNX)
: IT 유통부문과 고객관계 관리(CRM) 부문의 강자

### • 기업 개요

시넥스(SYNNEX CORP)                                                    2020.2.28 종가 기준

| 시가총액(10억$) : 6.4 | 상장시장 : New York |
|---|---|
| 섹터 : 정보기술 | 세부 섹터 : 전자 장비 기기 & 부품 |
| 배당수익률(%) : 1.22 | 배당 성향(%) : 13.6 |

시넥스는 1980년 캘리포니아 프레몬트에서 시넥스 정보기술(SYNNEX Information Technologies, Inc.)로 창립되었다가 2003년 10월 시넥스 (SYNNEX Corporation)로 사명을 바꾸고 현재 북미, 아시아, 유럽과 아프리카 등지에 비즈니스 프로세싱 서비스를 제공하고 있다. 영업 부문은 크게 IT 제품 및 서비스 유통 부문에서 글로벌 3위를 차지한 기술 솔

루션(Technology Solutions)과 고객 관계 관리(Customer Relationship Management) 부문 글로벌 2위인 콘센트릭스 (Concentrix), 두 부문으로 나눌 수 있다. 기술 서비스 부문에서는 데이터 센터 서버와 스토리지 솔루션 등을 포함한 정보기술 시스템, 시스템 부품, 소프트웨어, 네드워킹, 통신과 보안장치 등을 유통하고 있으며 시스템 디자인과 통합 솔루션, 주문형 제품, 외주를 위한 물류 서비스, 최종 배송, 클라우드 서비스, 융자 서비스 및 제3자 리스 서비스 등을 제공하고 있다.

이 외에도 미디어 광고, 재판매자 교육, 텔레마케팅, 트레이드 쇼, 데이터베이스 분석, 웹마케팅 등의 마케팅 서비스 또한 제공하고 있다. 콘센트릭스 부문은 프로세스 최적화, 기술 혁신, 사무자동화, 비즈니스 전환 서비스 등에 입각한 전략 솔루션(strategic solutions)과 비즈니스 간 외주 서비스를 제공하고 있다. 자동차, 은행업과 융자 서비스, 소비자 가전, 에너지 및 공공재 분야, 헬스케어, 보험, 미디어와 통신, 소매 및 이커머스, 여행, 운송, 관광 등 다양한 산업군의 고객에 서비스를 제공하고 있다.

CRM 시장의 연평균 성장률은 향후 5년간 약 3~5%를 예상하며, 3,200억 달러 규모의 전체 CRM 시장에서 상위 10개 CRM 전문기업이 핵심시장의 35%가량을 점유하고 있다. 현재 업계 2위인 시넥스의 콘센트릭스와 3위 경쟁업체와의 매출 격차는 1.8배나 차이가 나는 것으로 발표되었고, CRM에 각 기업의 마케팅을 향한 관심이 점점 커지는 만큼 시넥스의 성장성은 긍정적으로 예상된다.

## 🔢 2008년 미국발 금융위기 전후 주가 흐름 및 재무 데이터

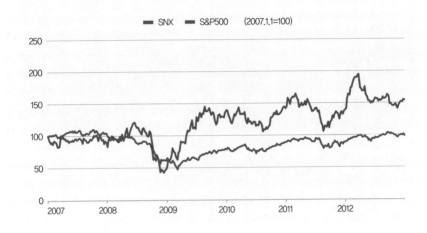

자료 : 구글 파이낸스(Google Finance)

| | 2007 | 2008 | 2009 | 2010 | 2011 | 2012 |
|---|---|---|---|---|---|---|
| 매출<br>└증감율(%) | 7,004.1<br>– | 7,736.7<br>+10.5 | 7,719.2<br>–0.2 | 8,614.1<br>+11.6 | 10,409.8<br>+20.8 | 10,285.5<br>–1.2 |
| 영업이익<br>└증감율(%) | 112.1<br>– | 146.4<br>+30.6 | 149.8<br>+2.3 | 200.1<br>+33.6 | 258.0<br>+28.9 | 254.3<br>–1.4 |
| 순이익<br>└증감율(%) | 63.1<br>– | 83.8<br>+32.8 | 84.5<br>+0.8 | 115.5<br>+36.7 | 151.6<br>+31.3 | 152.6<br>+0.7 |
| EPS<br>└증감율(%) | 1.96<br>– | 2.35<br>+19.9 | 2.53<br>+7.7 | 3.23<br>+27.7 | 4.11<br>+27.2 | 4.02<br>–2.2 |
| DPS | – | – | – | – | – | – |
| 배당성향 | – | – | – | – | – | – |
| ROE | – | 13.0 | 11.2 | 12.7 | 14.1 | 12.3 |
| 부채비율 | 64.2 | 72.0 | 34.2 | 38.9 | 32.8 | 20.9 |

자료 : Edgar, 각사 IR/10-K, Ycharts
단위 : 100만$, %

# 리세션 프루프 기업 깊이 보기 : 에드워즈 라이프사이언스(EW)

앞에서도 살펴본 것처럼 헬스케어 섹터는 경기가 좋으나 나쁘나 지속해서 사용하고 소비를 해야 하는 산업이다. 그중에서 사람의 장기 중에서 가장 중요하다고 할 수 있는 심장과 관련된 의료기기들을 만드는 회사에 대해서 알아보고자 한다.

## 에드워즈 라이프사이언스(Edwards Lifesciences, EW)
: 고령화로 인한 구조적 심질환 증가 트렌드의 중심에 있는 회사

### • 기업 개요

에드워즈 라이프사이언스(Edwards Lifesciences)                    2020.2.28 종가 기준

| | |
|---|---|
| 시가총액(10억$) : 42.8 | 상장시장 : New York |
| 섹터 : 건강관리 | 세부 섹터 : 건강관리 장비 & 용품 |
| 배당수익률(%) : ‒ | 배당 성향(%) : ‒ |

본사는 캘리포니아주 어바인(Irvine)에 있으며, 전 세계 7개의 제조 공장에서 약 13,000명 임직원이 근무하고 있다. EW는 심혈관 질병과 관련된 의료기기들을 개발해서 판매하고 있다.

심장 쪽 질환이 있거나 해당 산업에 종사하는 사람들에게는 익숙한 회사일 것이다. 하지만, 우리들이 일상생활에서 쉽게 접할 수 있는 물건들을 판매하는 회사가 아니다 보니, 살짝 낯설

수도 있긴 하다. 하지만, S&P500 인덱스에 편입(2011년)되어 있는 대형주 규모이며, 심혈관 관련 의료 기기들을 만드는 몇 개 안 되는 회사 중에서는 기술력이 있는 회사로 평가를 받고 있다. 그리고, 시가총액은 480억 5천만 달러이고 2019년 기준 매출 43억 4,800만 달러이다. 또한, 리세션 시기에도 심장질환은 생명에 직접적인 영향을 주는 질병으로 수술을 미루거나 피할 방법이 없다. 어떻게 보면 단순한 이유로, 리세션 시기에 더욱 에드워즈 라이프사이언스에 대해 관심을 가져볼 만하다 생각된다.

자료 : 에드워즈 라이프사이언스(Edwards Lifesciences)

1958년, 60살이었던 마일스 로월 에드워즈(Miles "Lowell" Edwards)라는 엔지니어가 인공심장 개발을 위해 시작한 회사다. 오리건 대학교(University of Oregon)의 의사였던 앨버트 스타(Dr. Albert Starr)에게 처음 콘셉트를 설명했고, 인공심장은 만들기 많이 복잡하니 당장의 수요가 높은 인공 심장판막을 만들 것을 제안했었다. 2년 후, 첫 왼방실판막(mitral valve)을 개발했고, 수술도 성공적으로 했다. 이는 에드워즈 래버러토리즈(Edwards Laboratories)를 캘리포니아주의 샌터애너(Santa Ana)에 설립하는 계기가 되었다. 이 당시, 전 세계 언론들은 심장 수술의 기적적인 일이 발생했다며 대서특필했었다. 그 후, 1966년 어메리칸 호스피탈 서플라이 코퍼레이션(American Hospital Supply Corporation)이 에드워즈 라이프사이언스를 인수했고, 19년 후인 1985년 박스터 인터내셔널(Baxter International)이 다시 인수했다. 그리고, 2000년 4월 분리 상장(spin-off)을 하며 지금까지 EW라는 티커로 거래가 되고 있다.

### • 사업 분야와 매출 비중

회사의 주요제품군은 총 4개로 나눌 수 있다. 경피적 대동맥판막치환(Transcatheter Aortic Valve Replacement, TAVR): 매출비중 62%, 경피적 승모판과 삼첨판치료(Transcatheter Mitral and Tricuspid Therapies): 매출비중 1%, 구조적 심장질환(Surgical Structural Heart): 매출비중20%, 중환자치료 (Critical Care): 매출비중17%, 카테터 승모판과 삼천판 치료(Transcatheter Mitral and Tricuspid Therapies): 매출비중 1%이다. 시장조사기관인 아이데이터(iData)에 의하면, 글로벌 심장 수술기기시장규모는 57억 달러이며 2024년까지 100억 달러 규모로 성장할 것으로 전망되고 있다. 이 분야에서는 에드워즈 라이프사이언스가 시장 점유율 1등이며, 그 뒤를 메드트로닉이 따르고 있다.

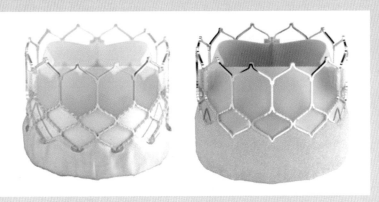

경피적 대동맥판막치환(Transcatheter Aortic Valve Replacement, TAVR)
자료 : FDA.gov

## • 사업 부문별 매출 비중

특히, 심장판막 치환용과 삽입용 조직판막, 판막 링 등은 심장 수술에서 꼭 필요한 제품들이다. 에드워즈 라이프사이언스의 제품들은 약 100개국에서 판매되고 있고, 한국에서도 독립법인으로 사업을 진행 중이다

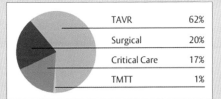

| | |
|---|---|
| TAVR | 62% |
| Surgical | 20% |
| Critical Care | 17% |
| TMTT | 1% |

자료 : 에드워즈 라이프사이언스(Edwards Lifesciences)

## • 연구개발비

최근 5년간의 재무성과를 살펴보면, 그 성장이 계속 지속되는 것을 알 수 있다. 매출, 잉여현금흐름(FCF), 그리고 주당

순이익(EPS)의 연평균 성장률(CAGR)을 살펴보면 각각 15%, 20%, 25%씩 성장하고 있다. 매출의 증가율은 최근 10년 연평균성장률(CAGR)은 11.63%다. 이렇게 강력하게 성장을 지속해서 유지할 수 있

자료 : 에드워즈 라이프사이언스(Edwards Lifesciences)

는 이유는 연구개발에 많은 자금을 투입해 새로운 기술이 적용된 제품들을 개발하고 있기 때문이다.

### • 지역별 매출 비중

지역별 매출 비중은 미국 58%, 유럽 22%, 일본 10%, 나머지 10%로 미국의 매출이 가장 높다. 이는 리세션에서 달러가 다른 화폐 대비 가치가 높아질 확률이 높은데, 강한 달러의 수혜 또한 받을 수 있음을 알 수 있다. 많은 투자자가 전 세계의 고령화 트렌드에 실질 성장률이 낮아지는 것에 대한 우려를 많이 한다. 하지만, 에드워즈 라이프사이언스의 사업은 오히려 이런 트렌드의 수혜를 입을 것으로 기대된다. 특히, 미국인들의 식습관으로 인해서 심장 관련 질환은 갈수록 증가하고 있는데,

자료 : 에드워즈 라이프사이언스(Edwards Lifesciences)

이 트렌드에 가장 혜택을 많이 보는 회사라고 할 수 있다. 아무래도 생명과 밀접한 관련이 있는 의료기기이기 때문에 경기가 좋으나 나쁘나 사용의 감소는 어렵다. 또한, 대부분의 보험회사가 커버하므로 매출이 안정적인 측면이 높다.

### ◦ 과거 리세션 시 주가는?

에드워즈 라이프사이언스는 심장판막 분야에서 중심에 있고, 혈류 모니터링, 심장과 혈관 관련 장치들, 수술 보조기구들을 만드는 심장판막 분야 전문 의료기기 회사이다. 최근 리세션인 IT 버블 시기 1998년 1월부터 2002년 9월과 서브프라임 시기 2007년 10월부터 2009년 3월까지 미국 대표증시 S&P500은 각각 13%, 45% 하락했었고, 에드워즈 라이프사이언스는 각각 73%(2000년 4월 분사상장. 2000년 4월부터 2002년 9월까지 상승률), 14% 주가 상승을 한 회사로 기억하면 좋다. 만약 2004년 1,000달러를 투자했다면, 연평균수익률 24.07%로 2019년 31,395달러가 되었을 것이다.

다음의 그림은 IT 버블과 서브프라임 리세션 시기가 포함된 2004년부터 2019년의 주가 흐름이다. 메드트로닉(Medtronic), 애벗(Abbott) 등의 경쟁사들과 경쟁심화로 다음 리세션이 닥치는 경우, IT 버블 때의 성장력을 보여주기는 대단히 어려워 보이는 게 사실이다. 하지만 인공심장판막을 세계 최초로 개발하

고 심장판막질환 분야를 선도하는 기업으로, 꾸준한 성장이 기
대된다는 것은 부인할 수 없다.

### 📊 2008년 미국발 금융위기 전후 주가 흐름 및 재무 데이터

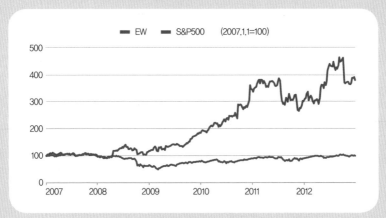

자료 : 구글 파이낸스(Google Finance)

| | 2007 | 2008 | 2009 | 2010 | 2011 | 2012 |
|---|---|---|---|---|---|---|
| 매출<br>ㄴ증감율(%) | 1,091.1<br>– | 1,237.7<br>+13.4 | 1,321.4<br>+6.8 | 1,447.0<br>+9.5 | 1,678.6<br>+16 | 1,899.6<br>+13.2 |
| 영업이익<br>ㄴ증감율(%) | 172.6<br>– | 198.3<br>+14.9 | 213.4<br>+7.6 | 284.3<br>+33.2 | 287.3<br>+1.1 | 401.9<br>+39.9 |
| 순이익<br>ㄴ증감율(%) | 113.0<br>– | 128.9<br>+14.1 | 162.8<br>+26.3 | 218.9<br>+34.5 | 234.5<br>+7.1 | 308.9<br>+31.7 |
| EPS<br>ㄴ증감율(%) | 2.24<br>– | 2.55<br>+13.8 | 2.77<br>+8.6 | 1.84<br>−33.6 | 1.96<br>+6.5 | 2.61<br>+33.2 |
| DPS | – | – | – | – | – | – |
| 배당성향 | – | – | – | – | – | – |
| ROE | 14.3 | 15.0 | 16.0 | 17.8 | 17.7 | 21.9 |
| 부채비율 | 25.4 | 20.0 | 7.8 | 3.2 | 11.2 | 12.8 |

자료 : Edgar, 각사 IR/10-K, Ycharts
단위 : 100만$, %

## • 스워트 SWOT 분석

(강점 Strengths, 약점 Weakness, 기회 Opportunities, 위협 Threats)

### S-강점

인공심장 밸브 제조사로 1등이고, 관련 제품 포트폴리오가 폭넓게 거의 모든 심장질환 수술을 커버한다. 또한, 매출 대비 약 17%의 연구개발비는 계속해서 새로운 제품을 만들 수 있게 해주는 원동력이 된다.

### W-약점

아무래도 심장질환에 사용되는 제품들이기에 FDA 리콜(recall)이 발생하면 제일 높은 수위의 클래스 1(class 1) 명령이 내려지며, 주가 하락이 발생할 가능성이 크다. 2019년만을 살펴보더라도 FDA는 EW에 대해 총 5번의 리콜(recall) 명령을 내렸다 (2018년 1번). 리콜(recall)이 발생해도 문제점이 발견되는 특정 기간 혹은 특정 생산제품들에 대해서 리콜을 하므로, 회사의 존재 자체를 위협하는 리콜은 발생할 가능성이 낮은 편이다.

\* FDA 메디컬 디바이스 리콜(recall) 목록
  (https://www.fda.gov/medical-devices/medical-device-recalls/2019-medical-device-recalls)

### O-기회

매출 대비 연구개발비 비중이 약 17%(2018년 기준 매출 37억 2

천3백만 달러, 연구개발비 6억2천2백만 달러)인데, 이는 경쟁사인 벡스터 인터내셔널(Baxter International) 5.9%, 메드트로닉(Medtronic) 7.5%, 보스턴 사이언티픽(Boston Scientific) 11.3% 등에 비해서 상당히 높은 비중이라 하겠다. 이는 에드워즈 라이프사이언스가 새로운 제품 연구개발에 많은 노력을 하는 것을 의미하며, 심장질환 환자들을 위한 계속된 신제품을 출시할 것으로 기대된다. 글로벌 및 미국 인구의 노령화에 따른 심혈관 질환이 증가하고 있는 트렌드가 순풍으로 작용할 것이다.

### T-위협

경쟁사들이 없었던 60년 전과 비교를 해보면, 아무래도 마켓지배력이 낮아졌음은 분명해 보인다. 다른 경쟁사들이 더 나은 신제품들을 개발한다면, 시장지배력이 낮아질 가능성이 분명히 존재한다. 또한, 애벗이 250억 달러로 세인트 주드 메디컬(St. Jude Medical)을 2017년 인수했는데, 이쪽 섹터도 인수합병이 꾸준히 발생하고 있다. 이는 경쟁을 심화시키며, 수익성이 줄어들 가능성 또한 존재한다.

### • 배당

보통 배당은 성숙기에 접어든 회사들이 잉여자본금을 주주들에게 환원해주는 것이다. 사실, 배당이 무조건 좋은 것만은 아니다. 그 이유는 이중과세의 개념이 적용되기 때문이다. 회사에서 세금을 낸 후 개인에게 배당금을 지급하게 되는데, 이를 지급받은 개인들도 세금을 내기 때문이다. 하지만, 분기마다 배당금이 지급되는 미국 증시를 생각해보면 어느 정도 보장된 수익률 확정 개념으로 고려될 수도 있기 때문에, 배당이 무조건 나쁜 것만은 아니다. 결론적으로 투자자 개개인의 상황에 따라 그 관점이 달리 적용될 것으로 생각한다.

아쉽게도 에드워즈 라이프사이언스는 배당금을 지급하지 않고 있는데, 배당지급을 하는 대신 경쟁사 대비 연구개발에 많은 자금을 집행하고 있다. 이것을 달리 해석해보면, 경영진들은 아직 해당 산업에서의 성장을 추구하고 있다고 판단된다.

# 불황을 대비하는 안전판: 채권 투자

　많은 사람의 생각 속에 채권은 안전자산이며 이자까지 주는 금융 상품으로 알고 있다. 그런데 이런 상식이 최근에 무참히 깨지고 있다. 2020년 2월 28일 기준 10년 만기 국채 금리는 독일이 연 −0.608%이고, 일본은 −0.153%, 프랑스가 −0.287%다. 오히려 채권을 투자하면 마이너스 금리로 인해 이자를 받기는커녕 원금이 손실 나는 상황이 발생한 것이다. 그러면 왜 이런 상황이 발생했을까.

　최근 발생한 해외금리 연계형 파생결합 상품(DLF) 사건이 우리에게 던지는 화두는 무엇인가? 당시 유럽 제조업 강국인 독일의 10년물 국채가 설마 −0.7% 이하로 내려갈 것이라고 믿은 사람들은 극히 드물었다. 그런데 실제 그런 일이 실제로 일어났고 여기에 투자했던 사람들은 자신의 투자금을 모두 날리는 사상 초유의 사태가 벌어진 것이다.

그런데 한국에서 벌어졌던 이 일이 이번에만 있었던 것은 아니다. 2007년 미국 서브프라임 모기지 사태 당시 지금은 역사의 뒤안길로 사라진 리먼 브라더즈와 베어스턴스가 비우량 주택담보대출을 기초자산으로 파생상품을 만들어 전 세계에 뿌렸다. 이렇게 미국에서 만들어진 부채 담보부 증권(Collateralized Debt Obligation, CDO), 자산유동화증권(asset-backed securities, ABS)은 한가로이 시골에서 밭 갈고 논에 벼를 심던 농부들의 은퇴를 위한 자금까지 삼키는 괴물로 둔갑하게 되었다.

그러나 2008년 미국발 금융위기, 그리고 이번 코로나19 사태에서도 볼 수 있었던 것처럼 신용도가 높은 채권, 특히 미국 국채는 내 계좌를 지켜주는 안전판이 된다. 또한 다양한 국가의 채권들은 상대적으로 낮은 변동성과 함께 꾸준한 인컴 소득을 주는 좋은 수단이 된다. 다만 시장 상황에 따라 어떻게 활용할지는 어떤 채권이, 어떤 상황에서 작동하는지를 잘 이해했을 때에만 가능하다.

그러면 이제부터 채권은 무엇이며 어떻게 미국 주식 투자에 활용해야 할지 고민해보자.

# 채권의 개념

## 채권이란 무엇인가?

채권은 다른 이에게 원금을 빌려주고 약정한 기간 이자를 받을 수 있으며 이후 약정이 끝나는 만기에는 원금까지 돌려받는 권리를 가진 증서를 통상적으로 채권이라고 한다. 예를 들어 베가스가 여윳돈이 있어 1,000달러로 10년 미국 국채를 매수했다. 현재 이자율은 3%이고 만기는 10년이다. 받을 수 있는 총 이자는 매년 30달러씩 10년간 300달러를 받을 수 있다. 물론 중간에 다른 사람에게 팔 수 있다. 그리고 10년 뒤 원금인 1,000달러도 되돌려 받는다. 이게 바로 10년간 채권의 수익률이 되는 것이다. 10년간 300달러와 원금 1,000달러이니 총 1,300달러가 된다. 1,000달러를 빌려준 대가로 300달러의 수익을 확정 짓는 상품인 것이다.

채권은 채무자(빌려주는 자)와 채권자(빌리는 자) 간의 권리의 약속이며 의무이행 계약서이다. 미국 국채는 미국 재무부가 보증하는 채무자이며 그것을 매수한 주체가 채권자가 되는 것이다. 채권은 채무의 지불보증서이며, 대체로 주식이 상승하는 구간에서 이자율이 상승하고 주식이 하락하는 구간에서 이자율이 하락하기 때문에 채권가격은 반대로 움직이는 경향성을 띤다. 투자자의 포트폴리오에서 주식과 채권의 관계는 서로 보완적인 관계라고 봐야 한다. 매 순간 같은 방향으로 움직이지 않지만, 금리의 변화에 따라 움직이는 상품이다.

잠든 사이 월급 버는 미국 주식 투자

**미국 국채 10년물(CMT) 금리(1962.1.2〜)**

10년물(CMT) 금리

자료 : 세인트 루이스 연준(Federal Reserve Bank of St. Louis, https://fred.stlouisfed.org/) 재가공
항목 : 10-Year Treasury Constant Maturity Rate(DGS10)
주 : %, 일간, 비계절조정

그렇다면 왜 채권 가격은 금리와 반대되는 방향으로 움직일까? 일반적으로 채권의 금리는 확정되어 있다. 표면 이자율 10%에 발행된 10,000원짜리 채권(만기 1년)을 가정해보자. 만약 금리가 5%로 하락한다면 이 채권의 매력은 올라간다. 왜냐하면 새롭게 발행되는 채권을 사면 5%밖에 받을 수 없는데, 이 채권을 가지고 있으면 10%를 받을 수 있기 때문이다. 그렇다면 기존에 채권을 가지고 있던 사람들은 이 채권을 10,000원에 팔지 않을 것이다. 채권을 사려는 입장에서 5% 채권 이자와 동일한 수익을 주는 10,500원(이자 1,000원+원금 상환에 따른 손실(10,000원−10,500원=−500원))까지는 가격이 올라갈 수 있다.

반대로 시장 금리가 15%로 올라간다면 반대의 상황이 된다. 아무도 10%짜리 채권을 사지 않을 것이기 때문에 기존 채권을 팔고 싶은 사람은 가격을 할인해서 팔아야 한다. 채권을 팔기 위해서는 새로운 채권이 주는 수익 1,500원을 맞춰주기 위한 가격 9,500원(이자 1,000원+원금 상환에 따른 수익(10,000원−9,500원=+500원))까지 가격을 낮춰야 할 것이다. 세금 등을 고려하지 않은 대략적인 계산이긴 하지만, 채권 가격과 금리가 반대로 움직이는 원리는 대체로 이해할 수 있을 것이다.

한편, 대체로 채권은 주식과 같은 방향이 아닌 역의 관계를 보인다. 왜냐하면 채권은 이자가 확정된 자산이고 주식은 미래가 불투명한 위험자산이기 때문이다. 대체로 주가가 하락하면 채권으로 자금이 많이 몰리게 된다. 적더라도 확실한 수익을 보장받고 싶어 하는 심리 때문이며, 이를 '안전자산 선호 심리'라고 한다. 반대로 투자 심리가 자극되면 '위험자산 선호 심리'가 작용하여 주식으로 자금이 많이 몰리면서 채권에서 자금이 빠져나가 채권 가격이 하락할 수 있다.

이 책에서는 미국채(미국 국채)에 대해 주로 다룬다. 미국채는 미국 재무부가 발행한 채권으로서 신용도 측면에서 가장 높은 신용도(Fitch: AAA/Negative, DBRS: AAA/Stable, S&P: AA+/Negative, Moody's: Aaa/Negative)를 보유하고 있어 대표적인 안전 자산으로 꼽히고 있으며, 주요 위험 사례에서도 안전 자산으로서의 역할을 해왔다.

또한 미국채 시장은 약 100조 달러(2018) 규모로 전 세계 채권시장의 40%를 차지한다. 15년간 약 3배가량 증가한 것으로 전 세계 주식시장 64조 달러, S&P500 29조 달러와 비교해도 엄청나게 큰 규모임을 알 수 있다. 채권 시장은 주식 시장보다 훨씬 더 큰 자금들이 움직이는 만큼 우리는 미국 주식시장과 함께 채권시장 자금의 움직임을 파악해야 한다.

참고로 미국채의 명칭은 기간별로 다음과 같이 정의한다.

- **Treasury Bill** : 만기 1년 이하로 발행, 이자는 지불하지 않으며 할인된 가격으로 발행된 채권으로 만기가 되면 원금을 돌려받는다. 보통 T-Bill이라고 부른다.
- **Treasury Note** : 1년~10년 사이의 국채를 칭한다. 1년에 2회 이자 지급하며 만기가 되면 원금을 돌려받는다. 보통 T-Note라고 부른다.
- **Treasury Bond** : 10년 이상의 국채를 칭한다. 1년에 2회 이자 지급하며 만기가 되면 원금을 돌려받는다. 보통 T-Bond라고 부른다.

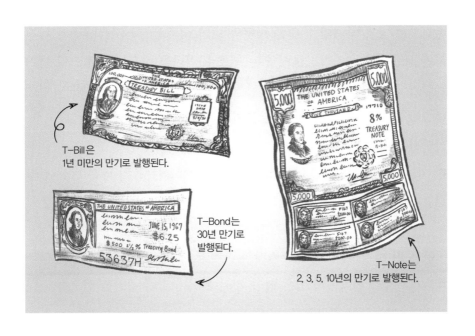

T-Bill은
1년 미만의 만기로 발행된다.

T-Bond는
30년 만기로
발행된다.

T-Note는
2, 3, 5, 10년의 만기로 발행된다.

참고로 물가연동국채(TIPS)는 1997년부터 발행, 소비자 물가지수(CPI)에 근거해 원금과 이자 지급, 디플레이션이 일어나는 경우 원금과 이자가 줄어들 수 있다. 변동채(Floating Rate Note, FRN)는 2013년 7월 31일부터 발행했으며, 13주 최고 입찰금리에 근거해서 이자를 결정한다.

## 경기 상태의 신호이자 방어 수단으로서의 미국채
## 장단기 금리(일드 커브) 역전 후 경기 침체가 오는 이유

2019년 8월 13일 미국 주식시장이 패닉에 빠지며 급락했다. 이유는 10년 장기 국채 금리와 2년 단기 국채 금리가 역전되었기 때문이다. 그럼 왜 이런 현상이 일어났고 두 가지 국채의 금리가 역전이 되면 무엇이 문제인지 알아보자.

장단기 금리(일드커브) 역전 후 경기침체가 오는 이유는 무엇인가? 일반적으로 장기 국채인 10년물 국채와 단기 국채인 2년물의 금리가 역전되면 금융위기나 경기침체가 오는 신호로 받아들인다. 일반적으로 단기 금리는 장기 금리보다 리스크가 낮기 때문에 이자율이 장기 국채에 비해 낮아야 한다. 그러나 만약 채권 투자자들이 경기 침체가 다가온다고 느낀다면 불황을 대비하기 위해 매수세가 몰려서 장기 국채 가격이 상승하며 금리가 하락하고, 단기 국채 금리가 상승해 이자율의 역전 현상이 발생한다.

이는 현재 경기는 좋지만, 미래의 경기가 나빠지리라고 생각하는 많은 채권투자자가 이자율이 높은 단기 채권에 비해 장기 채권을 선호하기 때문이다. 낮은 금리를 받더라도 장기 국채에 수요가 몰리기 때문에 가격은 상승하고 장기 국채 금리는 하락하게 된다. 반대로 수요가 줄어드는 단기 국채 금리는 높아지고 가격은 하락하게 된다.

예를 들면 경매에 아주 귀한 물건이 나오면 모두가 사고 싶어 한다. 그래서 경쟁자가 많아지면 경매가는 올라가게 된다. 채권으로 따지면 채권을 사려고 하는 측은 이자를 조금이라도 더 받고 싶지만, 조금이라도 더 물량을 확보하기 위해서 가격을 높여 사게 된다. 즉, 금리는 하락하게 된다. 미국채는 경매방식의 입찰을 하므로 수요와 공급에 따라 가격이 결정된다. 향후 경기가 나빠져 0.01%라도 이자를 더 받으며 경기침체를 대비하기 위해 전 세계에서 가장 안전한 미국채로 매수세가 몰리게 되면서 국채금리는 떨어지고 국채 가격은 상승하는 것이다.

시장에서도 마찬가지이다. 국채를 사고자 하는 사람이 많아지면 낮은 이자를 주더라도 장기 국채로 매수세가 몰리게 된다. 그러나 단기 국채는 거의 연준의 정책금리랑 비슷하게 움직인다. 장기 국채 금리는 수급에 의해 금리가 낮아지면서 단기 국채 금리와 장기 국채 금리가 일시적으로 역전이 되며 이것을 앞으로 발생할 경기침체의 신호로 받아들인다. 장단기 금리가 역전된다는 것은 다시 말해 채권 시장의 참여자들이 향후 위기 상황으로 이어질 확률이 높아지는 것으로 해석한다고 봐도 무방하다. 이런 현상은 정상적인 채권시장에서 생기면 안 되는 꽹장히 드문 일이다.

📊 미국채 10년물 − 2년물 금리 스프레드 추이

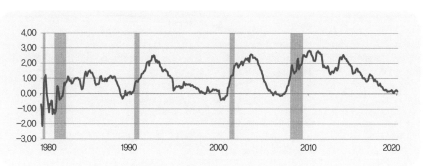

자료 : 세인트 루이스 연준(Federal Reserve Bank of St. Louis, https://fred.stlouisted.org/) 재가공
항목 : 10-Year Treasury Constant Maturity Minus 2-Year Treasury Constant Maturity (T10Y2YM)
주 : %, 월간, 비계절조정

아래 그림은 2018년 11월 2일부터 2020년 3월 6일까지 만기별 미국 채 금리의 변화를 나타낸 것이다. 정상적인 만기별 금리 곡선은 2018년 11월처럼 단기 금리가 낮고 장기 금리가 높아야 한다. 그런데 이상징후가 지난해 8월 13일 발생했다. 장기 국채인 10년물 금리가 2년물 단기 국채 금리보다 낮아지면서 장단기 금리가 역전되는 현상이 일어났다. 이후 6개월이 지난 3월 6일 현재 여전히 미국채 만기별 금리는 정상적인 금리 곡선으로 회귀하지 못한 상태이다.

1968년 이후 일어난 7차례의 금융위기는 장단기 금리가 역전된 후 평 균적으로 14개월 이후 경기침체가 찾아온 사례가 있다. 다시 경기가 회 복되고 물가가 상승하는 인플레이션이 일어나면 장기 금리는 상승한다. 이후 경기침체가 오고 물가가 하락하는 디플레이션이 오면 장기 금리는 하락하게 된다. 아래 그림을 보면 확인할 수 있다.

🏛 미국 국채 금리의 변화

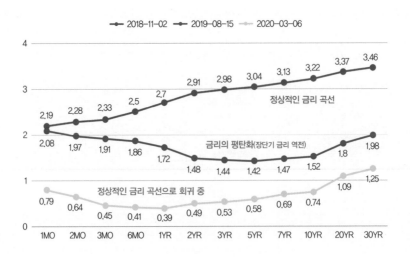

자료 : 미국 재무부(U.S, Department of the Treasury)

## 과거 주요 사례별 미국채 동향

미국채는 과거 3차례 금융위기 시 주식 시장(S&P500) 대비 수익률은 어떠했나?

1990년 이후 미국에서 발생한 금융위기는 3차례가 있었다. 먼저 1990년 대 저축 대부 위기(1990.5~1990.10)에서 S&P500은 15.8% 하락 후 상승 했다. 2000년대 초 IT버블(2000.8~2001.9)에는 31.4% 하락 후 상승했다. 마지막으로 2007년 서브프라임 모기지로 인해 발생한 미국발 금융위기 (2007.10~2009.2)에서 S&P500은 52.6% 하락 후 상승했다. 아래 그림을 통해 확인할 수 있지만 주식과 채권 가격은 위기 시에 상반되는 모습을 보 였다는 것을 알 수 있다. 즉 주식과 함께 미국채를 보유하고 있었다면 서로 다른 자산의 보유로 인한 리스크를 충분히 상쇄했다는 것을 역사적인 사실 을 통해 확인할 수 있다. 앞으로 투자를 하면서 금융위기가 닥치더라도 미 국 주식과 미국채 조합은 자신의 포트폴리오의 안전판이라고 볼 수 있다.

📊 1990년 이후 S&P500 및 미국채 10년물 금리 역수(채권 가격의 움직임)

자료 : 구글 파이낸스(Google Finance), 세인트 루이스 연준(Federal Reserve Bank of St. Louis, https://fred.stlouisfed.org/)
주 : 월간, S&P500 – pt, 미국채 10년물 국채가격의 움직임은 금리 역수로 표현

만약 자신이 한국 주식만 투자하더라도 리스크 관리 차원에서 미국채는 자신의 포트폴리오에 일정부분 편입시킬 필요가 있다. 글로벌 경제위기 시 대체로 코스피가 하락하면서 달러/원 환율은 상승하며, 이 구간에서 편입하고 있던 미국채는 국채 가격 상승과 함께 달러/원 환율 상승의 혜택을 누릴 수 있기 때문이다.

가급적 소나기(금융위기)는 피하거나 리스크를 관리하는 게 좋다. 굳이 소나기를 온몸으로 맞을 필요는 없지 않은가. 그렇기 때문에 반대되는 자산을 자신의 포트폴리오에 상시로 비중을 조절해서 편입시켜 놓으면 어떤 위기가 오더라도 현명하게 대처할 수 있으며, 위기가 오히려 자산증식의 기회로 다가올 수 있다.

한국의 위기 사례에 미국채를 대입해서 살펴보자. 1998년 IMF 구제금융(1997.12~2001.8) 구간에서 코스피는 1994년 10월 고점(1,105.62pt, 월간 기준)에서 1998년 6월 저점(297.88pt, 월간 기준)까지 73.6% 하락 후 상승했다. 2000년 IT버블(2000.8~2001.09) 구간에서 코스피는 1999년 12월 고점(1,028.07pt, 월간 기준)에서 2001년 9월 저점(479.68pt, 월간 기준)까지 53.34% 하락 후 상승 했다. 서브프라임 모기지(2007.10~2009.02) 구간에서는 2007년 10월 고점(2,064.85pt, 월간 기준)에서 2009년 2월 저점(1,063.03pt, 월간 기준)까지 48.52% 하락 후 상승했다. 아직 코스피의 경우 12년째 박스권에 머물고 있지만 미국채를 당시 보유했다면 어느 정도 환율 변동과 주가 하락의 리스크로 인한 손실을 상당히 줄일 수 있었을 것이다.

잠든 사이 월급 버는 미국 주식 투자

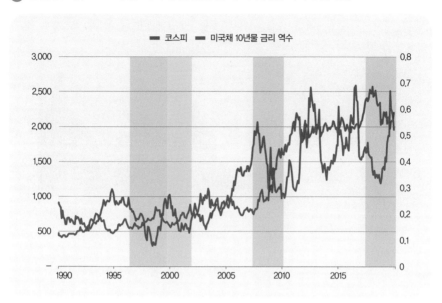

▦ 1990년 이후 코스피 및 미국채 10년물 금리 역수(채권 가격의 움직임)

자료 : 한국거래소(KRX), 세인트 루이스 연준(Federal Reserve Bank of St. Louis, https://fred.stlouisfed.org/)
주 : 월간, 코스피 − pt, 미국채 10년물 움직임은 금리 역수로 표현

## 최근 마이너스 금리 채권 시장의 확대와 의미

2019년 8월, 세계 마이너스 금리 채권의 규모가 17조 달러를 돌파했다. 2019년 12월 19일 기준으로 많이 줄기는 했지만, 여전히 11.2조 달러 규모의 마이너스 금리 채권이 있다는 것을 알 수 있다. 이는 유럽의 일부 국가와 일본에 집중되어 있다. 이론상으로 채권은 채무자가 채권자에게 이자를 지급해야 하지만, 마이너스 금리는 채무자가 오히려 채권자에게 이자를 받는 구조이다. 채권 보유 중에는 이자를 받지만, 이후 원금 상환 시점에서 가격과의 차이만큼 손해를 보기 때문이다. 상식적으로 맞지 않는 상황이다. 그러면 왜 전 세계적으로 마이너스 금리의 채권들이 늘어나는 것인가?

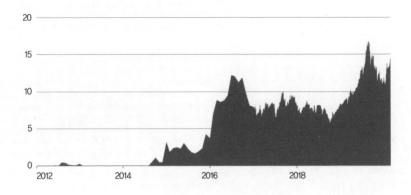

▥ 세계 마이너스 금리 채권의 규모(2019년 12월 19일 기준)

자료 : Bloomberg(https://bloomberg.com/graphics/negative-yield-bonds/)
주 : 조$

▥ 국가별 마이너스 금리 채권의 규모(2019년 12월 19일 기준)

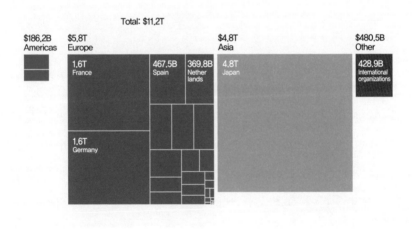

자료 : Bloomberg(https://bloomberg.com/graphics/negative-yield-bonds/)
주 : 조$

마이너스 채권금리에도 투자가 일어나는 이유는 글로벌 경제 둔화 우려와 주요 선진국의 완화적인 통화정책 기대감 때문이다. 2008년 금융위기 후 미국을 필두로 경기 둔화를 타파하기 위해 중앙은행이 시중의

장기 국채를 매입해서 현금을 주입하는 양적 완화를 단행하게 된다. 하지만 10년이 흐른 지금 미국을 제외한 유로존과 일본은 좀처럼 경기가 회복되고 있지 않다.

그렇다면 투자자들은 왜 마이너스 금리의 채권을 사는 것일까? 글로벌 대형 금융기관들은 의무적으로 자산의 일정부분을 해당 국가에서 발행하는 국채로 보유해야 한다. 비록 마이너스 금리임에도 불구하고 어쩔 수 없이 포트폴리오 내에 편입해야 한다는 것이다.

또한 채권 투자자의 입장에서 보자. 확정된 이자를 받는 채권 투자에서는 2가지 이익을 얻을 수 있다. 채권을 만기일까지 보유하면서 얻을 수 있는 이자소득과 채권 금리가 하락하면 채권 가격이 상승할 경우 발생하는 시세차익, 즉 자본수익이다. 마이너스 금리 채권에 투자하는 투자자들은 채권 금리 하락을 통한 시세차익을 노린다. 비록 현재 마이너스 금리라고 하더라도 금리가 더 떨어질 때 채권 가격이 올라갈 수 있기 때문이다.

경제학자 존 메이너드 케인스의 '더 큰 바보 이론(The greater fool's theory)'이 있다. 어떤 특정 자산의 가격이 버블을 형성할 때 이런 버블이 낀 자산을 더 높은 가격에 사줄 바보가 있다고 믿으며 더 큰 버블을 만든다는 이론이다. 유럽중앙은행(ECB)은 지속해서 양적완화(QE)를 통해 유로존 국가들의 마이너스 금리 국채를 매입해주고 있다. 이런 이유로 향후 유럽중앙은행(ECB)이 지속해서 마이너스 금리의 채권을 사줄 것이라는 기대로, 매수가 지속되면서 지속적인 금리 하락이 발생하게 된다.

2019년 8월 21일, 미국 경제 전문지 마켓워치(Marketwatch)가 밝힌 투자자들이 마이너스 채권을 사는 이유 중 하나도 '안전자산 역할을 하는 마이너스 채권'이었다(https://www.marketwatch.com/story/here-are-four-reasons-why-investors-buy-negative-yielding-bonds-2019-08-21). 마켓워치는 자산 시장에 참가한 많은 투자자가 글로벌 경기 둔화와 지정학적 위기를 견딜 수 있는 몇 가지 도피처가 있다고 이야기한다. 앞서 이야기한 이유로 위험자산의 가격이 폭락할 때는 채권들의 마이너스 금리는 이슈가 크게 되지 않는다는 논리이다.

마이너스 금리라도 금리가 더 하락해 채권가격의 상승 여력이 있다면 시장이 극도로 공포에 빠지게 되면서 많은 투자자가 몰린다는 것이다. 이 말은 중앙은행의 양적완화로 인한 통화량 팽창으로 화폐가치가 채권의 가치보다 더 하락한다고 보는 것이다. 각국 중앙은행들이 금융위기나 경기둔화를 타개하고 완화적 통화정책을 유지하기 위해 채권을 매수해주기 때문에 마이너스 채권이라도 중앙은행이 매수해주기 때문에 안전자산이라는 논리이다.

## 미국채 금리는 누가 결정하나: 연방공개시장위원회

미국 연방기금 금리를 결정하는 연방공개시장위원회를 살펴보자. 아래 그림은 FOMC에서 금리를 결정하는 투표권자와 비 투표권자를 알 수 있는 그림이다. 7명의 연준 이사를 대통령이 지명하며 상원에서 임명 절차를 거친다. 연방준비제도이사회 이사의 임기는 14년이며, 재임은 불가능하고 2년마다 1인씩 교체한다. 2020년 1월 현재 7명의 이사 중 2명은 공석인 상태이다.

## 금리 결정 과정

뉴욕 연준의장은 당연직 이사로 연준 이사들과 마찬가지로 매번 금리 결정 투표권을 갖는다.

총 4개의 그룹에서 한 명의 지역 연준의장이 금리 결정 투표권을 가진다.

첫 번째 그룹은 시카고와 클리블랜드 지역 연준으로 2년마다 한 번씩 돌아가면서 금리 결정 투표권을 행사한다.

두 번째 그룹인 보스턴, 필라델피아, 리치몬드 지역 연준의장은 3년마다 한 번씩이다.

세 번째 그룹은 캔자스시티와 미네소타, 샌프란시코 연준의장이 3년에 한 번씩 투표권을 행사한다.

네 번째 그룹인 세인트루이스, 댈러스, 애틀란타 연준의장도 3년에 한 번씩 투표권을 행사한다. 이렇게 총 12명이 연방기금 금리를 결정하는 것이다.

📊 연방공개시장위원회 투표권

자료 : Federalreserve(Federalreserve.gov)

헌법으로 명시된 연준의 의무는 고용과 물가안정이다. 고용과 물가 안정의 두 마리 토끼를 잡으려고 한다면 경기를 조절해서 가장 적절한 상태를 유지해야 한다. 너무 과열되거나 침체되어 있으면 문제가 발생한다. 경기가 침체되면 소비가 줄어들어 물가가 오르지 않는 디플레이션 상태가 되면서 고용도 줄어들게 되어 미국 경기가 전반적인 침체국면이 된다.

반대로 경기가 과열되면 소비가 너무 늘고 물가가 오르는 인플레이션 상태가 되면서 급하게 오르는 물가로 인해 돈의 가치가 떨어지게 된다. 그렇기 때문에 연방준비은행은 적절하게 경기를 조절하기 위해선 통화정책이 필요하고, 이것은 금리를 통해서 가능하다. 아래 그림은 연준이 물가안정을 위해 어떤 식으로 통화량을 조절하는지를 나타낸다.

📊 미국채와 연방정책금리를 활용한 연준의 경기 조절 흐름도

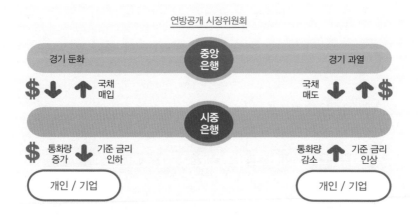

자료 : 필자

중앙은행에서 경기가 둔화한다고 판단하면 기준금리를 내리고 시중은행의 채권을 매수하고 현금을 준다. 기준금리를 내리게 되면 시중은행들은 낮은 금

리로 개인과 기업에 자금을 대출해주면서 통화량을 늘려 경기를 회복시킨다.

중앙은행에서 경기가 과열된다고 판단하면 기준금리를 올리고 시중은행에 채권을 매도하면서 시중에 풀린 현금을 거둬들인다. 기준금리를 올리게 되면 시중은행들은 높은 금리를 제시하면서 개인과 기업들의 돈을 예금으로 흡수하면서 통화량을 줄여 과열된 경기를 진정시킨다. 시중에 있는 돈이 중앙은행으로 돌아와 유동성이 줄어들어 경기가 진정되는 것이다. 이런 금리 결정에 따라서 통화량을 조절해서 경기의 과열과 침체를 막으며 물가안정을 도모하는 것이 연방준비은행의 역할이다.

그렇다면 뉴욕 연준이 실시하고 있는 레포(Repo)란 무엇인가? 미국채를 보유한 사람이 자금이 필요한 경우 레포 시장에서 자금을 조달할 수 있다. 중소은행들은 지급준비율을 맞추기 위해 하루 정도 급전이 필요한 경우가 있다. 그래서 미국채를 담보로 급전을 쓰고 이자를 주면 다시 돌려받는 시스템으로 레포 시장이 형성되어 있었다. 아래 그림을 보면 쉽게 이해할 수 있다.

Ⅲ Repo 시스템(Repurchase agreement)

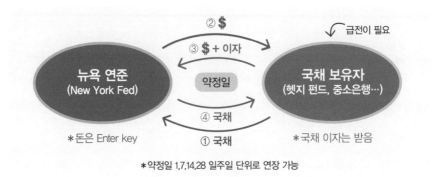

*자료 : 필자

1. 국채보유자는 만기일을 정하고 뉴욕 연준에게 국채를 준다.

2. 뉴욕 연준은 국채를 담보로 현금을 제공해준다.

3. 국채보유자는 만기일이 되면 빌린 현금과 이자를 뉴욕 연준에게 준다.

4. 뉴욕 연준은 현금과 이자를 받고, 가지고 있던 국채를 돌려준다.

＊ 국채보유자는 만기일(1, 7, 14, 28, 35일 등으로 일주일 단위씩) 연장이 가능하며, 국채 소유는 명의 이전이 안되고 이전의 국채 보유자에게 있기 때문에 6개월에 한 번씩 받는 이자는 그대로 받게 된다.


## • 채권 시장 깊이 보기: CDO에 대한 이해

＊다운페이먼트
(Down Payment)
미국에서 주택담보대출을 받을 때 대출기관에서 최소로 요구하는 보증금이라고 보면 된다. 총 주택담보대출 금액의 20%를 대출기관에 대출자가 지급하면 은행이 주택담보대출자의 채무 불이행 시 들게 되는 보험금을 내지 않아 주택담보대출 월 할부금이 싸지는 효과가 있다. 그렇기 때문에 대부분 주택구매자는 20% 정도를 대출기관에 다운 페이먼트로 지급하는 경우가 많다. 즉, 주택담보대출비율(Loan To Value Ratio, LTV)이 80%라는 의미이기도 하다.

미국은 개인이 주택을 구매할 때 다운페이먼트가 최소 3.75%에서 주택담보대출의 보험을 들지 않는 정도인 20%만 자기 자금을 지불하고 15~30년간 금융기관으로부터 대출을 통해 주택 구매를 한다. 대출기관은 주택 구매를 위한 주택담보 대출자들의 신용등급에 따라 프라임(우량), 알트에이(Alt-A · 보통), 서브프라임(비우량)의 세 등급으로 분류해서 주택담보대출의 이자율을 결정해 대출한다. 당연히 대출기관에서 설정하는 신용등급이 낮을수록 이자율은 높다. 이런 높은 이자율을 15년이나 30년간 받을 것이라는 기본설정값으로 잡아 파생상품을 만드는 것이다.

이렇게 금융기관들이 개인에게 주택담보대출을 공여하게 되면 주택을 담보로 하는 채권은 금융기관이 가지게 되는데 이것이 자산 담보부

증권(Asset-Backed Securities, ABS)중 하나이며 주택담보대출일 경우에는 담보자산이 주택이 되는 모기지 담보부 증권(Mortgage-Backed Securities, MBS)이라고 불린다.

대출 기관들은 주택을 구매한 모기지 신청자로부터 서명을 받은 15~30년간 대출채권을 보유하지 않고 약간 더 낮은 이자율을 받고 대출채권을 팔아 현금화시키거나 상품을 만들어서 다른 투자자들에게 판매하게 된다. 이후 모기지 대출자들의 채무 불이행 리스크를 줄이고 현금 유동성을 확보해 다른 곳에 투자하거나 대출할 수 있기 때문이다. 이후 각종 신용등급의 대출채권을 한꺼번에 섞어서 부채담보부증권(Collateralized Debt Obligation, CDO)이라는 파생상품을 만들게 되는데 이것이 2008년 미국 금융위기를 촉발하는 방아쇠가 되었다.

📊 각종 파생상품 구조

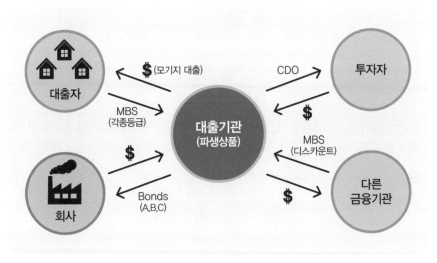

자료 : 필자

부채 담보부 증권은 모기지 대출채권, 크레딧 카드 채무, 회사채를 보유한 금융기관이 여러 신용등급의 채권을 하나로 묶어 유동화시킨 신용 파생상품이다. 판매 후 수익구조는 대출자들이 매월 내는 원금상환과 이자를 통해 CDO를 매수한 투자자에게 일정부분 지급하는 형태이다. 아래 그림을 보면 쉽게 이해할 수 있다.

📊 CDO 발행 구조

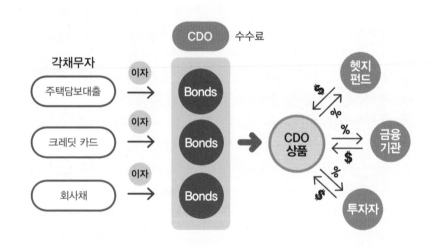

자료 : 필자

예를 들어 강남 8학군에 철수랑 영희가 학교에 다니고 있다. 둘이 다니는 학급은 공부를 잘하는 학생과 못하는 학생으로 나뉘는데 같이 평균을 내면 학급의 평균 성적이 나오게 된다. 이렇게 되면 공부를 못하는 학생은 공부를 잘하는 학생들 덕분에 평균은 올라가게 된다.

이렇기 때문에 자연스럽게 서브프라임 등급의 신용을 가진 사람들도

잠든 사이 월급 버는 미국 주식 투자

최소 Alt-A나 프라임 등급으로 바뀌게 되는 마술이 일어나는 것이다. 이렇게 만들어진 파생상품을 무디스나 S&P 등의 신용평가 기관들이 트리플A(AAA) 등급의 상품으로 보증을 해주게 되었고, 이런 고위험 금융상품들이 전 세계 도처에 팔려나가게 되었다. 이렇게 팔려나간 CDO들은 이후 연방준비제도 이사회가 기준금리를 급하게 인상하면서 부실의 부메랑이 되어 돌아와 미국만 아닌 전 세계의 금융위기를 촉발하게 된 것이다.

### ◨ 등급별 신용 정도

| 등급 | 신용 정도 |
| --- | --- |
| Prime | 우량 |
| Alt-A | 보통 |
| Subprime | 비우량 |

한편, 신용파산 스와프(Credit Default Swap, CDS)는 각종 채권에서 부도의 위험만 따로 떼어내 매매하는 신용파생상품이다. 각종 금융상품과 채권의 리스크를 헷지하기 위한 보험상품의 한 종류이다. 파생결합증권(Derivative Linked Securities, DLS)은 주식, 원자재, 채권, 지수 등의 기초자산이 미래에 변할 변동성과 연계되어 미리 정해진 수익구조에 따라 손실과 수익이 결정되는 증권이며, 파생결합펀드(Derivative Linked Fund, DLF)는 앞서 언급할 것을 펀드의 형태로 만든 것이다.

2005년부터 비이성적인 미국 주택 시장의 버블을 감지하고 버블의 붕괴에 베팅해 큰돈을 번 마이클 버리 박사를 주인공으로 하는 영화 〈빅쇼트〉에 이런 파생상품의 설명이 잘 나와 있다. 2005년 당시 미국 주택시장에서 CDO의 위험을 알고 있었던 일부 투자자들은 CDS를 이용해 미국 주택시장 버블붕괴에 엄청난 베팅을 하게 된다. CDS는 미국 주택시장이 붕괴하면서 주택 모기지를 갚지 못하는 채무자들이 속출하면 돈을 버는 상품이었고, 예측이 적중하면서 마이클 버리는 엄청난 수익을 올릴 수 있었다.

## 채권, 어떻게 투자할까? : 손쉽게 채권에 접근하는 채권 ETF

앞서 채권의 개요와 함께 채권 및 채권 시장의 작동 원리에 대해 살펴보았다. 그렇다면 우리는 어떻게 채권 시장에 접근할 수 있을까? 미국 시장에는 미국채를 포함한 다양한 형태의 채권이 ETF의 형태로 상장되어 있으며, 투자자들은 투자 목적과 기간에 따라 다양하게 종목을 골라 투자할 수 있다. 미국 시장에 어떤 채권형 ETF가 상장되어 있는지 살펴보자.

### 미국 채권 ETF 종류

미국에는 운용사별로 다양한 만기일을 가진 국채들을 분류해서 ETF로 만들어서 상장시켜 놓았다. 보통 채권은 만기일이 2년 미만의 채권들을 단기 채권으로 분류하며, 2년에서 10년 미만의 채권은 중기 채권으로 분류한다. 10년 이상 되는 채권들을 장기 채권으로 분류한다. 한편 채권 ETF 투자에서 2배와 3배의 변동성을 추종하는 ETF도 있는데, 이들 ETF는 투자에서 상당한 리스크를 가지므로 각별히 주의해야 한다.

## 📊 미국 상장 채권형 ETF 유형

| | |
|---|---|
| 미국채<br>(US Bond) | 미국 재무부에서 재정 마련을 위해 발행하는 1개월, 2개월, 3개월, 6개월, 1년, 2년, 3년, 5년, 7년, 10년, 20년, 30년 만기를 가진 국채이며 구간별로 묶어서 ETF를 발행하고 있다. |
| 지방자치 단체 채권<br>(Municipal Bonds) | 각 지방정부(시, 주, 카운티)에서 재정마련을 위해 발행하는 채권 |
| 주택담보 모기지 채권<br>(Mortgage-Backed Security, MBS) | 은행에서 주택 모기지를 대출하고 발행하는 채권 |
| 회사채<br>(Corporate Bond) | 각 회사에서 필요한 자본을 조달하기 위해 발행하는 채권 |
| 고이율 회사채<br>(High Yield Corporate Bond) | 신용등급이 낮은 회사에서 자본 조달을 위해 이자율을 높여 발행하는 채권 |
| 물가연동채<br>(TIPS) | 인플레이션에 따라 이자율을 지급하는 미국채 |
| 전환사채<br>(Convertible Bond) | 주식으로 교환할 수 있는 채권으로 주가 하락 시 채권 형태로 보유하며 일정 수준의 이자도 지급받으며, 주가 상승 시에는 주식으로 전환이 가능하다. |
| 나라별 채권 | 달러 혹은 국가별 통화로 표시되는 각 나라에서 발행한 채권 |

미국 채권형 ETF 유형별 투자전략의 핵심은 연방공개시장위원회에서 결정하는 정책 금리의 방향성이다. 정책금리의 하락과 상승에 따라 기계적으로 매수 또는 매도하면 된다. 시나리오별 미국채 ETF 매매 전략은 연준의 연방정책금리에 따라 움직이기 때문에 추세적인 경향을 지닌다. 즉 단기간에 연방정책금리

📊 미국채 금리 인상과 하락 시 투자방법

자료 : 필자

가 변동되지 않고 최소 1년에서 2년 이상 장기간 변화되기 때문에 방향성을 잘 파악해서 투자하면 된다. 금리의 하락 시기인지 상승 시기인지 판단하면 되는 것이다.

몇 가지 예시는 아래와 같다.

1) S&P500 지수를 투자하는 것처럼 전체 채권에 투자하고 싶다면 AGG를 보유한다.

2) 금리 하락과 달러 약세를 전망하고 공격적으로 투자한다면 회사채와 이머징(LQD, EMLC)을 매수한다.

3) 단기 고배당을 원한다면 만기가 짧은 SHYG을 매수한다.

4) 연방정책 금리 하락이 예상된다면 중기와 장기 미국채 ETF중심으로 매수한다.(IEF, TLT)

5) 연방정책 금리 상승이 예상된다면 만기가 짧은 채권 ETF로 대응한다(MINT, VCSH)

📊 미국 상장 채권형 ETF

| 티커 | ETF명 | 운용자산 (억$) | 주가($) | 상장일 | 보수(%) | 배당수익률 (%) | 보유종목 수 |
|------|-------|--------|--------|--------|--------|--------|--------|
| AGG | iShares Core U.S. Aggregate Bond ETF | 764.6 | 115.94 | 2003-09-22 | 0.05 | 2.60 | 8554 |
| MINT | PIMCO Enhanced Short Maturity Strategy Fund | 147.2 | 101.77 | 2009-11-16 | 0.36 | 2.56 | 475 |
| LQD | iShares iBoxx $ Investment Grade Corporate Bond ETF | 328.2 | 131.7 | 2002-07-26 | 0.15 | 3.17 | 1973 |
| VCSH | Vanguard Short-Term Corporate Bond ETF | 253.1 | 81.83 | 2009-11-23 | 0.05 | 2.59 | 68 |
| EMLC | VanEck Vectors J.P. Morgan EM Local Currency Bond ETF | 41.6 | 32.5 | 2010-07-22 | 0.30 | 6.37 | 288 |
| SHYG | iShares 0-5 Year High Yield Corporate Bond ETF | 46.0 | 45.72 | 2013-10-15 | 0.30 | 5.35 | 627 |

자료 : ETFdb.com
주 : 2020.3.3 기준

한편 국채에 투자하며 금리가 하락할 것으로 예상하는 경우 GOVT(국채 전반), SHV(1년 미만), SHY(1~3년), IEI(3~7년), IEF(7~10년), TLH(10~20년), TLT(20년 이상) 각 상황에 맞는 ETF를 선택한다. 2배와 3배 레버리지의 형태도 존재하나 투자에 상당히 신중해야 한다. 방향성을 잘못 잡으면 크게 손실을 볼 수 있기 때문이다. 연방정책 금리가 상승할 것으로 예상할 경우에는 미국채 인버스 ETF를 매수한다. 하지만 지속적인 수익을 창출하는 배당을 받는 용도로 부적합하다.

채권 금리 상승에 투자하는 경우에도 자신에게 맞는 투자 스타일로 각 채권의 만기와 투자처에 따라 ETF의 선택이 가능하다. 공격적인 성향의 경우 역방향 ETF를 매수한다. 인버스 채권 ETF는 TAPR(채권 시장 전반 인버스), TBX(7-10년 역방향), TBF(20년 이상 역방향)가 있다. 보수적인 성향인 경우 인컴 창출에 주안점을 두고 SHV(1년 미만 단기채), 만기 매칭형 채권, 각종 만기 채권 ETF를 편입할 수 있다. 다만 국채 인버스 ETF의 경우 운용자산 및 거래량이 적어 되도록 피하는 것이 좋다.

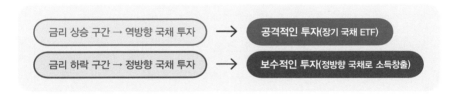

• **정방향 국채 ETF(금리 하락 시 수익)**

📊 미국 상장 미국채 ETF : 정방향

| | 티커 | ETF명 | 운용자산(억$) | 주가($) | 상장일 | 보수(%) | 배당수익률(%) | 보유종목 수 |
|---|---|---|---|---|---|---|---|---|
| 단기 | SHV | iShares Short Treasury Bond ETF | 202,8 | 110,6 | 2007-01-11 | 0,15 | 2,14 | 47 |
| | SHY | iShares 1-3 Year Treasury Bond ETF | 181,2 | 85,58 | 2002-07-22 | 0,15 | 2,08 | 99 |
| 중기 | IEF | iShares 7-10 Year Treasury Bond ETF | 220,9 | 117,04 | 2002-07-26 | 0,15 | 1,92 | 16 |
| | TLH | iShares 10-20 Year Treasury Bond ETF | 11,1 | 157,92 | 2007-01-11 | 0,15 | 2,11 | 12 |
| 장기 | TLT | iShares 20+ Year Treasury Bond ETF | 214,6 | 153,94 | 2002-07-26 | 0,15 | 1,96 | 41 |
| | SPTL | SPDR Portfolio Long Term Treasury ETF | 23,4 | 44,11 | 2007-05-23 | 0,06 | 2,17 | 53 |

자료 : ETFdb.com
주 : 2020.3.3 기준

### • 역방향 국채 ETF(금리 상승 시 수익)

■ 미국 상장 미국채 ETF : 역방향

| | 티커 | ETF명 | 운용자산(억$) | 주가($) | 상장일 | 보수(%) | 배당수익률(%) | 보유종목 수 |
|---|---|---|---|---|---|---|---|---|
| 단기 | DTUS | iPath US Treasury 2-year Bear Exchange Traded Note | 0.0 | 27.99 | 2010-08-09 | 0.75 | 0.00 | 1 |
| 중기 | DTYS | iPath US Treasury 10-year Bear Exchange Traded Note | 0.1 | 5 | 2010-08-09 | 0.75 | 0.00 | 1 |
| 장기 | TBF | ProShares Short 20+ Year Treasury | 1.9 | 17.22 | 2009-08-18 | 0.92 | 1.93 | 40 |

자료 : ETFdb.com
주 : 2020.3.3 기준

## 미국 시장에서 글로벌 채권 ETF에 투자하기
### 글로벌 채권 ETF에 관심을 가져야 할 이유

요즘 신흥국들은 미-중 무역 1단계 합의로 무역분쟁의 완화와 미국의 보험성 금리 인하로 인해 달러 약세 움직임으로 인해 힘든 시기를 지나 돌아서고 있는 분위기를 보인다. 여전히 어려운 신흥국들의 정세이지만 신흥국 중 현재 상황을 살펴보고 투자 아이디어를 찾아볼 필요가 있다. 먼저 주요 신흥국들과 달러 인덱스를 구성하는 주요 국가들, 그리고 관심을 가져볼 만한 대표적인 채권 ETF를 알아보자.

먼저 신흥국 중 성장률이 높은 국가들도 구성된 경제공동체 브릭스 (BRICs)가 있다. 브릭스(Brazil, Russia, India, China, South Africa, 이하 BRICS)라는 경제공동체는 2006년 러시아의 제안으로 브라질, 러시아, 인도, 중국, 남아프리카 공화국으로 구성되는 신흥국들의 비공식 모임이다. 먼저 삼바축제로 우리에게 유명한 브라질(Brazil), 세계에서 가장 넓은 영토를 가진 나라인 러시아(Russia), 세계에서 두 번째로 많은 인구를 가진 나라 인도(India), 세계의 공장을 자처하고 있는 중국(China)이 결성했다. 흑백 갈등이 첨예했던 시기에 인권운동에 앞장섰고 지금은 고인이 된 만델라 대통령의 남아프리카 공화국이 2010년 12월 브릭스의 5번째 회원국으로 가입하면서 앞머리 영문 이니셜을 따서 브릭스(BRICS)라는 공동체를 완성하게 된다. 브릭스는 최초로 미국 투자은행 골드만삭스가 쓰기 시작하면서 고유 명사가 되었는데, 2002년 최초 4개국이 국가 간에 상호 무역과 협력 조약을 맺고 지금까지 이어져오고 있다.

**ⅠⅠ** BRICS

Brazil　Russia　India　China　South Africa

2003년 골드만삭스 출신의 짐 오닐은 보고서를 통해 브릭스가 2050년도 글로벌 경제를 이끌어가는 가장 힘 있는 나라들이 될 잠재력이 있다고 언급했으며, 브릭스의 5개국은 2018년 기준으로 세계 인구의 41.6%를 차지하는 약 31억 6천만 명, 국내총생산(GDP) 규모는 전 세계 32.6%에 해당하는 20조 달러에 육박하고 있다. 2018년 기준으로 브릭스 국가들은 글로벌 국내총생산(GDP) 성장의 43%를 떠맡고 있으며 향후 더 큰 비중을 차지할 것으로 예상한다.

최근 국가별로 편차가 있긴 하지만, 향후 이들 국가의 경기 상황이 개선될 경우 채권 가격에서 상승을 기대할 수 있는 만큼 미리 알아두고 관찰할 필요가 있다.

### 글로벌 채권투자 아이디어

미국을 제외한 글로벌 채권 ETF는 언제 관심을 가지면 될까? 주요 투자 아이디어를 살펴보자.

### 1) 달러가 약해지는 구간은 일반적으로 신흥국이 강해지는 구간이다.

신흥국의 성장성이 미국에 비해 강하게 나타나고, 시장이 이에 반응할 경우 일반적으로 나타나는 현상이 달러 약세이다. 투자자들이 달러를 팔고 외화를 사 신흥국 시장에 유입되기 때문이다. 또한 많은 신흥국이 달러로 표시된 부채를 가지고 있는데, 달러 약세는 신흥국의 실질적인 부채가 감소하는 효과가 있다.

또한 달러가 강해지면 미국 채권 수요가 증가하고, 달러가 약해지면 신흥국 채권 수요가 증가한다. 미국과 신흥국은 항상 반대의 길을 걷지는 않지만 어느 정도 차별성을 지니기 때문에 달러 자산을 가지고 신흥국 채권에도 일정 부분 포트폴리오에 담아두는 것이 글로벌 분산 채권투자에서 중요한 포인트이다. 달러가 약세로 접어드는 구간에서 신흥국 채권에 투자해, 달러가 강세로 접어드는 구간에서 신흥국 채권을 매도하면 좋은 성과를 올릴 수 있다.

### 2) 신흥국 채권은 높은 채권 이자율을 지급한다. 하지만 리스크와 환율도 고려해야 한다.

신흥국의 경우 경제 성장률이 선진국보다 상당히 높다. 높은 경제 성장률을 바탕으로 발전 가능성이 크며 높은 시장 금리를 바탕으로 고금리 채권을 제공한다. 달러 약세에 금리가 높다면 신흥국 채권이 유리하다. BRICS 국가들의 경우는 탄탄한 외환보유고와 경제 성장률에 관심을 가져볼 필요가 있다. 1997년 동아시아 외환 위기, 1998년 한국의 국제통화기금(이하 IMF) 외환 위기, 1998년 러시아의 모라토리엄 선언 등 국제적인 경제위기 이후 신흥국들의 외환위기를 막기 위해 상당히 많은 달러 자산을 모으며 앞으로 다가올 외환위기에 대비하고 있다.

그러나 리스크도 분명히 존재한다. 이들 국가가 경제 위기를 겪게 되면 일반적으로 자산(주식, 채권) 가격과 환율이 동시에 하락한다. 신흥국 투자 시 위기가 오면 환율과 자산 가격 양쪽에서 손해를 보게 되는 것이다. 따라서 이들 국가에 대한 투자는 전체 자산에 대한 헷지용이라기보다는 체질 개선이 나타나는 시점에서 시작하는 차익을 목적으로 하는 투자로 봐야 한다.

### 3) 신흥국 채권과 미국 채권에 포트폴리오 분산 차원에서의 신흥국 채권

신흥국과 미국은 글로벌 분산투자 차원에서 일정 부분 보유할 필요가 있다. 미국이 좋아지면 신흥국은 시차를 두고 좋아지고, 미국이 나빠지면 신흥국도 시차를 두고 나빠진다. 이런 시차를 이용하거나, 혹은 심리적인 요인과 경제규모의 차이로 인해 신흥국 자산이 헐값에 거래될 때를 노려볼 수도 있다.

그 예로서 한국의 IMF를 예로 들 수 있다. 당시 한국은 보유 외화 부족으로 IMF에서 차관을 빌리게 되며 높은 이자율을 지급하며 위기를 넘기게 된다. 당시 IMF는 한국에 혹독한 기준금리 인상을 요구했고 높은 금리에 국채를 발행하게 된다. 한국은행 경제통계시스템(ECOS)에 따르면 국제통화기금(IMF) 외환위기 직후인 1998년 1월 5년물 국고채 평균 금리는 16.65%에 달했다.

📊 한국 국고채 5년물 금리 추이

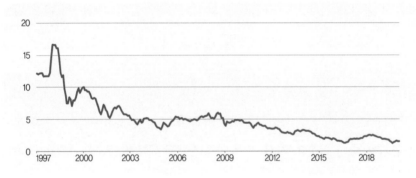

자료 : e-나라지표(Index.go.kr)
http://www.index.go.kr/potal/stts/idxMain/selectPoSttsIdxSearch.do?idx_cd=1073
주 : %, 월간, 1997.1~

이것을 다시 해석하면 5년물 한국 국채를 딱 1년만 가지고 있었다면 년 16.65%의 이자율을 얻을 수 있었다. IMF 금융위기가 끝나고 현재 원화도 전 세계 경제에서 높은 위상을 가지고 있지만, 당시 은행의 예금금리도 1년에 15~20%에 육박하던 시절이었다. 이후 국채 금리가 하락하면서 발생한 채권 가격 상승까지 고려하면 수익률은 더욱 높아졌을 것이다. 특히 외국인의 입장에서는 저렴한 원화로 진입해 원화가 강해질수록 수익이 늘어났을 것이다.

터키의 리라화 폭락, 아르헨티나의 페소화 폭락, 브라질의 레알화 폭락 등 가끔 신흥국발 환율 폭락과 함께 해당 국가의 국채금리도 급등하게 된다. 신흥국 중에서도 옥석을 잘 가려서 고른다면 이런 신흥국들의 경제위기는 투자자에게 아주 좋은 자산 증대의 기회일 수 있다. 물론 리스크도 감안해야 하겠지만 말이다. 신흥국 채권 투자는 리스크도 함께 고려해야 한다는 점이 중요하다. 2011년 남유럽발 금융위기 당시 그리스 국채 금리는 30% 이상으로 치솟기도 했지만 지난 2월에는 1%를 밑돌기도 했다. 당시 위험을 감수하고 투자했다면 엄청난 수익을 낼 수 있다는 이야기도 된다.

### 4) 채권도 미국이 아닌 선진국에 국가별 분산이 필요: 유로존과 일본에 대한 관심

현재 유로존의 대부분 국가는 마이너스 채권이다. 유로존은 달러의 가치를 나타내는 달러 인덱스의 핵심 통화이다. 달러 인덱스는 글로벌 주요 6개국 통화에 대한 달러의 평균치를 나타내는 지수이다. 환율은 해당 국가와 국가 간의 통화 교환비율이며, 달러 인덱스는 1973년 3월 100을 기준으로 유로화(57.6%), 일본 엔화(13.6%), 영국 파운드(11.9%), 캐나다 달러(9.1%), 스웨덴 크로나(4.2%), 스위스 프랑(3.6%)으로 구성되며 달러 인덱스에 적용된다.

달러 인덱스가 강세가 되거나 약세가 되는 것은 6개 주요국 통화의 강약에 따라 결정된다. 유로존의 공용통화인 유로화가 가장 큰 비중을 차지하고 있어 유로화의 움직임에 따라 가장 영향을 많이 받는다. 위에서 유로화가 차지하는 비중이 가장 크기 때문에 유로존 채권 투자를 통해서 마이너스 금리이지만 달러 약세로 인한 환차익을 얻을 수 있다. 유로존의 금리가 정상화되고 만약 다시 금리 인상을 하는 시점에서는 유로화가 강해지면서 금리로 인한 차익보다 환율 변동으로 인한 차익을 얻을 수 있다.

미국 내 위기 상황이 발생하게 되면 일본 엔화와 스위스 프랑이 달러보다 더 안전한 자산으로 평가받으면서 매수세가 몰리기도 한다. 이와 같은 상황에서 유로존이나 일본의 채권을 보유하고 있으면 채권과 환에서 수익을 낼 수 있는 상황이 생길 수 있다.

당연히 한국과 미국에서 투자하는 투자자들은 다른 포지션을 가져야 할 것이다. 환율은 국가별로 상대적이므로 수학 공식처럼 딱딱 맞아떨어지지 않는다. 하지만 환율 변동으로 인한 차익과 손실은 금리변동으로 인한 손실보다는 크다는 것이 중요하며, 국가별 자산 배분을 통해 자신의 리스크를 줄이는 것이 핵심적인 포인트이다. 한국의 경우 환차익은 세금을 내지 않으므로 절세수단으로 활용하는 것도 방법이다.

📊 미국 상장 글로벌 채권 ETF

| 티커 | ETF명 | 운용자산<br>(억$) | 주가($) | 상장일 | 보수(%) | 배당수익률<br>(%) | 보유종목<br>수 |
|---|---|---|---|---|---|---|---|
| BNDX | Vanguard Total International Bond ETF | 272.9 | 57.9 | 2013-06-04 | 0.09 | 3.21 | 6009 |
| EMB | iShares J.P. Morgan USD Emerging Markets Bond ETF | 157.7 | 114.62 | 2007-12-17 | 0.39 | 4.44 | 618 |
| EBND | SPDR Barclays Capital Emerging Markets Local Bond ETF | 11 | 27.13 | 2011-02-23 | 0.30 | 4.68 | 410 |
| IGOV | iShares International Treasury Bond ETF | 8.8 | 51 | 2009-01-21 | 0.35 | 0.24 | 919 |
| ELD | WisdomTree Emerging Markets Local Debt Fund | 1.8 | 34.33 | 2010-08-09 | 0.55 | 5.01 | 136 |

자료 : ETFdb.com
주 : 2020.3.3 기준

한 예로 Vanguard Total International Bond ETF(BNDX)의 경우 일본(19.6%), 프랑스(12.1%), 독일(8.8%) 등 총 39개 국가의 채권 6,342개를 편입하고 있다. 각 채권이 편입하고 있는 국가, 채권의 종류는 각 운용사 홈페이지에 나와 있어 투자 시 참고하면 된다.

# 시장에 대응하는 2,000여 가지 방법: ETF

## 시장에 대응하는 ETF

### ETF? ETN?

재테크에 조금이라도 관심이 있는 사람이라면 한 번쯤 들어봤을 상품, ETF는 우리말로는 상장지수펀드(Exchange Traded Fund)이며, 쉽게 생각하면 펀드를 주식처럼 사고파는 상품이다. 다음 페이지의 〈ETF 개념도〉에서 보는 것처럼 운용사는 삼성전자, 현대차, 포스코 등을 섞어서 전체 투자 자산을 만들고, 이를 잘게 쪼갠다.

예를 들어 한국 대표 지수인 KOSPI200의 경우 삼성전자가 34.9%, SK하이닉스가 6.8%, NAVER가 3.2%, 셀트리온이 2.6% 등 200개 종목이 편입되어 있다(2020.3.23 기준). 만약 시장에서 KOSPI200을 추종하는 ETF인 KODEX 200(069500 KS)이나 TIGER 200(102110 KS) 1주를 매수하게 되면 각각 20,515원, 20,555원에 KOSPI200 내 200개 종목을 모두 보유할 수 있게 된다.

참고로 ETN은 상장지수증권(Exchange Traded Note)의 약자로 기초지수 변동과 수익률이 연동되도록 증권사가 발행한 파생결합증권이다. ETF와 마찬가지로 시장에서 거래되지만, ETF가 현물을 보유하고 있다면 ETN은 증권사가 자기신용으로 발행한다는 점에서 차이가 있다.

📊 ETF 개념도

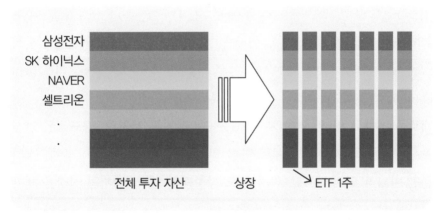

자료 : 필자

최근 2020년 코로나19 사태로 자산이 감소하는 모습을 보이기도 했지만, 아래 〈ETF 시장 추이〉에서 보는 것처럼 2003년 1,510억 달러였던 미국 ETF 시장 규모는 2020년 2월 기준 4조 700억 달러까지 급속도로 증가해왔다. ETF 종류 역시 123개에서 2,102개로 증가하면서 투자자들에게 선택의 폭을 넓혀주고 있다.

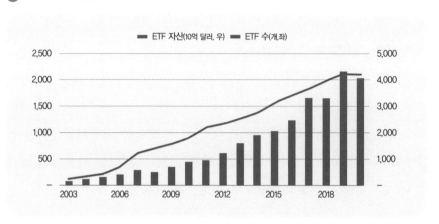

자료 : ETFGI.com

ETF 포털인 ETFdb.com에는 2,325개 ETF/ETN을 대체 (Alternatives), 채권(Bonds), 원자재(Commodity), 통화(Currency), 주식 (Equity), 멀티 에셋(Multi-Asset), 우선주(Preferred Stock), 리츠(Real Estate), 변동성(Volatility) 9개 대분류로 나누고 있으며, 자산별로는 73 개로 구분하고 있다. 앞장 채권 ETF에서 살펴본 것처럼, 대표적인 안전 자산인 미국 국채의 경우에도 잔여 만기별로 초단기, 단기, 중기, 장기 뿐만 아니라 인버스, 레버리지 등도 상장되어 있다. 이처럼 시장을 세분 화하여 ETF/ETN을 상장시켜 놓았기 때문에 투자자들은 자신의 투자 목적에 맞게 투자할 수 있다.

## ETF를 고를 때 반드시 살펴봐야 할 숫자들

시장에 다양한 ETF가 있지만 무턱대고 매수하기보다는 몇 가지 기준 을 가지고 고를 필요가 있다. 운용자산이 지나치게 적으면 상장폐지의 대상이 될 수 있고, 거래량이 적을 경우 추적오차가 클 수 있다. ETFdb.

com을 기준으로 몇 가지 중요한 숫자들을 살펴보자. 종목은 S&P500을 추종하는 SPDR S&P500 ETF(SPY)를 기준으로 했다.

## • Stock Profile & Price : ETF 프로필 및 주가 데이터

| Vitals | |
| --- | --- |
| Issuer | State Street SPDR |
| Structure | UIT |
| Expense Ratio | 0.09% |
| ETF Home Page | Home page |
| Inception | Jan 22, 1993 |
| Tax Form | 1099 |
| Index Tracked | S&P 500 Index |

| Historical Trading Data | |
| --- | --- |
| 1 Month Avg. Volume | 256,853,424 |
| 3 Month Avg. Volume | 131,091,688 |

**Issuer** : 발행사 – ETF를 운용하는 운용사

**Expense Ratio** : 운용보수로, 0.09%인 경우 1년에 0.09%를 일간 단위로 쪼개서 NAV 값에서 차감한다. 운용보수는 낮으면 낮을수록 좋다. 장기 수익률에 영향을 미치기 때문이다.

**Inception** : 상장일로, SPY의 경우 1993년 1월 22일 시장에 상장되었다.

**Index Tracked** : 해당 ETF가 추종하는 지수로, SPY의 경우 S&P500 Index를 추종함을 알 수 있다.

**Historical Trading Data** : 과거 거래량으로 1 Month Avg. Volume은 1개월 일평균 거래량을 의미한다. SPY의 최근 1개월 일평균 거래량은 2억 5,685만 주였다. 거래량은 최소 10만 주 이상인 것이 좋다.

## • Trading Data : 거래 데이터

| Trading Data | |
| --- | --- |
| Open | $228.22 |
| Volume | 48,109,051 |
| Day Lo | $228.22 |
| Day Hi | $228.22 |
| 52 Week Lo | $228.02 |
| 52 Week Hi | $339.08 |
| AUM | $213,245.3 M |
| Shares | 928.4 M |

**AUM** : 해당 ETF가 운용하는 자산의 규모를 나타낸다. M은 100만 달러, K는 1천 달러로, SPY의 AUM은 2,132억 달러, Shares로 나타난 주식 수는 9억 2,840만 주에 해당한다.

AUM은 특별한 테마가 아니라면 최소한 10억 달러, 원화로 1조 2천억 원 이상인 종목을 고르는 것이 좋다. 자산이 너무 적으면 상장폐지의 위험이 존재하기 때문이다.

## • Holdings : 보유 종목

| Top 15 Holdings | | |
|---|---|---|
| Symbol | Holding | % Assets ▾ |
| MSFT | Microsoft Corp | 5.48% |
| AAPL | Apple Inc | 5.01% |
| AMZN | Amazon.com Inc | 4.02% |
| FB | Facebook Inc | 1.89% |
| BRK.B | Berkshire Hathaway Inc | 1.74% |

**Concentration Analysis**

This section compares how balanced and deep this ETF is relative to the peer group ETFdb.com Category.

Number of Holdings    506
Rank 35 of 212    Low OVL (2)    High ITOT (3636)

% Assets in Top 10    29.85%
Rank 74 of 212    Low KLDW (6.46%)    High LPEQ (100.00%)

어떤 종목을 담고 있는지, 종목의 배분이 어떻게 이뤄져 있는지를 알 수 있는 데이터이다. 보유종목들은 되도록 눈에 익은 종목일수록 좋다. 눈에 익숙한 종목일수록 우량 종목인 경우가 많기 때문이다.

일반적으로 분산이 잘 되어 있을수록 좋다. 그러나 만약 특정 테마(로봇, 전기차 등)를 통해 적극적인 주가 상승을 노린다면 테마에 적합한 소수 종목에 집중된 것이, 인컴 등 가급적 저변동성이 필요하다면 종목이 골고루 분산된 것이 좋다.

자료 : ETFdb.com

## • Fund Flows : 자금 흐름

**SPY Fund Flows**

This section compares the fund flows of this ETF to peers in the same ETFdb.com Category.

1 Week Fund Flow    $13.9 B
Rank 1 of 151    Low IVV ( $6.3 B)    High SPY ($13.9 B)

4 Week Fund Flow    $6.2 B
Rank 170 of 170    Low SPY ( $6.2 B)    High VOO ($7.3 B)

13 Week Fund Flow    $4.8 B
Rank 4 of 191    Low RPG ( $1.9 B)    High VOO ($14.5 B)

26 Week Fund Flow    $8.6 B
Rank 3 of 199    Low MTUM ( $1.4 B)    High VOO ($14.3 B)

자금 흐름의 경우 해당 ETF에 돈이 들어오는지, 나가는지를 알 수 있다. 되도록 자금이 유입되는 것이 좋다는 점은 굳이 말하지 않아도 될 것이다. 특히 ETF의 규모가 작을수록 자금흐름에도 영향을 받는 경향이 있어 더욱 주의 깊게 봐야 한다.

SPY의 경우 최근 4주(4 Week)의 경우 62억 달러의 자금이 빠져나갔지만 최근 1주일(1 Week)의 경우 139억 달러가 유입되었음을 알 수 있다.

자료 : ETFdb.com

## • Performance : 수익률

**SPY Performance**

This section shows how this ETF has performed relative to its peer group ETFdb.com Category.

1 Week Return    -15.05%
Rank 148 of 211    Low BIBL (-19.52%)    High EVSTC (1.19%)

4 Week Return    -31.39%
Rank 134 of 209    Low RDVY (-38.01%)    High EVSTC (1.19%)

13 Week Return    -28.66%
Rank 120 of 206    Low KNOW (-37.96%)    High EVSTC (1.23%)

26 Week Return    -22.92%
Rank 111 of 195    Low KNOW (-36.03%)    High EVSTC (1.19%)

마지막으로 살펴볼 항목은 수익률(Performance)이다. SPY의 경우 최근 1주일(1 Week) 수익률은 -15.05%, 4주일(4 Week) 수익률은 -31.39%였다.

기간별로 유사 ETF 중 수익률이 가장 높은 ETF와 낮은 ETF가 정리되어 있으므로, 해당 ETF들도 참고하면 좋다.

자료 : ETFdb.com

## 불황에 대비하는 ETF

시장 하락에 대비할 방법은 크게 1) 우량주에 대한 투자, 2) 채권에 대한 투자 외에도 다음 장에 소개할 옵션 기반 ETF 등이 있다. 또한 직접적으로 증시가 하락할 때 가격이 상승하는 인버스 역시 하나의 대안이 될 수 있다.

다만 인버스 투자는 주의를 요구한다. 일반적으로 시장 하락은 짧고 강력하게, 상승은 길고 천천히 나타나다 보니 타이밍을 잡기 어렵기 때문이다. 또한 인버스 역시도 2배, 3배짜리 ETF/ETN이 있는데, 시장 상승 시 수익률이 급격하게 낮아지는 만큼 더욱 큰 주의를 요구한다. 아래는 미국에 상장된 시가총액 상위 인버스 ETF/ETN이다(2, 3배수는 매매 위험성 때문에 리스트에서 제외).

📊 미국 상장 시가총액 상위 인버스 ETF

| 티커 | ETF명 | 운용자산 (억$) | 주가($) | 상장일 | 보수(%) | 배당수익률 (%) | 보유종목 수 |
|------|-------|--------------|---------|--------|---------|---------------|-----------|
| SH | ProShares Short S&P500 | 20,1 | 24,9 | 2006-06-21 | 0,89 | 1,62 | 506 |
| PSQ | ProShares Short QQQ | 6,2 | 23,97 | 2006-06-21 | 0,95 | 1,71 | 103 |
| RWM | ProShares Short Russell 2000 | 2,9 | 40,29 | 2007-01-25 | 0,95 | 1,38 | 1974 |
| DOG | ProShares Short Dow 30 | 2,5 | 52,2 | 2006-06-21 | 0,95 | 1,38 | 30 |
| SJB | ProShares Short High Yield | 1,0 | 20,77 | 2011-03-21 | 0,95 | 1,25 | 1016 |
| TBF | ProShares Short 20+ Year Treasury | 1,9 | 17,22 | 2009-08-18 | 0,92 | 1,93 | 40 |
| HDGE | AdvisorShares Ranger Equity Bear ETF | 1,3 | 5,61 | 2011-01-26 | 3,12 | 0,21 | 69 |
| EUM | Short MSCI Emerging Markets ProShares | 0,7 | 18,36 | 2007-11-01 | 0,95 | 1,23 | 1219 |
| EFZ | Short MSCI EAFE ProShares | 0,2 | 26,64 | 2007-10-23 | 0,95 | 1,40 | 918 |
| CHAD | Direxion Daily CSI 300 China A Share Bear 1X Shares | 0,3 | 27,22 | 2015-06-17 | 0,85 | 3,49 | 300 |

자료 : ETFdb.com
주 : 2020.3.3 기준

앞에서 언급한 우량주에 대한 투자를 좀 더 알고 싶다면, '미국 주식으로 월세 만들기: 배당 투자', '불황에 강한 섹터/종목 살펴보기'를, 채권에 대한 투자는 앞장 '불황을 대비하는 안전판: 채권 투자'를 참고하자. 이제 옵션을 통해 위험성을 헷지하는 옵션 기반 ETF를 살펴보겠다.

## 옵션 기반 ETF

### 옵션이란?
#### 옵션의 기초

옵션매매는 쉽게 말해서 손실이 발생하는 상황이 오기 전 '옵션'이라는 일종의 보험을 들어놓아서 손실을 줄일 목적으로 만들어진 매매기법으로, 상당 부분이 보험과 유사한 만큼 보험을 연상한다면 좀 더 쉽게 이해할 수 있을 것으로 생각된다. 옵션은 원래부터 기초자산의 잠재적 손실을 헷지하기 위해 탄생했다. 헷지의 사전적 의미는 다음과 같다.

> '보유 중인 주식, 채권 같은 금융자산의 손실위험을 줄이기 위해 행해지는 투자'
>
> — 헷지(hedge), 케임브리지 사전

파생상품인 옵션매매는 의도하지 않은 기초자산의 손실을 일정 부분 헷지할 수 있다는 장점이 있다. 주식을 매매하는 경우는 단 두 가지의 수익구조가 있다. 매수한 가격보다 주가가 오르면 수익, 내리면 손실, 그리고 매수 가격과 같으면 본전. 다시 말해 기초자산을 사는 사람과 파는 사람이 수익을 낼 확률이 반반이라는 것이다.

하지만, 옵션에서는 주가가 행사가격과 같거나 어느 한쪽이 오르거나, 내리거나, 심지어 얼마만큼 오르고 내리는가에 따라서도 옵션 매수자와 매도자가 수익을 내는 확률이 달라진다는 특징이 있다. 옵션은 크게 콜 옵션과 풋 옵션으로 나눌 수 있고, 각각의 옵션은 매수와 매도가 가능하다.

### (1) 콜 옵션

옵션은 크게 콜 옵션과 풋 옵션으로 나눌 수 있고, 각각의 옵션은 매수와 매도가 가능하다.

먼저 콜 옵션 매수는 앞으로의 주가가 상승할 것을 기대할 때 사용되는 매매 방식으로, 만기일과 행사가격에 따라 각기 다른 프리미엄을 지불하고 콜 옵션을 산 사람은 주가가 얼마로 오르든 떨어지든 관계없이 매수한 콜 옵션의 행사가격으로 한 계약당 100주씩 매수할 수 있는 권리를 사는 것이다. 콜 옵션의 매수자가 수익을 내는 경우는 기초자산의 가격이 행사가격보다 높은 경우에만 가능하고, 기초자산의 가격과 행사가격이 같거나 낮은 경우에는 지불한 프리미엄만큼의 손실만을 입게 된다. 그러므로 콜 옵션 매수의 장점은 손실을 일정하게 묶어두면서 수익을 무한대까지 늘릴 수 있다는 점을 들 수 있다.

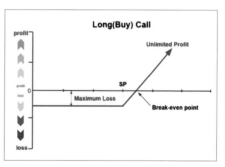

**▥ 콜 옵션 매수의 수익구조**

자료 : 필자

콜 옵션 매수의 반대 위치에 있는 콜 옵션 매도자는 옵션 매수자로부터 프리미엄을 먼저 받는 대신, 옵션 매수자가 옵션의 권리를 행사한다면 당시의 주가가 얼마인가에 관계없이 해당 콜 옵션의 행사가격으로 한 계약당 100주씩 매도해야 하는 의무를 지게 된다. 이런 이유로 콜 옵션 매도는 무한대의 손실과 한정된 이익을 얻는 것으로 알려져 있다.

이처럼 콜 옵션 매도자의 경우는 잠재적으로 무한대의 손실을 볼 수 있다는 치명적인 약점이 있지만, 기초자산의 주가가 행사가격과 같거나 낮은 두 가지의 경우 모두 이익을 얻을 수 있어 옵션 매수보다 훨씬 높은 확률로 수익을 낼 수 있다.

**⬛ 콜 옵션 매도의 수익구조**

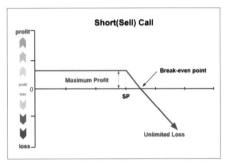

자료 : 필자

### (2) 풋 옵션

풋 옵션 매수는 앞으로의 주가가 하락할 것을 기대할 때 사용되는 매매 방식으로, 만기일과 행사가격에 따라 각기 다른 프리미엄을 지불하고 풋 옵션을 산 사람은 기초자산의 가격이 얼마로 오르든 떨어지든 관계없이 매수한 풋 옵션의 행사가격으로 한

**⬛ 풋 옵션 매수의 수익구조**

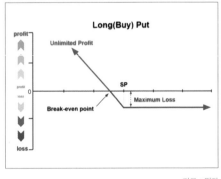

자료 : 필자

잠든 사이 월급 버는 미국 주식 투자

계약당 100주씩 먼저 매도(높은 가격)하고 당시 시가로 매수(낮은 가격)해서 갚을 수 있는 권리를 얻게 된다.

따라서 풋 옵션 매수자는 기초자산의 가격이 행사가격보다 낮은 경우에만 수익을 낼 수 있고, 기초자산의 가격과 행사가격이 같거나 높은 경우에는 지불한 프리미엄만큼의 손실을 보게 된다. 콜 옵션 매수와 마찬가지로, 손실은 일정하게 묶어놓지만 거의 무한대의 이익을 얻을 수 있다는 장점이 있다.

반면, 풋 옵션 매도자는 옵션 매수자로부터 프리미엄을 먼저 받는 대신 당시 주가와 관계없이 풋 옵션 매수자로부터 해당 풋 옵션의 행사가격으로 한 계약당 100주씩 매수해야 하는 의무를 지고 있다. 풋 옵션 매도자의 경우는 기초자산의 주가가 행사 가격과 같거나 높은 두 가지의 경우 모두에 수익을 낼 수 있어 역시 잠재적으로 거의 무한대의 손실을 볼 수 있는 치명적인 약점에도 불구하고 풋 옵션 매수보다 훨씬 높은 확률로 수익을 낼 수 있다는 장점이 있다.

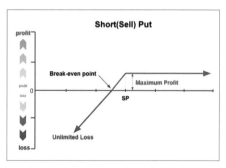

📊 풋 옵션 매도의 수익구조

자료 : 필자

## 옵션매도 수익구조 및 유형별 ETF

옵션 기반 ETF에 관심을 가져봐야 할 이유와 리스크

아쉽게도 한국에서는 한국 내 투자자가 미국 주식/ETF의 개별옵션 거래를 할 수 없다. 하지만, 옵션 기반 ETF를 통해 한국 투자자들이 접근할 수 없는 미국 주식 옵션투자를 이용할 수 있다. 옵션 기반 ETF의 장점은 헷지라는 옵션의 기본적인 장점은 그대로 가지면서, 기초자산과 옵션을 병행하면 기초자산의 배당금, 주가 상승에 추가하여 옵션 프리미엄이라는 추가수익 또한 기대할 수 있다.

이들 ETF는 옵션 매도를 기본전략으로 취하고 있지만, 가장 큰 차이점은 옵션 매수 후 만기일이 지나기 전까지 언제든지 권리행사가 가능한 미국식 옵션 대신 만기일에만 권리행사가 가능한 유럽식 옵션 형식을 따른다는 점, 그리고 옵션 매수자의 권리행사를 받아들이는 대신 프리미엄의 차액을 현금으로 지급한다는 점이다.

커버드 콜 기반 ETF의 경우, 기초자산의 가격이 행사가격보다 높아질 때 보유 중인 기초자산을 행사가격으로 옵션 매수자에게 매도하는 대신, 프리미엄의 차액을 현금으로 지급하여 계속해서 기초자산을 담보로 한 커버드 콜 매도를 계속한다. CSP의 경우도 기초자산의 가격이 행사가격보다 낮아지면 해당 풋 옵션의 행사가격으로 한 계약당 100주씩 매수해야 하는 의무 대신 프리미엄의 차이를 옵션 매수자에게 현금으로 지급하는 방식을 취함으로 기초자산으로 인한 시장 노출을 최소한으로 하고 있다.

또한 헷지를 위한 옵션 트레이딩의 결과가 본래 얻을 수 있는 수익을 제한할 수도 있다는 단점이 존재한다. 폭등장세 혹은 폭락장세에서는 자칫 옵션 매도를 통한 프리미엄 수익보다 오히려 손실이 더 커질 수가 있다. 즉 옵션 헷지를 하지 않았다면 오히려 수익률이 좀 더 높을 수도 있다는 것이다.

마지막으로 다른 개별 종목 혹은 ETF처럼 매매할 수 있는 옵션 기반 ETF의 종류가 한정적이라는 것과 총 운용자산(Asset Under Management, AUM)의 크기가 상대적으로 적어 유동성(Liquidity) 면에서 불리할 수 있다는 점을 기억해야 할 것이다.

아무리 투자의 리스크를 헷지한다고 하더라도, 옵션 트레이딩이 절대로 무적 치트키가 될 수 없다. 헷지라는 것이 위험 혹은 손실을 100% 상쇄하는 것이 아니기 때문이다. 그러므로 보유하고 있는 기초자산 자체 가격의 등락에 따라 발생하는 손실에 대한 리스크는 여전히 존재한다는 점을 반드시 염두에 두어야 한다.

## 옵션매도 수익구조 ETF

### 1. 커버드 콜

#### (1) 커버드 콜 개요

커버드 콜 매도는 보유한 기초자산과 콜 옵션 매도가 결합하여 있다. 콜 옵션 매도자는 보유하고 있는 기초자산을 담보로 콜 옵션을 매도한다. 앞에서 설명한 것처럼, 콜 옵션을 매도하게 되면 기초자산의 주가가 행사가격과 같거나 낮아지는 두

📊 **커버드 콜 수익 구조**

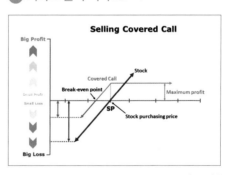

자료 : 필자

가지의 경우에 콜 옵션 매수자가 권리를 행사하지 않게 되어 해당 콜 옵션은 만기일에 가치 없이 소멸하게 된다. 따라서 이미 받은 옵션 매도

프리미엄은 수익으로 잡히고 보유한 기초자산에 아무런 영향이 없다.

커버드 콜의 또 다른 장점은 기초자산의 가격이 행사가격보다 높아지는 경우에 옵션 매도자에게 발생할 수 있는 '무한대의 손실'은 '이미' 보유 중인 기초자산을 행사가격에 옵션 매수자에게 매도함으로 위험을 상쇄할 수 있다는 것이다. 특히 기초자산의 매도가격인 콜 옵션의 행사가격을 기초자산 매수가보다 높게 책정해서 옵션 매수자의 권리행사를 통해서도 수익을 낼 수 있다. 특이하게도 커버드 콜 매도는 '콜 옵션 매도'라는 이름에도 불구하고 그 수익구조는 풋 옵션 매도와 형태가 같다는 점을 기억하자. 이는 기초자산 가격의 하락이 미리 받은 콜 옵션 매도 프리미엄보다 커지는 순간부터 순손실이 발생하기 때문이다.

### (2) 커버드 콜 ETF: QYLD, HSPX

📊 미국 상장 커버드 콜 ETF

| 티커 | ETF명 | 운용자산 (억$) | 주가($) | 상장일 | 보수(%) | 배당수익률 (%) | 보유종목 수 |
|------|-------|---------------|---------|--------|---------|---------------|------------|
| QYLD | Global X NASDAQ 100 Covered Call ETF | 10.1 | 22.47 | 2013-12-12 | 0.60 | 11.00 | 104 |
| HSPX | Global X S&P500 Covered Call ETF | 1.5 | 48.04 | 2013-06-24 | 0.65 | 6.41 | 505 |

자료 : ETFdb.com
주 : 2020.3.3 기준

## Global X Nasdaq 100 Covered Call ETF(QYLD)

| | |
|---|---|
| 운용자산(1억$) : 10.1 | 배당주기 : 월간 |
| 편입 종목(개) : 104 | 운용보수(%) : 0.60 |
| 배당수익률(%) : 11.00 | |

QYLD는 CBOE 나스닥-100 바이라이트 V2 지수(CBOE NASDAQ-100
® BuyWrite V2 Index, BXN)를 추종하는 ETF로 자산의 최소 80% 이상
을 해당 지수에 포함된 종목에 투자하고 있다. 운용사는 Global X이며
시장의 변동성에 따라 수익으로 연결되는 프리미엄도 함께 변동한다는
점, 그리고 발행 이후 월 0.43%~1.08%에 달하는 높은 수익률을 올려
왔다는 점 등을 가장 큰 특징이라 할 수 있다.

· QYLD 업종별 비중 및 편입 비중 상위 10개 종목/
  2014년 이후 배당 내역

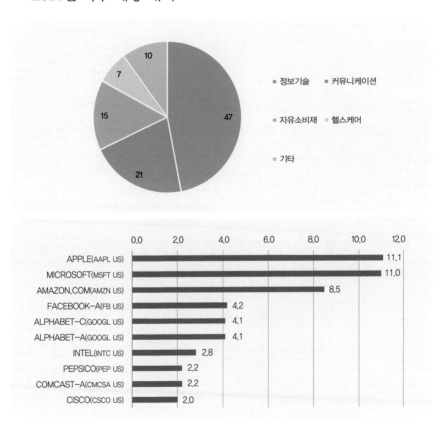

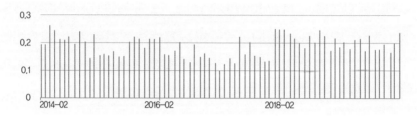

자료 : Global X, Dividend.com
주 : 섹터 비중 기준일 2019.12.31
비중 : %, 배당금 : $

## Global X S&P500 Covered Call ETF(HSPX)

| | | | |
|---|---|---|---|
| 운용자산(1억$) : 1.5 | | 배당주기 : 월간 | |
| 편입 종목(개) : 505 | | 운용보수(%) : 0.65 | |
| 배당수익률(%) : 6.48 | | | |

HSPX는 CBOE S&P500 2% OTM 바이라이트 지수(CBOE S&P500 2% OTM BuyWrite Index, BXY)를 추종하는 ETF로 자산의 최소 80% 이상을 해당 지수에 포함된 종목에 투자하고 있다. QYLD와는 다르게 다소 낮은 외가격(out-of-money)의 낮은 프리미엄으로 옵션을 매도하지만, 시장의 급등에 상대적으로 완충 공간을 제공한다는 특징이 있다.

- HSPX 업종별 비중 및 편입 비중 상위 10개 종목/ 2014년 이후 배당 내역

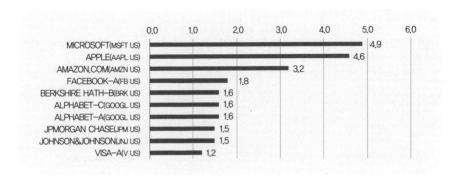

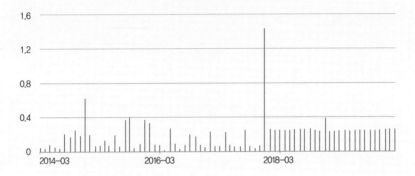

자료 : Global X, Dividend.com
주 : 섹터 비중 기준일 2019.12.31

## 2. CSP(cash-secured Put)

### (1) CSP 개요

CSP의 구조는 현금과 풋 옵션 매도로 구성되어 있다. 기초자산의 가격이 행사가격보다 높아지거나 같아지는 두 가지 경우에는 풋 옵션 매수자가 권리를 행사하지 않게 되어 해당 풋 옵션은 만기일에 가치 없이 소멸하게 되고 이미 받은 옵션 매도 프리미엄은 수익으로 잡힌다.

만약 기초자산의 가격이 행사가격보다 낮아지는 경우에는, 보유하고 있는 현금으로 풋 옵션 매수자로부터 해당 풋 옵션의 행사가격으로 한 계약당 해당 기초자산 100주씩을 의무적으로 매수해야 한다. 하지만, 행사가격으로 매수하는 기초자산의 가격에는 이미 받은 풋 옵션 매도 프리미엄이 포함되어 있기 때문에 실질 매수가는 행사가격보다 받은 프리미엄만큼 낮아지는 효과가 생긴다.

CSP의 수익구조는 의무매수를 위한 현금을 보유하는 것 이외에는 풋 옵션 매도와 같다. 따라서 앞에서 설명한 것과 같이 커버드 콜 매도의 수익구조와도 동일하다는 점을 기억하자.

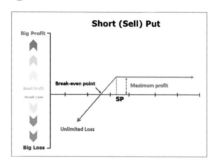

📊 CSP 수익 구조

자료 : 필자

예를 들어 주당 1달러의 프리미엄을 받고 매도한 행사가격 10달러의 풋 옵션을 의무적으로 매수하게 된다면, 주당 매수가격은 서류상으로는 주당 10달러이지만 실제로는 이미 받은 풋 옵션 매도 프리미엄 주당 1달러를 고려한다면 실제 인수가격은 9달러가 되는 것이다.

10.00달러 - 1.00달러 = 9.00달러

### (2) CSP(cash-secured Put) ETF: FTLB, PUTW

📊 미국 상장 CSP ETF

| 티커 | ETF명 | 운용자산 (억$) | 주가($) | 상장일 | 보수(%) | 배당수익률 (%) | 보유종목 수 |
|------|-------|--------------|---------|--------|---------|--------------|------------|
| FTLB | First Trust Hedged BuyWrite Income ETF | 0.1 | 21.35 | 2014-01-06 | 0.85 | 3.14 | 132 |
| PUTW | WisdomTree CBOE S&P500 PutWrite Strategy Fund | 2.0 | 27.29 | 2016-02-24 | 0.44 | 1.52 | 2 |

자료 : ETFdb.com
주 : 2020.3.3 기준

# First Trust Hedged BuyWrite Income ETF(FTLB)

| | |
|---|---|
| 운용자산(1억$) : 0.1 | 배당주기 : 월간 |
| 편입종목(개) : 132 | 운용보수(%) : 0.85 |
| 배당수익률(%) : 3.14 | |

FTLB는 PUTW와는 다르게 S&P500 지수의 풋 옵션의 매수와 커버드 콜의 매도를 동시에 진행하고 있는 특징이 있다.

• FTLB 업종별 비중 및 편입 비중 상위 10개 종목/
  2014년 이후 배당 내역

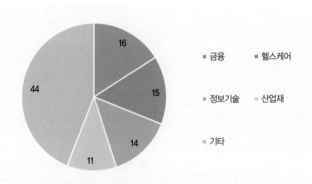

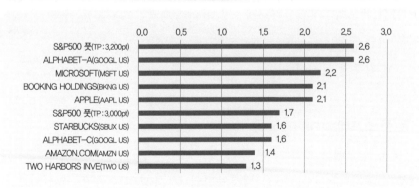

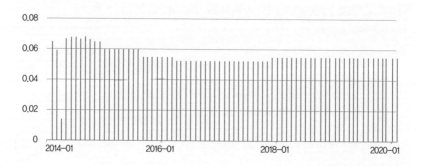

자료 : Ftportfolios, Dividend.com
주 : 섹터 비중 기준일 2020.3.5
비중 : %, 배당금 : $

## WisdomTree CBOE S&P500 PutWrite Strategy Fund(PUTW)

| 운용자산(1억$) : 2.0 | 배당주기 : |
| 편입종목(개) : 2 | 운용보수(%) : 0.38 |
| 배당수익률(%) : 1.52 | |

PUTW는 CBOE S&P500 풋라이트 지수(CBOE S&P500 PutWrite Index, PUT)를 추종하는 ETF로 자산의 최소 80% 이상을 해당 지수에 포함된 종목에 투자하고 있다. 투자자산은 S&P500 지수의 풋 옵션 매도와 1개월물과 3개월물 미국 국채(Treasury bills) 매수에 집중된 특징이 있다.

**Top Holdings**     MORE ›

Top 2 Holdings    100.00%
AS OF 03/06/2020    of 2 total

| UST Bill 02/15/18 MATd | UNITED STATES TREASURY | 87.09% |
| CASH | Cash | 12.91% |

자료 : Fidelity.com
주 : PUTW 보유종목 (2020년 3월 6일 기준)

## 2. 풋 스프레드(Put spread)

### (1) 풋 스프레드 개요

풋 스프레드는 서로 다른 행사가격의 풋 옵션 매수와 풋 옵션 매도로 구성되어 있다. 풋 옵션 매도는 앞에서 설명한 CSP의 형태로 이용하게 된다. 하지만, CSP와 크게 다른 점은 풋 옵션 매도의 행사가격보다 낮은 행사가격의 풋 옵션을 매수한다는 것이다.

CSP는 기초자산의 가격이 행사가격보다 낮아지면 낮아질수록 손실의 폭이 커지게 되는 구조이지만, 풋 스프레드는 기초자산의 가격이 행사가격보다 낮아지면 손실이 발생하다가 기초자산의 가격이 행사가격을 지나면서부터는 매수한 풋 옵션을 통해 발생한 수익이 손실을 상쇄하기 시작한다. 수익이 제한되지만, 손실도 제한되는 형태이다.

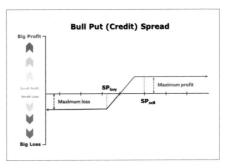

**풋 옵션 스프레드의 수익구조**

자료 : 필자

풋 스프레드로부터 발생하는 수익도 일정하고, 손실 역시 일정하게 묶이게 된다. 따라서 CSP보다 운용비용이 조금 더 들고 수익의 폭도 줄어들지만, 손실의 폭은 묶어둘 수 있는 장점이 있어 좀 더 보수적인 입장의 투자자에게 적당하다.

(2) **풋 스프레드**(Put spread) ETF: OVL, OVS, OVF, OVB, OVM
가장 최근 리퀴드 스트래티지스(Liquid Strategies LLC)의 오버레이 셰어즈(Overlay shares)라는 브랜드로 출시된 ETF다. 2019년 9월 30일 모두 다섯 가지 종류의 풋 스프레드를 이용한 ETF로 발행되었으며, 대형주 중심의 OVL, 소형주 중심의 OVS, 해외기업 중심의 OVF, 미국채 중심의 OVB, 지방채(municipal bond) 중심의 OVM으로 구성되어 있다. 앞서 설명한 것처럼 기초 자산이 상승할 때 제한된 수익, 하락할 때 제한된 손실이 발생하는 ETF다.

📊 미국 상장 풋 스프레드 ETF

| 티커 | ETF명 | 운용자산 (억$) | 주가($) | 상장일 | 보수(%) | 배당수익률 (%) | 보유종목 수 |
|---|---|---|---|---|---|---|---|
| OVL | Overlay Shares Large Cap Equity ETF | 0.5 | 26.06 | 2019-09-30 | 0.78 | 0.37 | 2 |
| OVS | Overlay Shares Small Cap Equity ETF | 0.1 | 23.35 | 2019-09-30 | 0.82 | 0.37 | 2 |
| OVF | Overlay Shares Foreign Equity ETF | 0.3 | 23.37 | 2019-09-30 | 0.96 | 2.08 | 3 |
| OVB | Overlay Shares Core Bond ETF | 0.9 | 25.43 | 2019-09-30 | 0.79 | 0.07 | 2 |
| OVM | Overlay Shares Municipal Bond ETF | 0.3 | 25.35 | 2019-09-30 | 0.82 | 0.11 | 2 |

자료 : ETFdb.com
주 : 2020.3.3

US Equity Investment

# 미국 주식
# 기초

# 세금 알아보기

📊 미국 주식 투자 세금 체계

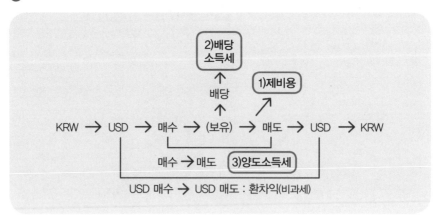

자료 : 필자

　미국 주식에 투자하는 데 있어서 발생하는 세금/제비용은 1) 매매 과정에서 발생하는 제비용(SEC Fee), 2) 보유하고 있는 주식/ETF에서 발생하는 배당/분배금에서 발생하는 배당소득세, 3) 매매 차익에 대해서 발생하는 양도소득세, 총 세 가지이다. 이들 세금은 최종적인 투자 수익률과 직결되는 만큼 잘 알아두고 미리 챙길 필요가 있다.

## 1) 제비용

매수/매도 과정에서 발생하는 비용으로 크게 ECN Fee와 SEC Fee가 있다. 수수료율은 증권사마다 다르며, ECN Fee의 경우 매매 수수료에 포함된 경우도 있다. 일반적으로 ECN Fee는 매매 수량에, SEC Fee는 매매 금액에 비례하여 부과되기 때문에 매매를 줄이는 것 외에는 별도로 줄일 방법은 존재하지 않는다.

## 2) 배당소득세

배당소득세율 : 15%(등록 소재지가 미국 외일 경우 해당 소재지 세율 적용)

보유하고 있는 주식에서 나오는 배당금, ETF에서 나오는 분배금에 부과되는 세금으로 세율은 15%로 원천징수된다. 가령 마이크로소프트(MSFT US)에서 배당금을 1,000달러 받게 된다면 15%인 150달러를 제외한 850달러가 입금된다.

배당소득세는 한국에서 받는 이자/배당과 함께 2,000만 원이 넘어갈 경우 금융소득 종합과세가 적용된다. 위 사례의 경우 지급일의 고시 환율(한국은행)이 1,200원일 경우 1,000달러에 대해 1,000달러*1,200원=1,200,000원이 금융소득에 합산된다. 한편 의료보험 피부양자의 경우 금융소득 등 종합과세 소득이 3,400만 원을 넘어갈 경우 피부양자 자격을 박탈당하고 지역가입자로 전환되기 때문에 유의할 필요가 있다.

ADR 등 등록 소재지가 미국 외에 있는 경우 해당 소재지 세율이 적용된다. 따라서 미국 시장에 상장된 종목이라고 하더라도 미국 외 기업일 경우 배당 세율이 다를 수 있다는 점도 알아두자.

### 3) 양도소득세

팔아서 확정된 수익에 대해 부과되는 세금으로 주식을 보유하고 있는 중에는 부과되지 않는다. 결제일 기준으로 1년간(N년 1월 1일~N년 12월 31일) 발생한 세금에 대해 부과되며, 다음 해(N+1년) 5월에 납부한다.

> 양도소득세 = 양도소득 과세표준*22%
>
> *양도소득 과세표준:
>
>  매도금액(가격*수량*매도 시점 환율)
>
>  - 매수금액(가격*수량*매수 시점 환율)
>
>  - 제비용(수수료, 제비용 등)
>
>  - 기본공제금액(250만 원)

가령 2019년 한 해 동안 마이크로소프트(MSFT US)를 매도해 1,250만 원의 수익이 발생했다고 하자(제비용 등 제외). 이 경우 기본공제금액 250만 원을 제외한 1,000만 원이 양도소득 과세표준이 되며, 여기에 22%를 곱한 220만 원을 세금으로 내게 된다.

한편 양도소득세는 해외주식의 매도 수익과 매도 손실, 국내 양도소득세 대상 주식의 매매차익에 대해 합산된다(국내는 2020년 1월 1일부터, 대주주 요건 주식이나 비상장주식 대상). 예를 들어 마이크로소프트(MSFT US)에서 1,000만 원의 매도 수익이, 애플(AAPL US)에서 800만 원의 매도 손실이 발생할 경우 둘을 합산한 200만 원에 대해서 양도소득세가 부과되게 되는데, 250만 원의 기본공제금액이 있기 때문에 실질적인 세금은 없게 된다.

참고로 양도소득세는 두 가지 방법을 통해서 줄일 수 있다. 첫 번째는 해가 넘어가기 전에 평가 손실(마이너스 상태로 보유하고 있는 상태)난 종목을 매도하는 방법이다. 이 방법에서 주의할 점이 두 가지가 있는데 첫 번째는 결제일 기준이라는 점으로, 거래일 마지막 날 매도할 경우 결제가 다음 해로 넘어가기 때문에 양도소득세를 줄일 수 없다. 증권사별로 양도소득을 줄일 수 있는 기한을 국가별로 안내하는 만큼 참고하도록 하자. 또한 해당 종목을 계속 보유하고 싶을 경우 매도 후 다시 재매수하면 되지만 계좌가 '후입선출'인 경우 매도 후 당일 재매수하면 양도소득에 반영되지 않기 때문에 주의할 필요가 있다.

두 번째 방법은 가족에게 주식을 증여하는 방법이다. 해외주식을 증여할 때 취득가액(매수금액)이 취득 시점 전후 2개월 평균이 적용되는 것을 활용하는 것이다. 예를 들어 100달러에 매수해 현재 500달러가 된 주식을 배우자에게 증여하여 매도하고, 취득 전후 2개월 평균이 500달러인 경우 양도소득은 0이 된다(환율 동일 가정). 이 경우 증여공제 한도(10년 기준 배우자 6억 원, 성년 자녀 5,000만 원, 미성년 자녀 2,000만 원) 내인 경우 비과세나 실질적인 귀속을 원칙으로 하므로 매도 자금을 다시 반환할 경우 인정되지 않는다.

# Q&A로 정리하는
# 미국 주식 살펴보기

## 1) 시장 전반 살펴보기

**Q** 미국 주식 관련 참고할만한 주요 애플리케이션은 어떤 것이 있나요?

**A** 가장 대표적인 무료 실시간 시세 참고 애플리케
이션으로 '위불(Webull)'이 있습니다. 관심 종목
을 즐겨찾기 및 분류해두면 언제든 실시간 시세
및 장전(before market), 장후(After market) 시세
를 비교적 편리하게 확인 가능합니다. 거의 모든
종목의 기본적인 정보들이 포함되어 있어 가장
사랑받고 있는 애플리케이션 중 하나입니다.
다음으로 투자자들의 다양한 의견과 정보, 재무
제표를 비교적 편리하게 이용할 수 있는 애플리

자료 : 위불(Webull)

케이션으로 '시킹알파(Seekingalpha)'가 있습니다. 시킹알파는 특히 관심 종목 관련 뉴스를 팝업이나 알림으로 보내주는 기능이 있어 활용도가 높으며 준프로급의 아마추어들이 꾸준히 기고 글을 올려주고 있어 다양한 의견을 참고하는데 도움이 됩니다. 물론 일부 유료기능이 있지만, 유료로 구독하지 않더라도 큰 불편함은 느끼지 못할 정도의 유용한 서비스를 제공해주는 편입니다.

자료 : 시킹 알파(SeekingAlpha)

**Q** 미국 내 주식이나 채권 등 각종 자산의 시세를 볼 수 있는 사이트에는 무엇이 있나요? 미국 주식 실시간 주가 무료 확인 방법도 궁금합니다.

**A** 미국 주식 실시간 주가 무료 확인 방법:

미국 주식의 가격은 Cboe, CNBC, IEX 웹사이트에서 실시간으로 확인하실 수 있습니다.

**Cboe Book Viewer: https://markets.cboe.com/us/equities/market_statistics/book_viewer/**

씨보이 북 뷰어(Cboe Book Viewer)는 Cboe 미국 증권 거래소에 있는 주식의 실시간 매수호가(bids)와 매도호가(asks)를 무료로 각각 4호가씩 보여줍니다. 승인된 주문의 수와 거래량도 보여주고 있어서 유용합니다.

**CNBC: https://www.cnbc.com/finance**

CNBC에서는 실시간 주가 차트와 실시간 주가 정보를 제공하고 있습니다. 그 외에 시가총액, 유통주식 수, 연간 배당금, 시가배당률, EPS, PER, EBITDA, ROE, 매출총이익률, 자본 대비 부채비율 등도 함께 확인하실 수 있습니다.

## IEX: https://iextrading.com/apps/stocks

IEX는 미국 주식 실시간 주가 데이터를 제공하는 사이트인 동시에 거래소이기도 합니다. 실시간 주가 차트뿐만 아니라 시가총액, 최근 EPS, 연간 배당금, 시가배당률, 배당락일, PER 등의 정보도 제공하고 있습니다.

**Q 미국 뉴스 관련 사이트를 소개해주세요.**

**A CNBC, WSJ, FT, Bloomberg**

한국에서 미국 주식 투자를 할 때 가장 많이 활용하는 사이트 및 애플리케이션은 'CNBC'입니다. WSJ 및 파이낸셜타임스의 경우 대부분의 기사가 유료화되어 이용하는데 제한이 있지만, CNBC는 대부분의 고퀄리티 기사들이 무료로 제공되고 있습니다. 주식뿐 아니라 다양한 자산에 대한 시세 및 정보, 각종 현지 기사들을 비교적 신속하고 정확하게 제공

자료 : CNBC.com

해주는 곳으로 많은 사랑을 받고 있습니다. 유료지만 조금 더 시각화된 정보, 고퀄리티 기사를 보고 싶다면 역시 월스트리트저널(WSJ), 파이낸셜타임스(FT), 블룸버그(Bloomberg)를 함께 구독하거나 선택하여 활용하는 것도 괜찮은 방법입니다.

또한 Wall street journal, CNBC, Marketwatch, Seeking Alpha, Reuters 등 미국 언론사나 증권 포털 사이트들의 앱을 다운받은 후, News feed 기능을 이용하면 즉각적인 알림을 받을 수 있습니다.

**Q** 경제지표와 관련된 사이트를 소개해주세요.

**A** **트레이딩이코노믹스(Tradingeconomics)** : 전 세계 주요 국가의 GDP 및 각종 지표를 한눈에 볼 수 있는 가장 편리한 사이트 중 하나입니다.

＊트레이딩이코노믹스 : Tradingeconomics.com

**연방준비위원회(FED)** : 미국의 각종 주요 지표를 내려받을 수 있어 각종 분석 보고서의 원출처로 많이 사용되는 대표적인 사이트입니다.

＊연방준비위원회 : www.federalreserve.gov

**인베스팅닷컴(investing.com)** : 전 세계 각종 주요 지표를 실시간으로 예상치와 함께 발표해주어 편리하게 활용 가능합니다. 특히 애플리케이션으로 알림 설정을 해두면 해당 지표 발표치와 예상치 대비 어떤지를 쉽게 비교 가능합니다.

**Q** 증권거래소 약자는 무슨 의미인가요?

**A** 각국의 공항마다 정해진 심볼로 확인을 하는 것처럼 각국에 있는 주식 거래소들도 독특한 심볼로 구분을 합니다. 미국의 NYSE는 '뉴욕 증권 거래소(New York Stock Exchange)'의 약자이며 흔히 한 단어로 알고 있

는 나스닥(NASDAQ)도 '전미 증권협회 주식시세 자동통보체계(National Association of Securities Dealers Automated Quotations System)'의 약자입니다. 또한 OTC는 '장외 주식거래소'를 뜻하는 Over-the-Counter입니다. 각국의 대표적인 증권거래소의 심볼을 아래에 정리해봤습니다.

| 주식거래소 | Stock Exchange | Symbol |
|---|---|---|
| 뉴욕 주식거래소 | New York Stock Exchange | NYSE |
| 나스닥 주식거래소 | NASDAQ Stock Exchange | NASDAQ |
| 아멕스 주식거래소 | NYSE American Equities | AMEX |
| 미국 장외주식거래소 | OTC Markets U.S. | OTC |
| 대만 주식거래소 | Taiwan Stock Exchange | TWSE |
| 동경 주식거래소 | Tokyo Stock Exchange | JPX |
| 두바이 나스닥 | NASDAQ Dubai | NDXB |
| 두바이 주식거래소 | Dubai Financial Market | DFM |
| 뒤셀도르프 주식거래소 | Düsseldorf Stock Exchange | XDUS |
| 런던 장외주식거래소 | OTC London | LOTC |
| 런던 주식거래소 | London Stock Exchange | LSE |
| 멕시코 주식거래소 | Mexican Stock Exchange | BMV |
| 몬트리올 옵션 거래소 | Bourse de Montréal Options | CDE |
| 봄베이 주식거래소 | Bombay Stock Exchange | BSE |
| 브라질 주식거래소 | Brazil Stock Exchange | BOVESPA |
| 사우디 주식거래소 | Saudi Stock Exchange | TADAWUL |
| 상하이 주식거래소 | Shanghai Stock Exchange | SSE |
| 선전 주식거래소 | Shenzhen Stock Exchange | SZSE |
| 스위스 주식거래소 | Swiss Stock Exchange | SIX |
| 스톡홀름 주식거래소 | Stockholm Stock Exchange | OMX |
| 시드니 주식거래소 | Sydney Stock Exchange | SSX |
| 아르헨티나 주식거래소 | Argentinian Stock Exchange | BCBA |
| 유렉스 주식거래소 | Eurex | EUREX |
| 유로넥스트 주식거래소 | Euronext Exchange | EURONEXT |
| 인도 국립 주식거래소 | India National Stock Exchange | NSE |
| 캐나다 국립 주식거래소 | Canadian National Stock Exchange | CNSX |
| 타이페이 주식거래소 | Taipei Exchange | TPEX |
| 텔아비브 주식거래소 | Tel-Aviv Stock Exchange | TASE |
| 토론토 주식거래소 | Toronto Stock Exchange | TSX |
| 프랑크프루트 주식거래소 | Frankfurt Stock Exchange | FSX |
| 한국 주식거래소 | South Korea Stock Exchange | KRX |
| 호주 주식거래소 | Australia Stock Exchange | ASX |
| 호치민 주식거래소 | Ho Chi Minh Stock Exchange | HOSE |
| 홍콩 주식거래소 | Hong Kong Stock Exchange | HKEX |

또한 미국 주식거래를 하다 보면 지역에 따른 미국의 표준시 약자를 접할 수 있는데, 크게 동부 표준시(EST), 중부 표준시(CST), 태평양 표준시(PST) 정도만 기억하셔도 충분합니다.

| EST | EASTERN STANDARD TIME | UTC − 5 |
|-----|----------------------|---------|
| EDT | EASTERN DAYLIGHT TIME | UTC − 4 |
| CST | CENTRAL STANDARD TIME | UTC − 6 |
| CDT | CENTRAL DAYLIGHT TIME | UTC − 5 |
| MST | MOUNTAIN STANDARD TIME | UTC − 7 |
| MDT | MOUNTAIN DAYLIGHT TIME | UTC − 6 |
| PST | PACIFIC STANDARD TIME | UTC − 8 |
| PDT | PACIFIC DAYLIGHT TIME | UTC − 7 |

## 2) 주요 기업 살펴보기

**Q** S&P500 업종별 주가수익비율(PER) 확인할 수 있는 곳을 알려주세요.

**A** 아래의 링크를 통해서 업데이트되는 현재 S&P500의 업종별 주가수익비율(PER)과 5년 치 평균 주가수익비율(PER)을 비교해볼 수 있습니다. 아래의 주소를 찾아가면 엑셀파일도 받아볼 수 있습니다.

https://www.gurufocus.com/sector_shiller_pe.php

**Q** 관심 가는 기업의 10년 재무 데이터를 확인할 방법이 있을까요?

**A** 미국 기업들의 과거 재무 데이터는 모닝스타와 와이차트 등에서 확인할 수 있는데요, 모닝스타는 무료로 제공하는 부분이 많지만, 와이차트는 유료 사이트입니다.

**무료 사이트 - 모닝스타(Morningstar): https://www.morningstar.com/stocks**

모닝스타에 접속하여 미국 주식의 티커로 검색을 하면, 쿼트(Quote) 화면이 나타나는데 여기 쿼트 화면에서 키 레이쇼즈(Key Ratios)라는 메뉴가 보이실 겁니다. 이걸 클릭하면 키 레이쇼즈 화면이 나타나는데요, 이화면에서 풀 키 레이쇼즈 데이터(Full Key Ratios Data)라는 글씨가 보이실 겁니다. 이걸 클릭하면, 해당 기업의 10년 재무 데이터가 나타납니다. 투자하는 데 있어서 필요한 대부분의 핵심 재무 비율 등을 보기 좋게 정리가 되어 있기 때문에 아주 유용합니다. 또한, 해당 화면에서 엑스포트(Export) 버튼을 클릭하여 데이터도 다운받으실 수 있습니다.

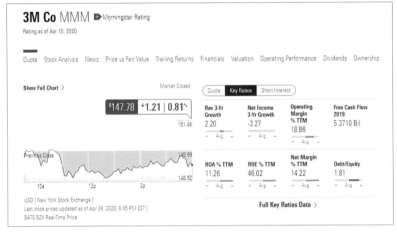

자료 : 모닝스타(Morningstar.com)

**유료 사이트 - 와이차트(Ycharts): https://ycharts.com/**

유료 사이트지만 7일 무료 체험(7-Day Free Trial)을 할 수 있으니 관심기업 리스트를 우선 만들어놓은 후, 무료 체험 기간을 활용하여 데이터를 확인하는 것도 한 방법입니다.

잠든 사이 월급 버는 미국 주식 투자

**Q** 관심 기업들의 실시간 PER, PBR 등 확인할 방법은 무엇인가요?

**A** 실시간 PER는 야후 파이낸스와 IEX 웹사이트에서 확인이 가능하며, PBR은 모닝스타에서 확인이 가능합니다.


**야후 파이낸스(Yahoo Finance): https://finance.yahoo.com/**

야후 파이낸스에서 미국 주식 티커로 검색하면 해당 주식의 TTM PER(PE Ratio)를 확인하실 수 있습니다. TTM이란, 최근 12개월(Trailing Twelve Months)의 데이터를 의미합니다.

**IEX: https://iextrading.com/apps/stocks**

IEX 웹사이트에서 미국 주식 티커로 검색하면 해당 주식의 PER(P/E RATIO)를 확인하실 수 있습니다.

**모닝스타(Morningstar): https://www.morningstar.com/stocks**

모닝스타에서 미국 주식 티커로 검색하면 쿼트(Quote) 화면이 나타나는데 여기서 PBR(Price/Book)을 확인하실 수 있습니다.


**Q** 미국 투자대가들의 포트폴리오 알아볼 방법이 있을까요?

**A** 운용자금이 1억 달러 이상 규모의 연금펀드, 은행, 투자기관, 헷지 펀드 등의 기관투자자들은 매 분기(3월, 6월, 9월, 12월) 마지막 날로부터 45일 안에 해당 분기의 투자 변동사항들을 미국 증권거래위원회(Securities and Exchange Commission, SEC)에 섹션 13(f)라는 양식의 보고서를 제출해야 합니다. 따라서, 미국의 투자 대가들이 운영하는 포트폴리오를 확인할 수 있습니다.

검색하는 방법 몇 가지를 소개하겠습니다.

## 1. 미국 증권거래위원회의 홈페이지

(https://www.sec.gov/edgar/searchedgar/companysearch.html)

에드가(Electronic Data Gathering, Analysis, and Retrieval, EDGAR)에 접속을 해야 합니다. 그리고, 검색창에 해당 기관의 이름으로 검색을 하면, 왼쪽의 파일링(filings)칸에서 13F라고 적혀있는 보고서를 검색할 수 있습니다. 약간 복잡해 보이지만 기관의 13F 이외에도 분기 보고서, 이사회 변경 사항 등 다양한 공시자료들을 확인할 수 있습니다. 예를 들어, 워런 버핏(Warren Buffett)의 버크셔 해서웨이(Berkshire hathaway)가 제출한 13F를 검색하는 방법을 알아보겠습니다.

1) 아래의 빨간색 화살표가 위치한 검색창에 Berkshire hathaway를 입력합니다.

자료 : 증권거래위원회(SEC.gov)

2) 0001067983 BERKSHIRE HATHAWAY INC를 클릭합니다.

자료 : 증권거래위원회(SEC.gov)

## 3) 13F가 우리가 찾는 보고서이며, Document를 클릭합니다.

| | | | | | |
|---|---|---|---|---|---|
| SC 13G/A | (Documents) | [Amend] Statement of acquisition of beneficial ownership by individuals<br>Acc-no: 0001193125-20-038242 Size: 754 KB | 2020-02-14 | | |
| 13F-HR | (Documents) | Quarterly report filed by institutional managers, Holdings<br>Acc-no: 0000950123-20-002466 (34 Act) Size: 102 KB | 2020-02-14 | 028-04545<br>20619517 | |
| SC 13G | (Documents) | Statement of acquisition of beneficial ownership by individuals<br>Acc-no: 0000093751-20-000431 (34 Act) Size: 8 KB | 2020-02-13 | 005-55113<br>20608742 | |
| SC 13G/A | (Documents) | [Amend] Statement of acquisition of beneficial ownership by individuals<br>Acc-no: 0001104659-20-017345 (34 Act) Size: 13 KB | 2020-02-12 | 005-55113<br>20599249 | |
| SC 13G/A | (Documents) | [Amend] Statement of acquisition of beneficial ownership by individuals<br>Acc-no: 0000834237-20-004737 (34 Act) Size: 13 KB | 2020-02-05 | 005-55113<br>20576979 | |
| SC 13G/A | (Documents) | [Amend] Statement of acquisition of beneficial ownership by individuals<br>Acc-no: 0001193125-19-302501 Size: 188 KB | 2019-11-27 | | |
| 13F-HR | (Documents) | Quarterly report filed by institutional managers, Holdings<br>Acc-no: 0000950123-19-011362 (34 Act) Size: 100 KB | 2019-11-14 | 028-04545<br>191220083 | |
| SC 13D/A | (Documents) | [Amend] General statement of acquisition of beneficial ownership<br>Acc-no: 0001193125-19-290150 Size: 283 KB | 2019-11-12 | | |
| 8-K | (Documents) (Interactive Data) | Current report, items 2.02 and 9.01<br>Acc-no: 0001193125-19-283594 (34 Act) Size: 313 KB | 2019-11-05 | 001-14905<br>191190939 | |
| 10-Q | (Documents) (Interactive Data) | Quarterly report [Sections 13 or 15(d)]<br>Acc-no: 0000950123-19-009995 (34 Act) Size: 25 MB | 2019-11-04 | 001-14905<br>191188211 | |
| 8-K | (Documents) (Interactive Data) | Current report, items 8.01 and 9.01<br>Acc-no: 0001193125-19-244935 (34 Act) Size: 1 MB | 2019-09-13 | 001-14905<br>191093096 | |

자료 : 증권거래위원회(SEC.gov)

## 4) form13fInfoTable.html을 클릭합니다.

자료 : 증권거래위원회(SEC.gov)

5) 아래와 같이 버크셔 해서웨이의 해당 분기 거래내역, 매입가격 등을
확인할 수 있습니다.

The Securities and Exchange Commission has not necessarily reviewed the information in this filing and has not determined if it is accurate and complete.
The reader should not assume that the information is accurate and complete.

UNITED STATES SECURITIES AND EXCHANGE COMMISSION
Washington, D.C. 20549
FORM 13F

FORM 13F INFORMATION TABLE

| | | | | | | OMB APPROVAL | |
|---|---|---|---|---|---|---|---|
| | | | | | | OMB Number: | 3235-0006 |
| | | | | | | Expires: | Oct 31, 2018 |
| | | | | | | Estimated average burden | |
| | | | | | | hours per response: | 23.8 |

| | | COLUMN 3 | COLUMN 4 | COLUMN 5 | | | COLUMN 6 | COLUMN 7 | COLUMN 8 | | |
|---|---|---|---|---|---|---|---|---|---|---|---|
| COLUMN 1 | COLUMN 2 | | | VALUE | SHRS OR | SH/ PUT/ | INVESTMENT | OTHER | VOTING AUTHORITY | | |
| NAME OF ISSUER | TITLE OF CLASS | CUSIP | | (x$1000) | PRN AMT | PRN CALL | DISCRETION | MANAGER | SOLE | SHARED | NONE |
| AMAZON COM INC | COM | 023135106 | | 735,158 | 423,500 | SH | DFND | 4 | 423,500 | 0 | 0 |
| AMAZON COM INC | COM | 023135106 | | 197,547 | 113,800 | SH | DFND | 4,8,11 | 113,800 | 0 | 0 |
| AMERICAN AIRLS GROUP INC | COM | 02376R102 | | 559,412 | 20,742,000 | SH | DFND | 4 | 20,742,000 | 0 | 0 |
| AMERICAN AIRLS GROUP INC | COM | 02376R102 | | 614,993 | 22,802,854 | SH | DFND | 4,8,11 | 22,802,854 | 0 | 0 |
| AMERICAN AIRLS GROUP INC | COM | 02376R102 | | 4,184 | 155,146 | SH | DFND | 4,11 | 155,146 | 0 | 0 |
| AMERICAN EXPRESS CO | COM | 025816109 | | 230,899 | 1,952,142 | SH | DFND | 4 | 1,952,142 | 0 | 0 |
| AMERICAN EXPRESS CO | COM | 025816109 | | 2,037,420 | 17,225,400 | SH | DFND | 4,5 | 17,225,400 | 0 | 0 |
| AMERICAN EXPRESS CO | COM | 025816109 | | 99,335 | 839,832 | SH | DFND | 4,7 | 839,832 | 0 | 0 |
| AMERICAN EXPRESS CO | COM | 025816109 | | 243,314 | 2,057,100 | SH | DFND | 4,8,11 | 2,057,100 | 0 | 0 |
| AMERICAN EXPRESS CO | COM | 025816109 | | 945,605 | 7,994,634 | SH | DFND | 4,10 | 7,994,634 | 0 | 0 |
| AMERICAN EXPRESS CO | COM | 025816109 | | 14,210,381 | 120,141,879 | SH | DFND | 4,11 | 120,141,879 | 0 | 0 |

자료 : 증권거래위원회(SEC.gov)

**2. 웨일위즈덤**(https://whalewisdom.com/)이란 웹사이트에서 왼쪽 상단
에 위치한 펀드/스탁 룩업(fund/stock lookup)이라고 적혀 있는 검색기
능을 이용하면 시각화된 보고서를 검색할 수 있습니다. 예를 들어, 워
런 버핏(Warren Buffett)의 버크셔 해서웨이(Berkshire hathaway)가 제출한
13F를 검색하는 방법을 알아보겠습니다.

1) 왼쪽 상단에 있는 검색창에 아래와 같이 berkshire hathaway를 입력
하고 엔터키를 눌러줍니다.

자료 : 웨일위즈덤(Whalewisdom.com)

## 2) BERKSHIRE HATHAWAY를 클릭해줍니다.

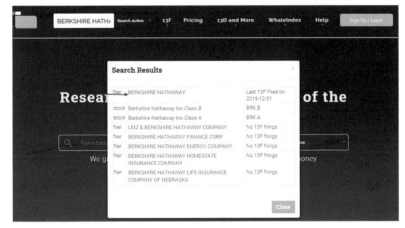

자료 : 웨일위즈덤(Whalewisdom.com)

## 3) 아래와 같이 시각화된 자료를 확인할 수 있습니다.

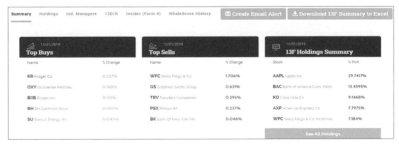

자료 : 웨일위즈덤(Whalewisdom.com)

**Q** 기업의 내부자 거래를 확인하고 싶은데 어디서 하면 되나요?

**A** 기업의 내부자가 해당 기업 주식과 파생상품(옵션, 워런트, 전환증권 등)을 거래하면, 2영업일 안에 미국증권거래위원회(SEC)에 폼 4(Form 4)를 제출해야 합니다. 이 보고서 또한 위의 에드가에서 13F를 검색한 방법과 동일하게 검색이 가능합니다. 그럼 아래와 같이 폼 4를 확인할 수 있습니다.

### 1. 미국 증권거래위원회의 홈페이지

(https://www.sec.gov/edgar/searchedgar/companysearch.html)

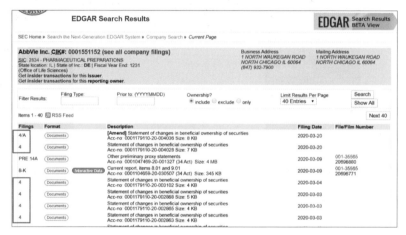

**Q** 미국 기업들의 재무제표를 찾는 방법은 무엇이 있나요?

**A** 미국 증권거래위원회의 에드가와 해당 회사 홈페이지의 Investor relations에서 찾아볼 수 있습니다.

### 1. 미국 증권거래위원회의 홈페이지

(https://www.sec.gov/edgar/searchedgar/companysearch.html)

여기서 10-Q는 분기보고서, 10-K는 연간보고서입니다. 여기서 주의할 점은 10-Q는 회계감사를 받지 않은 보고서이며, 10-K는 보통 회계감사를 받은 보고서입니다.

## 2. 해당회사의 홈페이지를 검색하는 방법

아래와 같이 Investor relations를 클릭해서 분기보고서나 발표자료를 확인하는 것이 가장 정확하고 확실한 방법입니다. 구글 검색에서 '기업 티커+ir'로 검색하면 대부분의 경우 IR 페이지가 바로 검색됩니다.

## 3) 배당

**Q** **주요 미국 주식 중 월 배당주는 무엇이 있나요?**

**A** 지난 10년간 배당한 미국 월 배당주 중에서 배당성장도 꾸준히 이어온 기업들에는 O, EPR, LTC, MAIN 등이 있습니다(※데이터는 2020년 3월 22일 기준). 이 기업들은 매출과 이익이 꾸준히 증가해온 배당성장주들이니 관심 종목 리스트에 저장해두는 것도 좋습니다.

**1. 리얼티 인컴 코퍼레이션(Realty Income Corporation, O)**
- 업종 : 상업 시설 부동산 투자 신탁(REIT)
- 본사 : 캘리포니아주의 샌디에이고
- 시가총액 : 약 163억 달러
- 시가배당률 : 5.73%
- PER : 34.22

**2. 이피알 프라퍼티즈(EPR Properties, EPR)**
- 업종 : 엔터테인먼트, 레크리에이션, 교육 시설 부동산 투자 신탁(REIT)
- 본사 : 미주리주의 캔자스시티
- 시가총액 : 약 14억 달러
- 시가배당률 : 24.93%
- PER : 7.81

**3. 엘티씨 프라퍼티즈(LTC Properties, LTC)**
- 업종 : 노인 주거 및 의료 시설 부동산 투자 신탁(REIT)
- 본사 : 캘리포니아주의 웨스트레이크 빌리지
- 시가총액 : 약 11억 달러

- 시가배당률 : 8.29%

- PER : 13.58

## 4. 메인 스트리트 캐피털 코퍼레이션(Main Street Capital Corporation, MAIN)

- 업종 : 중소 시장 민간 기업에 투자하는 부채 및 사모 투자 회사

- 본사 : 텍사스주의 휴스턴

- 시가총액 : 약 11억 달러

- 시가배당률 : 13.72%

- PER : 8.63

**Q** 1, 4, 7, 10 / 2, 5, 8, 11 / 3, 6, 9, 12월 주요 배당주에는 무엇이 있나요?

**A** 월별로 시가총액 1,000억 달러 이상인 주요 배당주들은 다음과 같습니다 (※데이터는 2020년 3월 20일 기준).

📊 1, 4, 7, 10월에 배당을 주는 주요 배당주들

| 티커 | 기업명 | 시가총액<br>(단위: 10억 달러) | 주가 | 시가배당률 |
|---|---|---|---|---|
| WMT | 월마트 | 338.9 | $113.97 | 1.8% |
| JPM | 제이피모건 체이스 | 262.2 | $83.50 | 4.0% |
| KO | 코카콜라 | 179.6 | $38.30 | 3.8% |
| MRK | 머크 | 179.4 | $71.36 | 3.2% |
| DIS | 월트 디즈니 | 171.4 | $85.98 | 1.9% |
| CMCSA | 컴캐스트 | 163.6 | $33.40 | 2.3% |
| CSCO | 시스코 시스템즈 | 159.9 | $35.67 | 3.7% |
| ORCL | 오라클 | 142.1 | $45.65 | 2.1% |
| TMO | 터모 피셔 사이언티픽 | 112 | $278.37 | 0.3% |
| NKE | 나이키 | 109.5 | $67.45 | 1.3% |
| MDT | 메드트로닉 | 106.2 | $77.46 | 2.7% |
| PM | 필립 모리스 인터내셔널 | 103.4 | $61.09 | 7.0% |

자료 : lextrading.com

※ 월트 디즈니(DIS)는 1월과 7월(연 2회)에 배당금을 지급합니다.

### 📊 2, 5 ,8, 11월에 배당을 주는 주요 배당주들

| 티커 | 기업명 | 시가총액<br>(단위: 10억 달러) | 주가 | 시가배당률 |
|------|--------|------|------|------|
| AAPL | 애플 | 1,071.0 | $229.05 | 1.2% |
| PG | 프록터 앤드 갬블 | 273.7 | $102.43 | 2.7% |
| MA | 마스터카드 | 228.3 | $211.42 | 0.6% |
| T | 에이티 앤드 티 | 223.4 | $28.45 | 6.6% |
| VZ | 버라이즌 | 221.8 | $51.80 | 4.5% |
| COST | 코스트코 | 134.8 | $290.49 | 0.9% |
| ABT | 애벗 래버러토리 | 131.4 | $68.00 | 1.8% |
| BMY | 브리스톨—마이어스 스퀴브 | 110.1 | $48.40 | 3.4% |
| ABBV | 애브비 | 105.1 | $68.82 | 6.2% |
| ACN | 액센츄어 | 101.0 | $149.94 | 1.4% |

자료 : lextrading.com

※ 액센츄어(ACN)는 5월과 11월(연 2회)에 배당금을 지급합니다.


### 📊 3, 6, 9, 12월에 배당을 주는 주요 배당주들

| 티커 | 기업명 | 시가총액<br>(단위: 10억 달러) | 주가 | 시가배당률 |
|------|--------|------|------|------|
| MSFT | 마이크로소프트 | 1,085.5 | $136.77 | 1.4% |
| JNJ | 존슨 앤드 존슨 | 334.9 | $119.89 | 3.0% |
| V | 비자 | 298.8 | $146.83 | 0.7% |
| UNH | 유나이티드헬스 그룹 | 208.5 | $206.59 | 1.9% |
| INTC | 인텔 | 196.5 | $45.83 | 2.7% |
| BAC | 뱅크 오브 아메리카 | 185.0 | $19.67 | 3.1% |
| HD | 홈 디포 | 175.8 | $152.15 | 3.4% |
| PFE | 화이자 | 168.8 | $29.01 | 4.8% |
| PEP | 펩시코 | 163.0 | $103.86 | 3.2% |
| XOM | 엑슨 모빌 | 145.7 | $32.74 | 10.0% |
| NVDA | 엔비디아 | 130.3 | $205.25 | 0.3% |
| LLY | 엘리 릴리 앤 컴퍼니 | 127.3 | $122.40 | 1.9% |
| AMGN | 암젠 | 117.2 | $188.09 | 2.9% |
| WFC | 웰스 파고 | 115.7 | $26.50 | 6.8% |
| MCD | 맥도날드 | 111.4 | $148.49 | 3.2% |
| CVX | 셰브런 | 107.9 | $59.39 | 8.3% |
| AZN | 아스트라제네카 | 105.3 | $39.42 | 3.5% |
| NEE | 넥스트에라 에너지 | 101.3 | $191.75 | 2.4% |

자료 : lextrading.com

※ 아스트라제네카(AZN)는 3월과 9월(연 2회)에 배당금을 지급합니다.

**Q** 고배당 ETF가 많던데, 이들만 골라서 투자하는 것도 좋지 않을까요?

**A** 고배당은 현시점에서 바로 고배당을 받을 수 있다는 점에서는 좋지만, 위험성도 존재합니다. 고배당을 지급하는 대부분의 기업은 성장이 일정부분 완료된 기업일 가능성이 높습니다. 기업이익 증가 속도의 둔화를 높은 배당으로 보상하는 것이죠. 그러다 보니 배당 성향(이익 중 배당으로 지급하는 비율)이 높은 경우가 다수입니다. 채권의 경우 위험성이 높은 고위험 채권일 가능성이 높습니다.

그렇다 보니 경기 둔화 이슈로 시장이 하락하는 구간에서 이들 고배당주/고배당 ETF도 하락이 크게 나타나는 경향이 있습니다. 투자자의 목적에 따라 다르겠지만, 되도록 당장 배당 수익률은 높지 않더라도 장기적으로 성장할만한 종목이나 이들 종목을 편입한 ETF에 투자하는 것이 바람직합니다. 혹은 투자하더라도 전체 자금의 일정 부분만 투자하고, 미국채 등으로 헷지를 하는 것도 하나의 방법입니다.

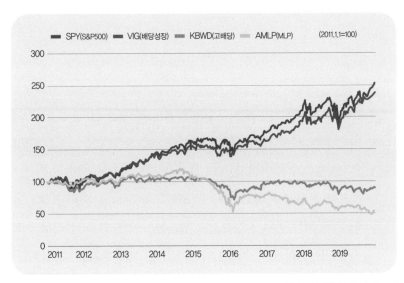

자료 : 구글 파이낸스(Google Finance)

**Q** 미국 배당 관련 사이트는 무엇이 있나요?

**A** 가장 대표적인 배당 관련 사이트로 아래 3곳이 있습니다.

**dividend.com(디비던드닷컴) :** 해당 종목의 시가배당률, 배당지급 이력, 배딩 관련 닐짜 등의 기본정보를 비교석 편리하게 활용 가능합니다. 다만, 미국 주식의 경우 워낙 방대한 자료들이 들어있다 보니 일부 실제와 다른 때도 있어 아래 다른 사이트들과 교차 확인할 필요가 있습니다.

**simplysafedividends.com(심플리세이프디비던즈) :** 배당주 관련해서 비교적 가장 정확한 정보를 제공하는 곳이며 2주의 무료체험 기간을 제공해줍니다. 5년 평균 대비 현재 배당률 수준을 알 수 있어 유용하게 활용 가능합니다.

**suredividend.com(슈어디비던드닷컴) :** 우량배당주의 배당 관련 정보를 깔끔한 기사 형태로 업데이트해주는 사이트입니다. 구독하면 일부 무료로 받아볼 수 있으며 유료로는 더 다양한 형태의 배당주 정보를 받아볼 수 있습니다.

## 4) ETF

**Q** ETF를 고르는 기준에는 무엇이 있을까요?(좋은 ETF를 고르는 기준)

**A** 미국 시장에는 2,325종목의 ETF/ETN이 상장(2020.3.23 기준)되어 있어 투자자들에게 다양한 선택의 폭을 제공하고 있습니다. 그러나 투자 콘셉트가 마음에 든다고 해서 무턱대고 매수해서는 안 됩니다. 운용자산이 너무 적은 경우 상장폐지의 위험이, 거래량이 적은 경우 추적오차가 커질 가능성이 있기 때문입니다. ETF/ETN에 투자할 때 참고할 최소한의 가이드라인은 다음과 같습니다.

**1) AUM 10억 달러 이상 :** 원화 기준으로 1조 2천억 원 이상으로, 해당 ETF/ETN이 상장 폐지 없이 더욱 안정적으로 운용될 수 있는 규모입니다.

**2) 거래량 10 만주 이상 :** 원활하게 거래를 할 수 있는 최소한의 규모로 10만 주 미만일 경우 매수-매도 사이의 호가 갭이 넓어 주당 순자산가치(NAV) 대비 비싸게 매수하거나 싸게 매도하는 경우가 발생할 수 있습니다. 거래량은 많을수록 좋습니다.

**3) 상장 후 최소 5년 이상 :** 해당 ETF/ETN을 운용하는 운용사가 ETF/ETN을 얼마나 잘 운용해왔는지를 살펴볼 수 있는 기준입니다. 5년의 기간 동안 벤치마크를 얼마나 잘 추종하는지(추적오차) 등을 살피면 됩니다.

AUM과 거래량은 ETFdb.com에서 확인할 수 있습니다.

• AUM : 운용자산(M : 백만$, K : 천$)　　　• 1 Month Avg. Volume : 1개월 일평균 거래량

| Investment Themes | | Historical Trading Data | |
|---|---|---|---|
| Category | Large Cap Growth Equities | 1 Month Avg. Volume | 256,853,424 |
| Asset Class | Equity | 3 Month Avg. Volume | 131,091,688 |
| Asset Class Size | Large-Cap | | |
| Asset Class Style | Blend | | |
| Region (General) | North America | | |
| Region (Specific) | U.S. | | |
| **Trading Data** | | | |
| Open | $242.53 | | |
| Volume | 347,158,781 | | |
| Day Lo | $244.47 | | |
| Day Hi | $244.47 | | |
| 52 Week Lo | $228.02 | | |
| 52 Week Hi | $339.08 | | |
| AUM | $213,245.3 M | | |
| Shares | 928.4 M | | |

자료 : ETFdb.com

**Q** ETF의 세부 내역을 보고 싶다면 어떻게 하면 되나요?, ETF 투자에 참고할만한 사이트는 무엇이 있나요?

**A** ETF가 어떤 종목을 보유하고 있는지, 섹터별 비중은 어떻게 되는지 궁금하다면 운용사 홈페이지에서 가장 정확하게 확인할 수 있습니다. 힘들게 운용사 홈페이지를 찾지 않더라도 구글에서 'ETF 티커+ETF'로 검색하면 운용사 홈페이지가 뜹니다.

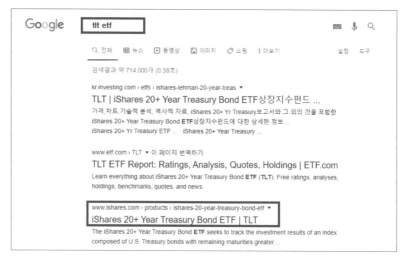

자료 : 구글(Google.com)

운용사 홈페이지에 들어가게 되면 주요 항목, 보유 종목/비중 등을 확인할 수 있습니다.

자료 : iShares

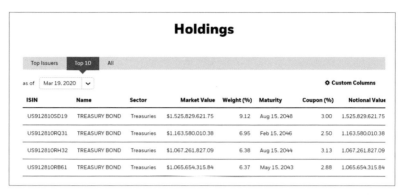

자료 : iShares

좀 더 쉽게 찾아보고 싶다면 ETF 포털 사이트인 ETFdb.com에서 확인할 수 있습니다. 왼쪽 메뉴를 눌러 항목별로 내용을 확인할 수 있습니다.

자료 : ETFdb.com

**Q** 레버리지 ETF/ETN의 주의점은 무엇이 있나요?

**A** 레버리지 ETF/ETN은 기초지수 움직임의 2배, 3배를 추종하는 투자 상품입니다. 예를 들어 WTI의 3배수를 추종하는 VelocityShares 3x Long Crude Oil ETN(UWT US)의 경우 하루 단위 WTI 움직임의 3배로 움직입니다. WTI가 1% 상승하면 3% 상승하는 구조입니다. 대부분의 경우 이들 ETF/ETN의 경우 반대편 짝이 있는데, UWT의 경우 기름값이 1% 하락하면 3% 상승하는 VelocityShares 3x Inverse Crude Oil ETN(DWT US)도 상장되어 있습니다.

언뜻 생각하면 이들 레버리지 ETF/ETN에 투자하면 단기간에 큰 수익을 낼 수 있을 것 같습니다. 원유가 하루에 10% 오르면 수익률이 30%나 됩니다. 그러나 이들 ETF/ETN은 매우 조심해야 합니다. UWT에 투자하고 있는데, 유가가 34% 하락하면, 이론적으로 투자자는 원금 전체를 날리게 됩니다. 지난 3월 9일에도 OPEC+ 감산 합의 불발과 함께 사우디가 증산을 발표하면서 유가가 하루에만 24% 넘게 하락하면서 UWT도 하루 만에 70% 하락했습니다.

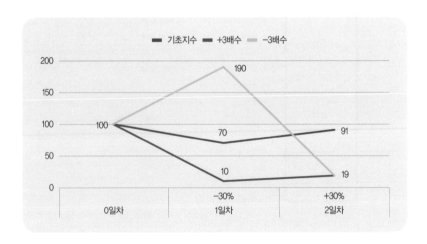

잠든 사이 월급 버는 미국 주식 투자

특히나 일간 단위 수익률의 배수를 추종하다 보니 '잔고가 녹는' 효과가 발생합니다. 예를 들어 위 표처럼 가격이 100인 기초지수가 첫날 −30% 하락하고 다음 날 +30% 상승했다고 합시다. 그럼 WTI는 첫날 −30% 인 70이 되고, 다음 날 +30%인 91이 되어 최종 −9%가 됩니다. UWT의 경우 첫날 −90%(−30%*3배) 하락해 10이 되고, 다음 날 +90%(+30%*3 배) 상승해 19가 됩니다. 기초지수는 −9%만 하락했지만, 3배인 UWT 는 −81%가 되어 버리는 것입니다. 이를 복리 효과에 따른 손실(Volatility Drag)이라고 합니다.

또한 위 효과의 연장선에서 기초지수가 횡보만 하더라도 기초지수 하락 보다 더 큰 하락 효과가 나타납니다. 아래 표처럼 기초지수가 +5%, −5% 를 반복할 경우 3배수와 기초지수의 차이는 점점 더 벌어지게 됩니다.

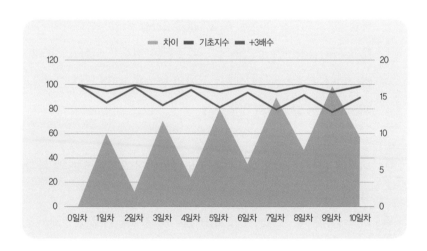

|  | 0일차 | 1일차 | 2일차 | 3일차 | 4일차 | 5일차 | 6일차 | 7일차 | 8일차 | 9일차 | 10일차 |
|---|---|---|---|---|---|---|---|---|---|---|---|
| 기초지수 | 100 | 95 | 100 | 95 | 100 | 95 | 99 | 94 | 99 | 94 | 99 |
| +3배수 | 100 | 85 | 98 | 83 | 96 | 81 | 93 | 79 | 91 | 78 | 89 |
| 차이 | 0 | 10 | 2 | 12 | 4 | 13 | 6 | 15 | 8 | 16 | 10 |

## 5) 기타

**Q** 미국은 반독점법이 강한 것으로 알고 있는데 만약 반독점법으로 기업이 분할되면 주주들의 주식은 어떻게 되죠?

**A** 미국 주식 역사에서 몇 번 일어나지 않아서 가능성은 없겠지만 미국의 사례를 살펴보면 2가지 정도가 있었습니다. 스탠더드 오일과 AT&T의 사례인데 AT&T의 사례에서 자산을 매각하는 경우에는 주주들에게 배당금으로 나누어줍니다.

AT&T는 1982년 미국법원에 의해 반독점법 위반으로 여러 회사로 쪼개지게 됩니다. 당시 AT&T의 주식은 다수의 소액주주가 소유하고 있었습니다. AT&T는 우선 미국 시내 전화 사업부문을 7개 지역 전화회사로 분할하고, 시내 전화사업부문의 자산을 이들 지역 전화회사로 이전했습니다. 분할 전 AT&T의 주주는 AT&T 10주와 각 지역전화회사의 주식 1주씩 총 7주를 교환하여 주었습니다. 주주들은 회사가 분할을 하더라도 문제 없습니다. 분할하는 과정에서 주가의 변동은 일어나겠지만 주식이 사라지는 문제는 발생하지 않습니다.

**Q** 미국에 상장된 ADR 소프트뱅크와 일본의 소프트뱅크는 왜 가격이 다른가요?

**A** 미국 상장된 소프트뱅크의 ADR 경우는 본주를 ½로 분할해서 상장했기 때문에 가격 차이가 있는 겁니다. 본주 SFTBF와 ADR인 SFTBY의 가격 차이는 ADR이 ½ 가격입니다.

**Q** 비상장 기업 중 기업공개(IPO) 하기 전에 주식을 사고 싶은데 방법이 있나요?

**A** 기업공개(IPO)를 하지 않은 기업은 장외시장에서 중개업무를 통해 매도자와 매수자를 연결해주는 곳이 있습니다. 중개인이 수수료로 받는 금액은 투자금액의 5% 정도이고 자산을 보유한 집을 제외한 자산이 1밀리언 이상이거나 연간 개인소득이 20만 불 이상이거나 부부합산 30만 불 이상이어야 한다는 것이 자격 조건입니다. 서류를 통해 증명하면 중개인을 통해서 주식을 보유하고 있는 매도자와 연결해줍니다.

이후 각종 서류에 작성하고 어떤 회사의 경우에는 우선 매수 청구권(Right of first refusal)이 있어서 비상장된 회사가 정한 기간 내 승인을 안해줄 수 있습니다. 그러면 계약은 자동으로 무효 처리되며 회사에서 승인해주면 계약체결이 됩니다.

비상장 주식을 사게 되면 보유 시점부터 1년간 팔 수 없고 상장 후 보호예수(Lock Up) 기간이 끝나야 팔 수 있는데 회사가 정하는 기간은 보통 180일 정도라고 생각하시면 됩니다.

예를 들어 지금은 상장이 된 Cloudflare(NET)의 경우 매도자가 20만 불 이상 거래를 원한다면 매수가 힘들 수 있습니다. 전문투자자가 아닌 개인투자자가 비상장 주식에 20만 불씩 투자하기 힘드니까요. 중개인이 원하는 최소 투자금액도 10만 불 이상입니다. 이런 경우도 투자자가 원하는 비상장사가 있어야 하며 매도자가 있으면 중개인이 연결해줍니다.

더 자세한 내용은 아래 링크를 참조하거나 전화 또는 이메일로 문의해야 하며 미국에서 합법적인 신분으로 거주하는 분들만 가능합니다(영주권자와 시민권자).

https://sharespost.com/buying-or-selling-private-company-shares/

**Q** Buy/Sell/Trade Options(Call/Put)은 무엇인가요?

**A** 보통 HTS에서 볼 수 있는 매수(Buy)와 매도(Sell)는 주식을 매매할 때 사용합니다.

보통 '콜(Call)'과 '풋(Put)'으로 구분되는 옵션의 정의는 '정해진 기간이 지나면 특정 가격에 해당 주식(보통 100주 단위)을 사거나 팔 수 있는 권리'로 이해하면 되고 옵션의 매수와 매도는 이 '권리'를 사고파는 것으로 이해하면 됩니다.

• **콜 옵션**

지금 일정액을 내고 쿠폰을 사 놓으면 앞으로 가격이 얼마나 오르건 간에 합의한 기간 내에는 쿠폰 가격으로 살 수 있다는 의미로 미래의 가격이 올라가면 올라갈수록 수익이 나는 구조이기 때문에 콜 옵션은 해당 주식의 가격이 시간이 지나면 올라가리라 판단이 될 때 매수합니다. 쿠폰(coupon)의 'C'를 연상하시면 됩니다.

• **풋 옵션**

역시 미리 일정액을 내면 앞으로의 가격이 얼마로 떨어지건 간에 합의한 기간 내에는 보장받은 가격으로 팔 수 있다는 의미로 미래의 가격이 내려갈수록 수익이 나는 구조.

풋 옵션은 해당 주식의 가격이 시간이 지나면 내려갈 것으로 판단이 될 때 매수를 합니다. 풋 옵션은 '가격 보장(Price Guarantee)'의 'P'를 연상하시면 됩니다.

옵션 트레이딩은 레버리지를 이용하는 만큼 높은 이익과 수익률을 얻을 수 있지만, 반대로 돌발상황에 적절한 대처를 하지 못한다면 매우 큰 손실을 얻을 수 있으므로 항상 기본 개념에 대한 확실한 이해, 그리고 본인의 트레이딩 전략과 습관을 점검하시고 적용하여야 합니다.

**Q 버크셔 주총에 참여하고 싶은데 어떤 방법이 있나요?**

**A** 버크셔의 주주라면 A주 B주를 막론하고 주주 1인당 4매의 출입증 (credential)을 받을 수 있습니다.

### 1. 미국 증권사를 이용하는 주주

1) 먼저 미국 증권사를 이용하고 있는 주주는 증권사 홈페이지나 증권사에 등록된 이메일로 연례 주주총회 Proxy를 받게 됩니다.

2) 이메일 내용 중 'proxy statement'를 선택

3) '주주총회 출입증 신청 용지(Annual Meeting Credential Request Form)'을 선택

4) 이 신청 용지를 프린트하셔서 이름, 주소, 원하는 크리덴셜 수를 써서 '우편'으로 발송합니다.

5) 버크셔 측에서 주주명부에서 이름을 확인하고 배송: 한 1~2주일 정도 소요됩니다.

＊2019년 버크셔 해서웨이 주주총회 출입증 신청 용지(Annual Meeting Credential Request Form) 견본: https://drive.google.com/file/d/1W U9UXleghlLjgZu3lPbB1s4QWauo7 VPw/view?usp=sharing

Instructions for Mailing Credential Order Form:

1. Complete the Credential Order Form below.
2. **Place the completed Order Form in an envelope.**
3. Mail the envelope to:

Berkshire Hathaway Inc.
Attn: Meeting Credentials
3555 Farnam St. – Suite 1440
Omaha, NE 68131

**Please make sure to address envelope exactly as indicated above.**

**Berkshire Hathaway Inc.**
**2019 Annual Shareholders Meeting**
**Credential Order Form**
**Saturday, May 4**

Please send Credentials for the 2019 Annual Shareholders Meeting to the following address: *(please print clearly)*

Name _____

Address _____    # of Credentials:

City, State _____    (Maximum of 4)

Zip _____

Meeting Credentials will **NOT** be returned via overnight delivery (Regardless of payment arrangement)

## 2. 한국 증권사를 이용하는 주주

주주총회 출입증 신청 용지(Annual Meeting Credential Request Form)는 주주들에게 오는 연례 보고서(annual report) 안에 들어있는데, 우리나라는 버크셔 해서웨이의 주주명부에 올라있는 증권사로만 이 리포트가 발송되는 불편함이 있습니다.

### 1) 주주총회 당일 수령

직접 주주 총회장에 가서 증빙서류를 제시하고 출입증을 받을 수 있습니다.

> • 필요서류 : 주주 본인의 여권
>
> 버크셔 해서웨이 주식이 표기된 영문 잔고증명서

### 2) 우편 신청

a. 3월 초에서 중순 사이 버크셔 해서웨이 주주총회 담당자인 Deb Ray(dcray@brka.com)에게 Credential 요청하는 이메일을 보내서 주주총회 출입증 신청용지(Annual Meeting Credential Request Form)를 요청할 수 있습니다.

> *만약 너무 빨리 요청하면, 대개 직접 현장 수령을 하라고 답변이 오니 적당한 타이밍 조절이 필요합니다.
> *이 신청서는 미국 증권사를 이용하는 주주가 받는 신청양식과 같으므로 지인이 있으면 같은 양식을 복사해서 사용할 수 있습니다.

b. 받은 신청서에 내용을 기재하고, 주주 본인의 여권 사본이랑 버크셔 해서웨이 주식이 표기된 영문 잔고증명서를 보내면 다시 우편으로 참가증을 보내줍니다.

## Q ADR 매수 시 배당소득세는 어떻게 되나요?

A 직접 외국기업에 투자하게 되면 주식의 처리, 해당 국가의 법규 및 거래 관행, 언어, 그리고 환율과 회계 규칙 등으로부터 야기되는 여러 가지 문제점이 있기 때문에, 투자 편리성을 증대시키기 위해서 탄생한 것이 '주식예탁증서(株式預託證書, depositary Receipts, 이후 DR)'입니다. 특히 이 중에서 ADR(American depositary Receipts)은 미국의 회계기준에 맞춰, 미국 증권거래 위원회(SEC)의 규제 아래, 미국시장(NYSE, NASDAQ) 에서 발행/유통되는 DR을 의미합니다.

ADR로 거래되는 기업 자체는 해외기업이지만, NYSE나 NASDAQ 같은 미국 주식거래소 혹은 장외거래소(Over-the-counter)에 등재되어 있어 모든 매매는 미국 달러로, 그리고 모든 내용은 영어로 기재하게 되어 있으므로 미국 투자자들이 특별한 어려움 없이 해외기업에 투자를 할 수 있습니다. 따라서 ADR의 원주는 해당 기업이 속한 국가의 세금체계를 따르지만, 원주를 바탕으로 만들어진 ADR 자체는 예탁증서이기 때문에, 매매차익과 배당에 대해서는 미국 세법을 따르며 해당 기업이 속한 국가의 배당/양도세와는 무관합니다.

ADR을 통해 받는 배당은 일반 미국기업이 지급하는 배당과 동일하게 취급되기 때문에, 미국에서 세금 보고를 하는 사람들은 해당 ADR의 배당지급일에 원천징수 없이 받았다가 다음 해 세금 보고 기한까지 각자 신고하면 됩니다.

대한민국과 미국 간 협정한 조세조약(tax treaty)에 따라, 한국의 투자자에 대해 미국 측이 원천징수를 하고 배당급을 지급하거나, 만일 미국에서 원천징수를 하지 않으면 한국에서 배당소득세 15.4%를 부과하게 됩니다. 보유 중인 주식에 대하여 내가 받게 될 배당금이 원천징수 대상인지는 각자 거래하는 증권사에 문의하는 것이 가장 정확하게 확인할 방법입니다.

**Q 알파벳(GOOGL, GOOG) A주와 C주의 차이는 무엇인가요?**

**A** A주와 C주의 차이는 주주총회에서 안건에 투표할 수 있는 의결권의 유무와 의결권의 수에 따라 나누어집니다.

구글의 모기업 알파벳 주식은 A, B, C 3개 종류로 나뉘는데, A 타입은 의결권 1주당 1주씩 있는 보통주, B 타입은 A의 10배의 의결권을 가지고 있지만 상장되지 않은 주식입니다. B 타입 주식은 구글의 래리 페이지와 세르게이 브린이 80% 이상, 그리고 에릭 슈밋이 9%, 그리고 나머지 일부 이사회 임원과 투자자들이 보유하고 있는 형태의 주식입니다. 이 형태의 주식은 창업주들의 경영권 방어를 위한 주식이며 전체 의결권의 50% 이상을 행사할 수 있습니다.

마지막으로 C 타입은 2014년 발행한 의결권 없는 주식으로 A주보다 가격이 저렴한데, 의결권 없는 주식을 발행함으로써 새로운 유동성을 확보할 수 있기에, 이런 C 타입 주식은 다른 기업의 인수-합병, R&D 명목의 사용, 또는 직원들에 대한 보상 등을 위해서 발행했습니다.

만약 구글의 주주총회에 참가하여 각종 현안에 대해 의결권을 행사할 필요가 없다면, C타입 주식을 보유해도 큰 차이는 없습니다.

US Equity Investment

**잠든 사이 월급 버는 미국 주식 투자**

초판 1쇄  2020년 5월 11일
초판 4쇄  2021년 3월 2일

지 은 이  인베스테인먼트
펴 낸 이  권기대
펴 낸 곳  베가북스
총괄이사  배혜진
편    집  박석현, 임용섭, 신기철
디 자 인  홍기화
마 케 팅  황명석, 연병선
경영지원  지현주

출판등록  2004년 9월 22일 제2015-000046호
주    소  (07269) 서울특별시 영등포구 양산로3길 9, 201호
주문 및 문의  (02)322-7241  팩스 (02)322-7242

ISBN 979-11-90242-40-0

※ 책값은 뒤표지에 있습니다.
※ 좋은 책을 만드는 것은 바로 독자 여러분입니다.
   베가북스는 독자 의견에 항상 귀를 기울입니다.
   베가북스의 문은 항상 열려 있습니다.
   원고 투고 또는 문의사항은 vega7241@naver.com으로
   보내주시기 바랍니다.

홈페이지  www.vegabooks.co.kr
블로그  http://blog.naver.com/vegabooks
인스타그램  @vegabooks  트위터  @VegaBooksCo  이메일  vegabooks@naver.com